$\mathcal{T}$ERRY LYNN TAYLOR es autora bestseller de cuatro libros escritos con el propósito de aumentar la conciencia angelical: *Messenger of Light, Guardians of Hope, Answers from the Angels,* y *Creating with the Angels.*

$\mathcal{M}$ARY BETH CRAIN ha escrito para varias publicaciones, entre ellas el *Los Angeles Times, Chicago Sun-Times, Redbook, Cosmopolitan, L.A. Weekly, L.A. Style,* y muchos otros. Es co autora, junto con Joel Edelman, de *The Tao of Negotiation* (HarperCollins) y la editora de la guía *The Best of L.A.* Escribió el prefacio para *Messengers of Light.*

Para mi hermana y
amiga Gioconda
quien la quiere mucho

Yolanda

New York, 25. Dicie 07

La sabiduría

de los Ángeles

365 pensamientos y meditaciones celestiales

TERRY LYNN TAYLOR Y MARY BETH CRAIN

Traducido del inglés por Ana del Corral

rayo

Una rama de HarperCollins*Publishers*

PRIMERA EDICIÓN RAYO, 2005

Library of Congress ha catalogado la edición en inglés.

ISBN 0-06-081912-X

05 06 07 08 09 DIX/RRD 10 9 8 7 6 5 4 3 2 1

A MENUDO PENSAMOS EN LOS ÁNGELES COMO AGENTES DE CAMBIO, interés amoroso; ánimo, humor, inteligencia y, desde luego, de luz.

Este libro está dedicado a nuestra agente, Loretta Barrett, quien personifica todas estas cualidades. Gracias a sus consejos, talento y arrolladora fe en el proyecto, *La Sabiduría de los Ángeles* se hizo realidad.

AGRADECIMIENTOS

Las autoras quisieran agradecer a su director editorial, Tom Grady, por su visión de ángel y su angelical capacidad de lograr tranquilamente que sucedan cosas maravillosas; a su editora y alma gemela, Barbara Moulton, por su sabiduría angelical, apoyo y entusiasmo por el proyecto. Gracias también a Lisa Bach y Priscilla Stuckey por su excelente edición y aportes, y a nuestra productora editorial de primerísima categoría, Mimi Kusch. Y, por último, pero no por ello menos importante, nos damos las gracias mutuamente—y agradecemos a los ángeles.

La experiencia maravillosa de escribir un libro sobre ángeles lo lleva a uno a apreciar aún más los ángeles que están presentes en la vida. Muchas gracias a:

Mi esposo y "viudo de computadora," Adam Shields, por su amor, apoyo, maravilloso sentido del humor, orgullo en mi trabajo, y santa paciencia mientras yo me desaparecía en mi oficina durante varios días a la vez;

Mi hermano gemelo, David Gersten, quien inspiró varias de estas meditaciones y quien siempre ha tenido fe en su no-siempre-sensata hermana;

Mi madre, Hazel Gersten, por presumir de mí ante todas sus amigas, aun cuando la mitad del tiempo no tenía idea de qué se trataba el proyecto;

Mi querida amiga, Deborah Tracy, por estar siempre disponible;

Mi cuñada, Christine Shields, por su amor, amabilidad y generosidad;

Mi prima, Claire Bucalos, por su emoción y entusiasmo con todo lo metafísico;

John Spalding, por su apoyo, ánimo, y por buena amistad en todos los aspectos;

Mis cuatro gatos—Rhonda, Petie, White Sox, y, por supuesto, Ángel—por proporcionarme innumerables horas de humor y por ser insoportablemente lindos justo cuando más lo necesité;

Y a todos los demás que me ayudaron por el camino, a sabiendas o sin darse cuenta.

MARY BETH CRAIN

Agradezco a las siguientes personas por convertirse en mi sistema de apoyo protector y por ayudarme a mantener una vida afuera mientras que pasaba tanto tiempo adentro.

A cada uno de los integrantes de mi familia más cercana, gracias una vez más por su amor, apoyo, y comprensión. Gracias a Tim Gunns por ayudarme a domar mis impulsos creativos sin quebrantar mi espíritu, y por su amor y paciencia. No podría haber escrito este libro y a la vez mantenerme al día con mis otras "cosas" de no haber sido por la ayuda, apoyo, integridad y sinceridad proporcionado por Ellen Rayme. Estoy sumamente agradecida por su aparición en mi vida. Una vez más agradezco a Shannon Melikan por su paciencia, lealtad y comprensión, y por ayudarme a darles forma a ciertas ideas y a desarrollarlas antes de escribir sobre éstas. Le agradezco a Linda Kramer por apoyar mi energía creativa de una forma como nadie más puede hacerlo y por estar siempre disponible cuando la confianza en mí misma necesita un pequeño empujón. Agradezco a Sally Allen por las conversaciones sobre los ángeles y por compartir su visión y comprensión de este fenómeno reciente de interés en los ángeles de una forma que me hace reír ante cosas que de otro modo me harían sentir triste. Gracias también a Karyn Martín-Kuri por compartir su conocimiento y sabiduría.

TERRY LYNN TAYLOR

INTRODUCCIÓN

Escribimos este libro porque ya era hora de hacerlo.

Prácticamente en todas las conferencias o talleres dictados por Terry, alguien siempre le pedía que firmara un viejo ejemplar de *Messengers of Light, Guardians of Hope,* (Mensajeros de luz, guardianes de la esperanza) o de *Creating with the Angels,* (Crear con los ángeles). Ella nota sin falta las páginas con esquinas dobladas; invariablemente el dueño o la dueña del libro le informan que el libro se les ha convertido prácticamente en oráculo, de manera que lo abren en cualquier página para encontrar el "mensaje" que los ángeles envían sobre cualquier problema o asunto. Y desde luego, que siempre llega una orientación en forma de mensaje que resulta ser de utilidad extraordinaria.

Esto nos pareció tan fascinante que empezamos a jugar con la idea de escribir un libro que tuviera esta finalidad. Pero en realidad no nos lanzamos al agua sino cuando Carlos Santana le contó a Terry que cuando había estado enfermo en Alemania, se había metido a la tina con *Messengers of Light* y abrió espontáneamente la página relacionada con la curación. "Los Ángeles nos dan respuestas más rápidas y mejores que los rayos x," murmuró.

De manera que decidimos coleccionar algunas de esas respuestas en forma de *La Sabiduría de los Ángeles.*

Todo el mundo tiene un ángel guardián. El ángel de la guarda de cada uno no es solamente personal, sino que también de la ilimitada felicidad y potencial para cosas positivas que cada uno tiene dentro de sí.

Los ángeles—mensajeros divinos de luz—siempre han estado entre nosotros, para inspirarnos y darnos esperanza, para iluminar nuestros caminos y aligerar nuestros pasos, para recordarnos que donde hay vida hay alegría. Y puesto que somos humanos, todos necesitamos que nos lo recuerden. La vida a veces nos confunde; a medida que nos topamos con lo que parecen ser obstáculos o dificultades, a medida que nuestros sueños y deseos no realizados ensombrecen el camino, ocasionalmente necesitamos una linterna y un impulso en la dirección correcta.

Este libro es ese impulso. Verá, todos nosotros tenemos en nuestro interior las "respuestas" a los problemas y caprichos de la vida. *La Sabiduría de los Ángeles* es precisamente esa linterna, que brilla sobre nuestra intuición e ilumina nuestra sabiduría interior. *La Sabiduría de los Ángeles* contiene meditaciones inspiradas en los ángeles que le pueden ayudar a comprender mejor por qué ciertas cosas ocurren actualmente en su vida y cómo aprovechar la energía creativa que hay dentro de usted y que le ayudará a convertir cada una de sus experiencias en un emocionante ejercicio de crecimiento y de cambio.

La Sabiduría de los Ángeles está diseñado para ayudarle a conectarse con su "conciencia angelical." Cuando usted tiene conciencia angelical—la conciencia de que todos tenemos naturaleza divina, que poseemos una sabiduría superior que siempre funcionará para bien, que la vida es para ser disfrutada, no soportada—realmente se desarrolla toda una nueva manera de ver el mundo. A medida que desarrolla su conciencia angelical, empieza a querer tener cerca de usted las cosas que ayudan a encender con mayor brillo los fuegos de esa conciencia. Eso es lo que hace un libro como este. Nos da mensajes de esperanza, mensajes de luz, una perspectiva nueva y fresca de la vida.

Para las autoras ha sido difícil permanecer de mal genio, porque recibimos constantemente mensajes que nos recuerdan que es un comportamiento estúpido. "No tienes que sentirte así," nos recuerdan los ángeles.

"¿Qué tal si nos apetece?" preguntamos refunfuñonas.

"Puedes, si quieres, pero es totalmente innecesario," nos informan afablemente. Y no tenemos más remedio que escuchar. Porque una vez que uno adquiere conciencia angelical, es imposible permanecer de mal genio. Usted sencillamente no se lo permitirá, porque los ángeles no se lo permitirán.

Siempre podemos encontrar el sentido y la dicha en la vida, por más decaídos que estemos, por más que hayamos sufrido.

La clave está en elegir encontrarlos. Esperamos que *La Sabiduría de los Ángeles* le ayude a conectarse con su conciencia angelical—a estar más al tanto de los aspectos divertidos de las cosas, a ver el vaso medio lleno en lugar de verlo medio vacío, a percibir la vida como un misterio y un deleite sin fin, que usted siempre tiene el poder de convertir en algo aun más misterioso y más deleitable.

MARY BETH CRAIN Y TERRY LYNN TAYLOR

CÓMO UTILIZAR ESTE LIBRO

𝒟ESDE LUEGO, puede utilizar este libro como desee. Puede leerlo como meditación diaria. Puede leerlo como leería cualquier otro libro, de principio a fin, o, como lo hacía un peculiar tío de Mary Beth, desde el final hasta el principio. (Detestaba cualquier tipo de suspenso.) Puede tenerlo en su repisa de libros sin leerlo, pero pensando que uno de estos días lo tomará, y le aseguramos que, como alguien dijo—¿tal vez Orson Welles?— "no se tomaría nunca el vino antes de tiempo," así que el momento indicado para que usted y este libro se relacionen entre sí se presentará, ni un momento antes ni un momento después. Lo puede prestar, y regresará cuando se supone que deba regresar. Así son los ángeles.

Sin embargo, si quiere utilizar este libro como herramienta de meditación, como libro de ejercicios o como oráculo, le sugerimos lo siguiente.

Como herramienta de meditación. Quizás simplemente desee meditar o reflexionar sobre los pensamientos que contiene el libro. Esto se puede hacer leyéndolo como fuente de inspiración diaria, o sencillamente eligiendo un concepto para concentrarse en la palabra misma, utilizándola como una especie de mantra. Siéntese con la palabra y hágala parte de usted—de su respiración, su sangre, su consciente, su inconsciente. Mire qué pensamientos y conexiones surgen ante usted a medida que medita sobre esta palabra.

Después de su meditación, puede leer a continuación la meditación escrita en el libro. Cuando llegue a la parte del ejercicio, quizás de verdad descubra que a través de la meditación su inconsciente le ha proporcionado innumerables sugerencias en cuanto al significado que este concepto tiene en su vida.

Como libro de ejercicios para sus asuntos. Quizás quiera simplemente buscar un concepto que al parecer se relaciona con un problema en particular o con algún asunto de su vida. Por ejemplo, si quiere sentirse más próspero, puede dirigirse a "Prosperidad" y utilizar la meditación y los ejercicios correspondientes. O puede, cada día, elegir un concepto que se relaciona con un aspecto de su vida que quisiera mejorar, y utilizarlo como su guía de meditación/toma de conciencia para ese día.

Como oráculo. Los oráculos han existido desde los tiempos antiguos, bien en forma de persona con los poderes de un vidente, o en forma de métodos de adivinación—como el *I Ching* chino o las runas escandinavas—que la gente podía consultar para poder "ver" el futuro y hacer sus planes según esto.

La Sabiduría de los Ángeles no está diseñado para ser un dispositivo de predicción. No le revelará el futuro; es sencillamente un método para aportar claridad al asunto en cuestión. Pero puede utilizarlo como una especie de oráculo si lo abre en cualquier página y acepta la orientación que recibe como una "respuesta" a su pregunta inmediata, sea cual sea.

Como quiera que decida utilizar este libro, esperamos que lo disfrute y que se beneficie de él.

LA SABIDURÍA

DE LOS ÁNGELES

Mérito

Nota Angelical: **Todos somos merecedores de la atención de los ángeles.**

Ciertas personas desean establecer una conexión profunda con los ángeles, pero guardan distancia porque sienten que no son merecedoras de recibir noticias de parte de seres santos. Juzgarse carente de méritos para recibir lo que nos pertenece por derecho desde cuando nacemos es una manera muy limitada y egoísta de ver las cosas. No debemos olvidar nunca que no somos tan sólo mentes o cuerpos. Somos también almas que están en contacto permanente con los ángeles. Los ángeles no juzgan, no buscan las fallas, no miden nuestra santidad, y nunca nos pedirían que presentáramos prueba de nuestros méritos ante ellos o ante el mundo. Somos dignos, lo sepamos o no.

Si a veces siente que carece de méritos, ¿qué cosas puede hacer para sentirse valioso y merecedor? Ésta es una pregunta difícil, porque la verdad es que no existe nada que podamos hacer para comprobar nuestros méritos o para ganárnoslos. No es necesario que cambiemos ni que hagamos las cosas de otra forma. Solamente es preciso que reconozcamos que poseemos un valor y que podemos elegir convertirnos en seres útiles. No se castigue por algo que no existe. Trátese con compasión y entienda en su corazón que usted es más que merecedor de la atención divina.

Reflexión Angelical: **Sé que piso tierra santa, siempre merecedora de la atención de los ángeles.**

EL SILENCIO POSTERIOR

Nota Angelical:

"Termina y regresa a casa
al silencio posterior . . .
El silencio que habita la hierba
En la parte inferior de cada brizna
Y en el espacio azul entre
las piedras . . ."

Rolf Jacobsen, The Silence Afterwards (El silencio posterior)

¿Qué tan familiar nos resulta el verdadero silencio? El "silencio posterior" que el poeta noruego Rolf Jacobsen describe es quizás una metáfora para el silencio del alma unida por fin con Dios en la más profunda meditación. Crear espacios silenciosos en nuestra vida nos da la oportunidad de trascender las exigencias y limitaciones de nuestro ser físico y mental y de reconectarnos con el centro divino. Siempre podemos encontrar unos cuantos momentos del día para estar en silencio y quietud, para serenar la mente y en cambio escuchar el murmullo de las hojas, el canto de los pájaros, el susurro del viento. Si lo deseamos, podemos seguir más hacia el fondo del silencio posterior, de la quietud misteriosa en el fondo del ser que se alegra con el sonido silencioso del latir del corazón del universo que resuena en lo profundo de cada uno de nosotros.

Diviértase con el silencio. Quédese quieto y tome conciencia de los sonidos que lo rodean. Escuche su respiración; mire a ver si puede oír el latido de su propio corazón. Ahora trate de aquietarse aún más. Conviértase en su respiración y en el latido de su corazón. Escuche cómo los sonidos que lo rodean empiezan a desaparecer, y mire a ver si puede ir incluso más hacia lo profundo, hacia el silencio posterior.

Reflexión Angelical: **En el silencio posterior experimento la dicha de la perfección divina.**

Comienzo

Nota Angelical: **No existen los finales, sólo existen los nuevos comienzos.**

Los comienzos no siempre son fáciles. Pero sin ellos la vida no existiría. A veces deseamos que pudiéramos evitar los comienzos—la confusión, las frustraciones que siempre acompañan lo que empieza, no estar seguro del camino, no saber cuánto nos falta por recorrer. Pero si recordamos que todo es un comienzo—y efectivamente, todo *es* un comienzo—podemos avanzar serenamente hacia adelante a nuestro propio ritmo. Podemos disfrutar el proceso y comprender que cuando dominamos algo o logramos una meta, debe llevarnos directamente a un reto nuevo, donde empezamos de nuevo a aprender, lograr y vivir. Los ángeles saben, a fin y al cabo, que aunque pensemos que queremos finales, conclusiones, logros, lo que realmente estamos buscando es la emoción de una vida en la cual cada nuevo día sea un comienzo.

¿Qué cosas en su vida están en la etapa del comienzo? ¿Un trabajo nuevo? ¿Una nueva relación? ¿Una nueva casa? ¿Un nuevo programa de mejoramiento personal? ¿Se siente abrumado por la incertidumbre? ¿O está ansioso por explorar todas las nuevas y emocionantes posibilidades que existen para usted en este maravilloso período de comienzos?

Reflexión Angelical: **Acepto cada nuevo comienzo en mi vida como una nueva alegría a la espera de ser vivida.**

Sintonizar

Nota Angelical: **Podemos fácilmente sintonizar la frecuencia de los ángeles.**

Sintonizar significa poner en acorde o armonía, sintonizar una frecuencia de modo que podamos conectarnos con un tono puro y eliminar la interferencia. Cuando sintonizamos la frecuencia angelical, descubrimos que hay muchos ángeles para escuchar. Cada uno de nosotros tiene un ángel guardián. Existe un ángel especial para el país y para el estado en el que vivimos, la ciudad, la calle, incluso los árboles que nos rodean. Algunos ángeles tienen a su cargo grupos, otros personifican cualidades específicas como la protección, el valor y la sabiduría, y las reparten según eso. Sintonizar las ondas de los ángeles no es tan difícil como puede pensarse. A veces lo único que se requiere para establecer una comunicación es pensar en un ángel o desear conectarse con uno de ellos. Lo más importante de recordar al sintonizarnos con los ángeles es que en la medida en que nuestras motivaciones y deseos sean más claras y puras, nuestras conexiones con los ángeles se tornarán también más diáfanas y refinadas.

Elija un ángel con el cual sintonizarse. Tenga papel y lápiz a la mano, en caso de que reciba un mensaje que quiera dejar registrado. Cierre los ojos y sintonícese mentalmente con el ángel que haya elegido. Hágalo simplemente en su pensamiento. Tómese su tiempo y preste atención a las ideas o pensamientos que empiezan a llegarle. Quizás crea que algunos de ellos son sencillamente imaginación suya, pero, ¿qué es su imaginación sino el lugar donde usted descubre las verdades del universo y juega con ellas?

Reflexión Angelical: **Tengo la capacidad de entrar en sintonía con cualquier ángel para recibir mensajes y orientación.**

GRACIA

Nota Angelical: **Sin la gracia, todo esfuerzo es vano.**

Filosofía griega

En la mitología griega, las Gracias eran las diosas asociadas con la dulzura y la belleza de la naturaleza. Eran doncellas virginales que personificaban las cualidades de la gracia, el encanto, la belleza, la buena voluntad y la alegría, y su función era extender el espíritu del disfrute y el aprecio por la vida. Eran representadas como seres felices y libres; danzaban, cantaban, retozaban en los campos y en las fuentes y por su misma naturaleza inspiraban a la poesía, a la música, al arte y a otros elevados pasatiempos del alma. También estaban a las órdenes de la poderosa Atenea, diosa de tormentas y batallas, para ayudarle a manejar los aspectos más pesados de la existencia, tanto mortal como inmortal. En otras palabras, las Gracias sabían cómo pasarla de maravilla, y los griegos consideraban este conocimiento como algo esencial para el armonioso transcurrir de la vida.

Reflexione acerca de los diferentes significados de la palabra gracia: estar en estado de gracia, una condición de estar en sintonía con lo Divino y ser favorecido por éste; orar con gracia, una expresión de la gratitud a Dios; la cualidad de la gracia— suavidad, delicadeza, elegancia, y armonía de movimiento. ¿Cómo puede hacer que su vida esté más llena de gracia?

Reflexión Angelical: **Le imprimo un espíritu de gracia a todo lo que hago.**

COMPARTIR

Nota Angelical: **Los ángeles siempre comparten el amor de Dios con nosotros.**

Para comprender el concepto de compartir es importante distinguir entre compartir y dar. Puro dar es el proceso de entregar un regalo o parte de nosotros mismos a otro, sin esperar reciprocidad. Quien recibe nuestro regalo es libre de utilizarlo como desee. Por otro lado, cuando compartimos, nos unimos a otro para convertirnos en iguales en un intercambio de energía. A menudo decimos de una pareja que comparten su vida. La gente se une para compartir causas e ideales. Los compañeros de vivienda comparten una casa. La comida puede ser compartida. Se supone que compartamos la tierra con todas las formas de vida. Existe, desde luego, un elemento de dar en el compartir: compartir lo que poseemos en un verdadero espíritu de gracia y benevolencia significa ofrecer aquello de lo que podemos prescindir, con un corazón puro libre de expectativas, para beneficiar al todo. Si uno comparte algo con el deseo de controlar a otros o de crear en ellos una necesidad, nadie se beneficia. Los ángeles comparten sin esperar contraprestación. Y cuando respondemos compartiendo nuestra energía, nuestro amor y nuestra gratitud, fortalecemos el vínculo entre la tierra y el cielo.

Piense acerca de las cosas que en realidad no podemos poseer y que compartimos con otros—los pájaros, el sol, la luna, las estrellas, el aire, el amor de Dios. ¿Cuando el universo comparte con usted, usted comparte por igual?

Reflexión Angelical: **Toda la vida consiste en compartir. Incluso respirar es un acto de compartir entre la tierra y yo. Tomaré mayor conciencia de lo que se está compartiendo conmigo y seré más abierto a compartir con los demás.**

MARCALIBROS

Nota Angelical: **Ninguna fortaleza es mayor que la calma, ningún poder es mayor que la paz.**

Los ángeles tienen un poema preferido, escrito por Santa Teresa de Ávila, que nos pasan a nosotros. Es en realidad un punto de referencia, una página a la cual regresar cuando hemos permitido que nuestros miedos interfieran con nuestra serenidad:

> Nada te turbe,
> Nada te espante
> Todo se pasa
> Dios no se muda;
> La paciencia
> Todo lo alcanza;
> Quien a Dios tiene
> Nada le falta:
> Sólo Dios basta.

Recuerde que existe un lugar naturalmente sereno dentro de usted donde siempre puede encontrar la energía pacífica de Dios y de los ángeles. En cada ocasión en que esté preocupado o tenga temor, debe saber que puede siempre regresar a ese punto de referencia en las páginas de su vida.

Reflexión Angelical: **Tomo de la serenidad de los ángeles para mantener mi perspectiva equilibrada.**

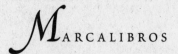

¿QUIÉN SOY?

Nota Angelical: **Conocerse a sí mismo es una labor más ardua de lo que uno podría pensar.**

Si alguien le preguntara, "¿Quién es usted?," ¿cuál sería su respuesta? ¿Daría su nombre, dirección y número del seguro social? ¿Respondería diciendo a qué se dedica? ¿Haría una lista de sus más atractivas cualidades? Para los ángeles, la pregunta, "¿Quién soy yo?" tiene a la vez una infinidad de respuestas y una sola respuesta. Somos, por un lado, entes en constante proceso de cambio, que responden a diversas fuerzas que nos rodean. Nunca somos los mismos de un momento al siguiente; nuestro estado de ánimo varía y nuestra personalidad tiene aspectos cambiantes; nuestras experiencias alteran nuestras convicciones; en cualquier momento podemos descubrir nuevos talentos y capacidades que alteran por completo la forma como nos percibimos. Por otro lado, no somos seres en absoluto sino que somos parte del Divino Ser, la unidad universal en la cual todos los egos desaparecen. En otras palabras, dicen los ángeles, no se apegue a una idea fija sobre sí mismo, y dele a su ego un descanso ocasional de tener que cargar el peso de su identidad.

Reflexione, si lo desea, sobre la siguiente meditación Sufí acerca de nuestra naturaleza humana esencial:

> *No soy el cuerpo; no soy los sentidos*
> *No soy la mente*
> *No soy esto; no soy aquello*
> *¿Entonces qué soy? ¿Qué es el ser?*
> *Está en el cuerpo; está en todos*
> *Está en todas partes; está en el Todo*
> *Es el Ser. Yo soy Ése. La Unidad Absoluta.*

Reflexión Angelical: **Soy más que la suma de mis partes.**

LEGADO

Nota Angelical: **Lo que nos llevamos es lo que dejamos.**

Una mujer, cuyo amado esposo con quien había compartido la vida durante treinta y dos años había muerto de cáncer, descubrió que su terrible sentido de pérdida disminuía cuando las personas con quienes se encontraba le hablaban de su esposo. Todos los que lo habían conocido, al parecer, tenían una bella historia que contar sobre su compasión y su carácter bondadoso. Había dado dinero, sin que se lo pidieran, a aquellos que él sabía atravesaban dificultades. Había prestado sus servicios de mecánico sin cobrar. Muchas de estas historias eran completamente nuevas para ella, pues, siendo un hombre modesto, su esposo nunca las había mencionado. Pero cada vez que crecía el número de personas con quienes ella hablaba, más presente al parecer estaba su esposo a medida que ella se percataba de que diferentes aspectos de su esposo perduraban en las vidas y en los recuerdos de otros.

¿Qué historias de usted quisiera dejar de recuerdo cuando parta de esta tierra? Empiece a planear su "legado viviente," haciéndose más consciente del efecto que usted tiene sobre los demás y cómo sus acciones perduran mucho más allá del momento y pueden tocar la vida de más personas de las que imaginaría.

Reflexión Angelical: **Las semillas de mis acciones echan raíz en los corazones y en las vidas de todos aquellos con quienes entro en contacto.**

FLUJO Y REFLUJO

Nota Angelical: **"Todo tiene su momento, y todo cuanto se hace debajo del sol tiene su tiempo."**

Eclesiastés 1:3

Idealmente queremos que todo marche sin tropiezos. A fin de cuentas, ¿no sería acaso maravillosa la vida si siempre estuviéramos en marcha suave y nunca tuviéramos que preocuparnos por obstáculos frente a nuestro progreso? Pero los ángeles saben que el secreto del progreso es ser capaces de aceptar el ritmo natural del universo, que consta de flujo y reflujo. El tiempo de flujo es aquél de acción y productividad visible; el reflujo indica un decrecimiento de la energía activa y un tiempo de retirarse e incubar. El fluir y el refluir corresponden al símbolo chino de las dos energías complementarias del universo, el yin y el yang o lo receptivo y lo creativo. El uno no es negativo, el otro positivo; simplemente *son*, y cada uno tiene su tiempo apropiado bajo el cielo. Por ejemplo, en tiempos de menor energía y actividad puede parecer que uno no es productivo, pero a lo mejor, en realidad, sea un tiempo de mayor productividad en otros niveles. Permitirnos descansar y rejuvenecer nos ayuda a forjar una conexión más profunda con los ángeles, quienes muchas veces nos hablan con mayor claridad cuando estamos en estado de quietud.

Reflexione sobre situaciones de flujo y reflujo en su vida. Si hay días en que no parece "lograr hacer nada," no lo intente. Si le es posible, relájese, descanse, y deje que los pensamientos y las ideas vengan a usted. Percátese de que la energía del "flujo" es tan valiosa en sí misma con la energía de "reflujo," y ¡sumérjase en ella!

Reflexión Angelical: **Trabajo con los ritmos naturales del universo, no en contra de éstos.**

COMPLETAR

Nota Angelical: **Al completar descubrimos tanto liberación como poder personal.**

Cuando la vida empieza a salirse de control, es a menudo por causa de cosas que quedaron por hacer. Empezamos un proyecto y otro se entromete. Queremos lograr algo pero al parecer eternamente nos distraen preocupaciones más apremiantes. Antes de darnos cuenta, el cúmulo de asuntos por terminar se ha convertido en una avalancha. Los ángeles creen de todo corazón en las virtudes de completar las cosas, porque la única forma de impedir que el tejido se siga desbaratando y se inicie la renovación es atar los cabos sueltos. Una vez que nos comprometemos a hacer lo que no se ha hecho, los ángeles estarán más que felices de ayudarnos a ser más disciplinados, pacientes, optimistas y confiados en nosotros mismos y en el orden natural de las cosas.

¿Tiene cosas que necesitan ser completadas? Haga una lista en términos de prioridades. No se desanime ni se paralice; más bien, decídase a ejecutar cada día una acción que lo acerque a la meta. Pídales a los ángeles que lo inspiren con ideas y que lo liberen del miedo y la preocupación, y tenga presente que todo se logrará.

Reflexión Angelical: **A medida que voy aprendiendo el secreto de completar las cosas, aprovecho el poder que me permite hacer realidad todos mis deseos y objetivos.**

Chismes

Nota Angelical: **"Sea bondadoso, pues todas las personas que uno se encuentra enfrentan duras batallas."**
Platón

No hay forma de evadir los chismes; la gente se interesa en los asuntos de los demás, e independientemente de lo que usted haga, la probabilidad es alta de que usted sea tema de una sesión de chismorreo en algún lugar. Incluso si usted se dedica a evadir a las personas y se queda en la casa, ese solo hecho puede proporcionar el grano para el molino de chismes de los vecinos. Si incluye rumores crueles, el chisme puede hacerles daño a otros y dañar su buen nombre. Nuestras noticias de televisión por estos días constan prácticamente de chismes, y es bueno tener conciencia de ello. Las personas que chismorrean estarían mucho mejor si emplearan este tiempo en mejorarse a sí mismas o por lo menos en ver por qué están tan interesadas en las vidas ajenas. Mire más allá del chisme y dése cuenta de que las cosas no son tan malas como parece y que las personas no son tan terribles como los traficantes de chismes las querrían hacer parecer.

Los ángeles nunca se comunicarían chismes, pero si alguna vez lo hicieran, ¿qué dirían de usted? Utilice su imaginación y haga de cuenta que está oyendo lo que dicen dos ángeles acerca de usted. La mejor forma de evadir las trampas de los chismes es aprender a procesar con sabiduría la información que sale de su boca. Y nunca hace daño recordar que otros con quienes usted comparte chismes nunca confiarán en usted porque pensarán que siempre existirá la posibilidad de que usted haría lo mismo con ellos.

Reflexión Angelical: **Honro y respeto a las personas que me rodean chismorreando sobre sus aspectos positivos.**

Atajos

Nota Angelical: **El camino más rápido y barato puede resultar ser el más caro de reparar.**

Los atajos están diseñados para llevarnos a nuestro destino en menor tiempo. La pregunta que los ángeles quieren que formulemos es, ¿qué ganamos—o perdemos—en el proceso? A veces un atajo es, ciertamente, una forma de utilizar más eficientemente nuestro tiempo y nuestro esfuerzo, de conservar energía que se puede aplicar mejor en otro lugar. Pero tomar atajos a veces puede costarnos más. Si utilizamos un atajo para evitar una inversión necesaria—si nuestro ahorro en minutos y en dólares resulta en un producto inferior—probablemente nos encontremos otra vez en el lugar donde empezamos. Entonces tendremos menos de lo que teníamos al comienzo en términos de tiempo, energía, dinero y credibilidad. Los ángeles aprueban la eficiencia y la frugalidad, pero nos advierten que no debemos nunca convertirlos en dioses, ni rendirles homenaje a costa de la calidad y la sustancia.

¿Qué clase de atajos le han sido provechosos? ¿Cuáles ha lamentado? Reflexione sobre cuándo y cómo ha tomado atajos y lo que aprendió de esa experiencia.

Reflexión Angelical: **Soy consciente de la diferencia que hay entre tomar un atajo y estafarme a mí mismo o a los demás.**

*T*ALENTO

Nota Angelical: **Todos y cada uno de nosotros nace con talento.**

¿El talento es algo otorgado selectivamente por Dios, concedido a algunas personas mientras que otras llegan al mundo con las manos vacías? Los ángeles y Dios no favorecen a unos más que a otros. Cada uno de nosotros posee algún tipo de talento, una habilidad especial en un área determinada. Mientras que la sociedad quizás adjudique un alto valor a ciertas habilidades y destrezas, los ángeles miran todos los talentos con igual aprecio. Para ellos, un talento para la compasión, la alegría, los detalles, la honestidad, el humor, y cualquier otra cualidad angelical que mejore la vida es precisamente, igual no más, valioso que los más altos logros artísticos o atléticos o el más grande éxito empresarial. Y siempre es posible desarrollar el talento, con la condición de que no nos dejemos inhibir por las clasificaciones o las críticas. Aun si ciertas personas han denigrado de nuestro potencial o han hecho caso omiso de éste, los ángeles siempre están allí para aplaudir los esfuerzos que hacemos y para darnos un refuerzo positivo por tener el valor de descubrir lo mejor de nuestro ser y de mejorarlo.

¿Cuáles son sus principales talentos? ¿Cree que nació con ellos? ¿O acaso algunos de sus talentos se desarrollaron con el tiempo y la práctica? ¿Desearía tener más talento en ciertas cosas? Teniendo en cuenta que somos lo que pensamos que somos, acuda a los ángeles como sus agentes de talento, y pídales que le envíen la inspiración para mejorar sus capacidades en cualquier área que elija.

Reflexión Angelical: **Aprecio mis habilidades en todas las áreas y estoy abierto a explorar todo el rango de mis talentos.**

IMPREVISIBILIDAD

Nota Angelical: "El progreso científico depende en gran medida de la colisión no programada de ideas."

Eli Sercarz, inmunólogo de UCLA

Muchos nos sentimos incómodos con la idea de la incertidumbre. Queremos poder planear nuestras vidas; si no sabemos qué hay por delante, nos sentimos impotentes, perdidos, demasiado vulnerables. Pero los ángeles honran el carácter impredecible de las cosas como la fuente de nueva visión, lucidez—y orden. En la ciencia, por ejemplo, "la colisión no programada de ideas," da paso a fórmulas planeadas para mejorar la suerte de la humanidad. Muchas veces es a través de lo impredecible que los ángeles hacen su mejor trabajo; quizás por ejemplo encontremos en los lugares menos probables las ideas y respuestas que hemos estado buscando. De modo que los ángeles nos animan a darle la bienvenida a la energía vital de lo impredecible para que entre en nuestras vidas, nos animan a permanecer abiertos a las inspiraciones y soluciones no planeadas que quizás, si no tenemos demasiado miedo de asomarnos, están justo a la vuelta de la esquina.

Reflexione sobre el papel que la incertidumbre ha desempeñado en su vida. ¿Qué experiencias maravillosas ha tenido que nunca planeó tener? ¿Qué tanto cree que puede realmente predecir— es decir, controlar—en términos de su futuro?

Reflexión Angelical: No busco predecir, sino conocer a través de la experiencia.

REPARACIÓN

Nota Angelical: **A los ojos de los ángeles, ningún ser humano está tan dañado que no pueda ser reparado.**

La palabra *dañado* se utiliza con frecuencia para describir a las personas que tuvieron infancias terribles o quienes, de adultos, han sido traicionadas por otras y no han podido superar el dolor emocional. Pero para los ángeles, *daño* no es una palabra que se aplique a los seres humanos. Cuando algo está dañado pierde su valor y utilidad. Esto nunca ocurre en el caso de un ser humano, porque todos somos valiosos y útiles. Quienes han llegado a creer que están dañados, quizás nunca intenten reparar sus vidas. *Reparar* significa poder regresar a su condición buena o sólida, arreglar. Todos somos capaces de reparar cualquier daño que se nos haya hecho, y podemos empezar acudiendo a los ángeles, quienes son reparadores altamente calificados. Saben cómo compensar espiritualmente nuestras pérdidas, cómo sanarnos y renovarnos, tan pronto empezamos a creer más en la integridad que en el daño. Y recuerde: cuando algo ha sido reparado, el eslabón débil se vuelve aún más fuerte y más útil de lo que era inicialmente.

Si usted se considera dañado y desgastado por el mundo, pídales a los ángeles que le ayuden a diseñar un equipo personal de reparación. Puede incluir la meditación, programas de doce pasos, completar un proyecto creativo, hacer trabajo voluntario, y demás. Que su primer paso sea cambiar su creencia en los daños y convertirlo en una creencia en la reparación, y su segundo paso sea un compromiso con un futuro para usted de fortaleza e integridad.

Reflexión Angelical: **Con cada paso hacia delante en el camino de la restauración espiritual, no solamente seré reparado sino también renovado.**

EL MUNDO SIGUIENTE

Nota Angelical: **No podemos estar allá hasta que no podamos estar acá.**

Algunas personas pasan mucho tiempo pensando y planeando el viaje a ese último destino sin retorno, la otra vida. Conciben el más allá como un lugar de eterna dicha, al lado del cual la tierra palidece en comparación. De modo que tratan de renunciar a los "placeres" terrenales e incluso darle la bienvenida al sufrimiento como un seguro de redención. O quizás adopten simplemente una actitud de esperar acá en medio de este "valle de lágrimas," con las maletas listas y empacadas para partir cuanto antes. Pero los ángeles nos advierten que si no nos hemos tomado el tiempo para vivir la vida a plenitud, a lo mejor nos encontremos con una gran sorpresa cuando descendamos de ese dulce carruaje y descubramos que estamos de regreso en la escuela, repitiendo las materias que no pasamos en la Universidad de la Tierra. Solamente cuando comprendemos que el reino de los cielos está de verdad en nuestro interior—en nuestra capacidad de crear amor, alegría, paz y conciencia en la tierra—que podemos asumir nuestro lugar indicado en el paraíso.

Si el universo fuera a entregarle un boletín de calificaciones, ¿cómo cree que sería su desempeño hasta el momento en los cursos de alegría, humor, amor, luz, bondad y gratitud? No tema echarles una llamada a los ángeles si necesita algo de refuerzo para mejorar sus calificaciones.

Reflexión Angelical: **Mi meta es graduarme con honores de la Universidad de la Tierra.**

ℱILÓSOFOS

Nota Angelical: **Cuando buscamos la verdad con los ángeles, una luz adicional ha sido encendida en nuestra mente, y descubriremos que comprendemos un nuevo sentido común.**

Cada uno de nosotros a nuestra manera es un auténtico filósofo. La filosofía es por definición la búsqueda de comprender las verdades y principios básicos del universo, la vida, la moral y de las percepciones humanas. La palabra *filosofía* proviene de la palabra griega *philosophos*, que significa amar la sabiduría. Si usted ama la sabiduría y busca la verdad y una comprensión más profunda del universo, entonces es filósofo. Los ángeles nos perciben a todos como filósofos, y les gusta que busquemos verdades superiores. Empiece a pensar en los demás como filósofos. De esta forma respetará a cada persona como un gran pensador original y aprenderá muchas cosas nuevas sobre amar la sabiduría.

Tómese un momento para filosofar con los ángeles. Visualice una luz adicional que se enciende en su mente y que le permite ver las cosas de una forma nueva y más profunda. Cuando buscamos la comprensión con los ángeles, llegamos a conocernos a nosotros mismos como verdaderos filósofos. Acepte su papel como filósofo y tómese un tiempo para filosofar al menos dos veces al día. Busque a otros que tengan filosofías interesantes.

Reflexión Angelical: **A medida que busco mi propia comprensión de la verdad y de la sabiduría, no olvido nunca que otros tienen sus propias búsquedas y que podemos respetarnos unos a otros por el camino.**

DESPRENDIMIENTO

Nota Angelical: **El Señor da; el Señor quita; el Señor da de nuevas formas.**

Los Indios Americanos tienen la costumbre del desprendimiento como ejercicio de gratitud y fe. En la ceremonia del desprendimiento, una familia entrega todas sus pertenencias al resto de la tribu y al Gran Espíritu. La tribu a su vez se encarga de las necesidades que de manera tan libre dejaron de cubrir ellos mismos. El desprendimiento simbolizaba el reconocimiento por parte de la gente de que sus pertenencias no son realmente de ellos. Todo pertenece al creador, y depende del Creador decidir cuándo recibimos y cuándo tendremos que retornarle todo al universo. Pero Dios nunca nos dejará en necesidad, pues al volver a tomar algo de nosotros, Dios siempre nos dará algo nuevo a cambio.

Procure poner en práctica en su vida el espíritu de desprendimiento. Si alguien admira algo que usted tiene, como en cuanto a ropa o joyas, regáleselo a esa persona. Si alguien necesita algo que usted tiene, regálelo con libertad. A medida que usted regala con gratitud, procure entender que lo que usted tiene realmente les pertenece a todos, y no busque nada a cambio. Luego, note qué se le da a cambio y de qué forma.

Reflexión Angelical: **Me siento contento de poderle devolver al universo aunque sea un pequeño pedacito de lo que me ha dado a mí.**

QUÉ BELLO ES VIVIR

Nota Angelical: **Somos constantes buscadores de la verdad y constantemente la encontramos en las acciones nobles de los demás.**

Casi todos seguramente conocemos bien lo que quizás se haya convertido en la más popular película de Navidad de todos los tiempos, *It's a Wonderful Life* (Qué Bello es Vivir). Este clásico de inspiración sigue el camino de George Bailey, quien a lo largo de su vida ha sacrificado sus propios deseos en pro del mejoramiento de los demás. Cuando George se encuentra a punto de ir a la cárcel y al borde de la ruina financiera debido a un error cometido en los negocios por su torpe tío, decide hacer el máximo sacrificio de entregar su propia vida para ahorrarle a su familia la vergüenza y para garantizar que reciban el seguro de vida. Pero Dios, al escuchar las oraciones de muchos que aman a George, envía a un ángel para evitar que se suicide y para mostrarle cuánto más pobre sería el mundo si él no hubiera nacido. *It's a Wonderful Life* relata varias verdades eternas. Una es que nuestra mera presencia tiene una vasta influencia sobre el mundo. Otra es que al aspirar al amor y a la compasión, no a la riqueza ni al poder, adquirimos la riqueza del cielo en la tierra. Y la tercera es que los ángeles siempre están escuchando las peticiones más urgentes de nuestras almas.

Simule ser el protagonista de It's a Wonderful Life. *¿Cómo ha influido usted sobre las vidas de los demás? ¿Qué tanto más pobre sería el mundo si usted no hubiera nacido? ¿Qué efecto quisiera usted tener sobre el mundo desde este momento en adelante?*

Reflexión Angelical: **Valoro y respeto mi presencia singular acá en la tierra.**

PENSADORES POSITIVOS

Nota Angelical: **El pensamiento positivo requiere percibir la vida en una luz clara, sin mentiras ni falsas pretensiones.**

Norman Vincent Peale escribió en 1951 un libro que fue pionero en su estilo llamado *El Poder del Pensamiento Positivo* (The Power of Positive Thinking) y durante los últimos cuarenta años hemos estado oyendo mucho acerca del poder que trae el pensamiento positivo. Los pensadores positivos tienen que ser creativos e inteligentes en su pensamiento. Los pensadores positivos miran más allá de las dificultades bajo una clara luz de modo que afloren también soluciones claras. Por otro lado, los pensadores negativos perciben las dificultades en oscuros tonos de desesperación y se sienten abrumados y derrotados por las dificultades. Siempre tenemos la opción de encender las luces y echarle un buen vistazo a lo que tenemos en frente, y siempre estamos en libertad de asumir lo mejor.

Los pensadores positivos no se mienten a sí mismos. A menudo la gente se propone poner en práctica el pensamiento positivo, y acaban negando las dificultades, haciendo caso omiso del dolor, y poniendo en práctica grandiosas ilusiones. Todo lo anterior no es más que una forma de mentiras positivas. Piense en qué tan positivo es su propio pensamiento y encuentre formas de fortalecer su resolución en contra de lo negativo, sin mentiras ni falsas pretensiones. Los ángeles le ayudarán.

Reflexión Angelical: **Veo el mundo a mi alrededor en brillantes reflejos de esperanza y de luz angelical. Tengo el poder de conocer qué es lo mejor.**

Adivinación

Nota Angelical: **No nos corresponde ver el futuro, sino crear el futuro.**

Hoy en día, en la televisión y en las revistas encontramos muchos anuncios para llamar a psíquicos. En un mundo incierto puede parecer un consuelo tener a alguien que nos prediga el futuro, pero los ángeles lo ven de otra forma. Saben que el verdadero consuelo proviene de la imaginación, la creatividad y la confianza. Si vivimos de manera creativa e imaginativa y dejamos el resto al cielo, estaremos demasiado ocupados en el presente para preocuparnos por el futuro. Buscar información acerca del futuro por parte de otro ser humano puede significar que estamos evadiendo la responsabilidad de tomar nuestras propias decisiones. Los ángeles quizás no le proporcionen información sobre vidas pasadas o quizás no predigan sucesos futuros, pero le darán toda la orientación y la inspiración que requiere para que este momento cuente.

Si desea entender un problema o siente que necesita conocer los sucesos por venir, dése usted mismo una lectura psíquica. Escriba sus preguntas y respóndalas de la forma cómo quisiera que el futuro resultara. Guarde esa nota durante unos meses, incluso un año. Cuando la saque de nuevo, ríase con los ángeles al darse cuenta de que algunas de las cosas que quería ya no le atraen y se da cuenta de que, con confianza, paciencia, imaginación y determinación, siempre finalmente logramos lo que queremos.

Reflexión Angelical: **A medida que vivo el presente con lo mejor de mis capacidades, creo el futuro que se supone debo tener.**

REUNIÓN

Nota Angelical: **Qué gran regalo es reunirnos de nuevo con los ángeles.**

Si nos sentimos separados de la naturaleza, y si creemos que estamos separados del cielo, entonces nuestra vida se convierte en una búsqueda para unirnos de nuevo con aquello a lo cual sabemos que pertenecemos. El amor es el puente que nos permite sentir que finalmente nos hemos reunido. Cuando nos enamoramos profundamente de otro ser humano sentimos como si conociéramos a esa persona desde antes y ahora tenemos una reunión sagrada. Para unirnos de nuevo con el cielo y con la naturaleza, debemos aprender de nuevo a amarlos. El sentimiento que experimentamos de estar separados, es una ilusión; nunca hemos estado separados de la naturaleza, puesto que esto es imposible. Y el cielo siempre está presente en nuestros corazones.

Piense en cualquier aspecto de su vida del cual sienta que ha sido separado y con el que añora reunificarse. Puede ser que anhela tener esos pensamientos frescos e inocentes que tenía en la niñez, o quizás anhele reunirse con su verdadero amor. Recuerde que con lo que usted o con quien usted añora reunirse está todavía dentro de usted. Aun si todavía no ha conocido su verdadero amor en la tierra, de todos modos usted es parte de él o de ella. Los ángeles le ayudarán a reunirse con su verdadero ser y su verdadero camino, y todos los otros aspectos de su vida se unirán en regocijo.

Reflexión Angelical: **Reuniré mi espíritu con los ángeles y recordaré esos sentimientos dulces que tenía en la infancia, cuando los ángeles eran mis compañeros preferidos de juego.**

TERAPIA ZEN

Nota Angelical: **Mientras menos centrado en sí mismo, más centrado.**

Un relato que cuenta Paul Reps en su libro *Zen Flesh, Zen Bones* (Carne Zen, Huesos Zen): Un pomposo profesor universitario tomaba una vez el té con Nan-In, el famoso maestro japonés de Zen, quien procedió a llenarle la taza y luego, continuó vertiendo el té. Cuando el profesor horrorizado le indicó que la taza se desbordaba, Nan-In le replicó, "Al igual que esta taza, usted está lleno de sus propias opiniones y especulaciones. ¿Cómo puedo mostrarle lo que es el Zen si usted no vacía primero su taza?"

Muchas personas hoy en día acuden a terapias. Quienes de verdad desean recibir entendimiento sobre sus comportamientos se benefician de la experiencia. Pero otros quizás utilicen la terapia como excusa para estar cada vez más absortos en sí mismos. Los maestros Zen no tenían paciencia con quienes malgastaban su tiempo y solamente estaban interesados en hablar sobre sí mismos o sobre sus propios puntos de vista. Si uno está auténticamente interesado en ser iluminado, primero tiene que vaciar el desván de la mente de los cacharros viejos de ideas preconcebidas y de la fascinación narcisista. Sólo entonces podrá penetrar en el ser la luz de una nueva conciencia.

Si usted en el momento está en terapia o está considerando iniciarla, o entrar a un programa de Doce Pasos, o cualquier otra empresa de incremento de la conciencia, dedique un momento para evaluar sus motivaciones y expectativas. ¿De verdad quiere cambiar y mejorar su vida? ¿O acaso es que disfruta más del sonido de su propia voz? ¿Se enojaría o agradecería que su terapeuta le llenara la taza de té hasta que se rebosara sobre usted?

Reflexión Angelical: **Procuro no estar tan lleno de mí mismo.**

ESEOS

Nota Angelical: **Tenga cuidado con lo que desea cuando los ángeles están cerca y pueden escucharlo.**

Un buen momento para formular un deseo es cuando se mira a la primera estrella de la noche o se observa una estrella fugaz. Al cumplir años, pedimos un deseo cuando apagamos con un soplo las velas del pastel. ¿Quién puede resistirse a lanzar una moneda a un pozo para pedir un deseo? Éste es un ritual de hacer una ofrenda después de que se pide un deseo. Los deseos eran muy importantes para nosotros en la niñez. Todavía pedimos deseos, aun cuando nuestra mente intelectual nos diga que desear cosas es infantil. Cuando deseamos algo reconocemos que nos sentimos merecedores de recibir la satisfacción de nuestros más profundos deseos. Desear es como una oración mágica, y debemos ser conscientes y cuidadosos con lo que pedimos y en la forma como lo hacemos.

Salga al anochecer cuando las primeras estrellas aparecen. Ubique la estrella más brillante y formule un deseo. Mantenga un momento en su mente una visión de su deseo y luego, agradezca a las estrellas en los cielos y sepa que siempre se cumplirá el mayor bien para usted.

Reflejo Angelical: **Deseo que la paz y buena bondad corran desenfrenadamente a través del mundo.**

COMPETENCIA

Nota Angelical: **Animémonos unos a otros en lugar de pisotearnos mutuamente en la competencia.**

La competencia es una afrenta a la energía creativa; limita nuestra visión y diezma nuestras opciones. La competencia, contrario a la creencia popular, no moviliza lo mejor en nosotros. Más bien, nos hace percibir a las personas como obstáculos, como meros estorbos en algo que estamos procurando lograr o ganar, y esta forma de ver las cosas deshumaniza. Si ganar es nuestra única meta, no podemos de ninguna forma disfrutar el proceso de una actividad puesto que nuestras mentes están fijas en hacer algo mejor que otra persona. La vida no es un recorrido competitivo, y quienes piensan que lo es nunca descubren quiénes son en verdad; tan sólo descubren cómo son en comparación con otros. Los ángeles no entienden por qué los humanos querrían desarrollar una actividad diseñada para hacer feliz a una persona a costa de entristecer y hacer sentir inseguro al resto.

La grandeza proviene de marchar a nuestro propio ritmo, no de obligarnos a hacer las cosas mejor que otra persona. Piense en la última vez que fue parte de una situación competitiva. ¿Se sintió adicionalmente creativo y meritorio? Probablemente no. Procure abandonar una circunstancia competitiva en su vida. Se sorprenderá de cuánto se divierte. Luego, sienta lástima por las pobres almas que tratan de competir con usted; no tienen nada que ganar.

Reflexión Angelical: **No necesito un espíritu competitivo; en mi vida, doy la bienvenida a la originalidad y a la colaboración.**

Separación

Nota Angelical: **La distancia no solamente aviva el fuego del cariño sino que también fortalece el corazón.**

En ocasiones nos vemos forzados a estar lejos de lo que deseamos. En esos tiempos difíciles los ángeles siempre están cerca de nosotros para ayudarnos a ser más fuertes en la paciencia, la fe y la confianza en nosotros mismos. Cuando experimentamos la separación de alguien o algo hacia quien o hacia lo cual nos sentimos muy atados, puede tratarse de un llamado a la regeneración. Así como una serpiente muda su vieja piel y emerge con nueva forma, y como la oruga debe liberarse de su capullo para poder convertirse en mariposa, así mismo debemos descartar lo que ya no es útil para poder abrirle espacio a lo nuevo. Si la separación es tan sólo temporal, quizás sea una oportunidad de hacer una pausa y reevaluar los apegos, de tomarse un descanso y ocuparse de otros deberes y sueños que quizás hayamos descuidado—en pocas palabras, quizás sea una oportunidad de conocernos mejor.

Si usted pasa por una separación dolorosa en su vida, procure escuchar su mensaje y adaptarse a las nuevas exigencias de su alma. Quizás necesite retirarse un poco, mirar hacia dentro y reflexionar acerca de por qué esto le ha ocurrido y qué oportunidades quizás se abran como resultado. Resístase al impulso de aferrarse al pasado, y espere con paciencia a que las razones se le revelen.

Reflexión Angelical: **Una separación puede darme la oportunidad de redescubrirme a mí mismo.**

$\mathcal{D}$EVOCIÓN

Nota Angelical: "La gente cree que soy muy disciplinado. No se trata de disciplina—se trata de devoción. Hay una gran diferencia."

Luciano Pavarotti

Luciano Pavarotti explica que para poder ser un gran artista, uno debe establecer prioridades. "Muchas veces me gustaría salir con mis amigos, cenar, tomar vino. Pero si tengo un concierto al día siguiente, me quedo en casa. No paso tiempo en el teléfono; dejo descansar la voz, y me quedo callado. Si uno quiere ser cantante, uno debe sentir devoción por el canto. No ser disciplinado, sino devoto." Qué sabia distinción hace Pavarotti. La disciplina es un sistema de regulación; la devoción es la dedicación máxima a alguien o a algo que uno ama. Desde luego, que la devoción quizás requiera disciplina; cuando invertimos energía en el objeto de nuestra devoción no podemos darnos el lujo de desperdiciarlo en otras actividades menos importantes o permitir que otros drenen nuestro recurso más valioso. Pero la devoción no implica negación total de sí, ni auto flagelación. Pavarotti sabe que hay tiempo de estar con los amigos, de hablar por teléfono, de relajarse—pero que ese momento no se da previo a un concierto. Los ángeles nos animan a desarrollar la devoción hacia aquello por lo que luchamos por encima de todo lo otro, pues entonces, tarde o temprano, será nuestro.

¿Existe algo hacia lo cual usted sienta devoción? ¿Alguna cosa hacia la cual le gustaría desarrollar una devoción? ¿Qué cosas tendría que sacrificar? ¿Qué ganaría como resultado?

Reflexión Angelical: **Estoy dispuesto a establecer las prioridades para lograr las metas que son más importantes para mí.**

EXPECTATIVAS

Nota Angelical: **De un burro no espere nada, sino una patada.**

Viejo proverbio irlandés

La sabiduría del viejo proverbio irlandés sobre las expectativas tiene un dejo realista. Pero el problema de las expectativas es que muy a menudo no son realistas. Más bien son el resultado de nuestras propias esperanzas, deseos y proyecciones. Queremos que las personas sean de cierta forma y tenemos así nuestra propia programación para su comportamiento, lo cual probablemente garantiza nuestra eventual decepción. Si las personas no cumplen nuestras expectativas, no es su culpa, es culpa nuestra, por esperar que ellos sean algo que no son. Los ángeles nos advierten que debemos aterrizar nuestras expectativas en la realidad, debemos basarlas en lo que vemos, no en lo que queremos ver. De esa forma no solamente nos ahorraremos la desilusión, sino que les permitiremos a los demás la libertad y el derecho de ser auténticos, bien sea que se trate de burros o de ángeles.

Si usted se encuentra a menudo decepcionado por los demás, reflexione sobre cómo quizás sus expectativas lo estén predisponiendo para la decepción. ¿Cómo puede cambiar la situación? Pídales a los ángeles que le ayuden a volverse más realista en sus expectativas y menos apegado a sus percepciones sobre cómo debería comportarse la gente.

Reflexión Angelical: **Veo a las personas cómo son y por lo que son y creo escenarios benéficos, no decepcionantes, para mí mismo y para los demás.**

$\mathcal{F}_E$

Nota Angelical: "La fe es estar completamente interesado en todo . . . y aceptación de la promesa de máxima realización."

Paul Tillich

Muchos no entendemos lo que es la fe, y la confundimos con la creencia en una doctrina religiosa o la adhesión a ésta. Pero la fe va mucho más allá de conceptos y definiciones; es una experiencia—de hecho es un llamado—que nos saca del ámbito del intelecto y nos traslada al del conocimiento interior. Cuando el teólogo y filósofo Paul Tillich nos habla de la fe como el estado en que todo nos concierne "al máximo," está hablando sobre el asunto que es para el ser humano de un valor superior a todo, el objeto de su pasión espiritual, lo que le produce "el movimiento centrado de toda la personalidad hacia algo de significado e importancia definitiva." Sea lo que sea en lo que tengamos fe, ponemos en ello nuestra energía y nuestro compromiso. Si usted tiene fe en que perderá peso, dirigirá su energía hacia esa meta, a sabiendas de que la logrará. Si los ángeles y llevar una vida angelical son su mayor interés, dirigirá su energía hacia ese propósito, sin temer desilusionarse sino contando con que será satisfecho.

¿Qué es lo que más le interesa? ¿En qué áreas quisiera que su fe fuera fuerte? Aclare sus deseos y lo que quiere de la vida. Luego, utilice su imaginación y visualice la realización de esos deseos y practique el arte de conocer sin esfuerzo, pídales a los ángeles que le ayuden a erradicar dudas y preocupaciones y que lo mantengan lleno de claridad, de energía positiva, y compromiso.

Reflexión Angelical: **Tengo fe en el amor divino y en la sabiduría divina, y confío en los ángeles para que me conecten con éstas.**

$\mathcal{P}$LACER

Nota Angelical: **El placer de la vida es el máximo agradecimiento a Dios.**

La capacidad de disfrutar es natural en nosotros. Pero ¿cuán a menudo el sentimiento de la culpa echa a perder nuestro potencial de disfrute? Deberíamos estar trabajando, preocupándonos, haciendo ejercicio. Cuando evacuemos todos los "debería" entonces sí podremos disfrutar. Esta actitud divierte a los ángeles, quienes saben, por supuesto, que siempre y cuando nos adhiramos a la teoría de los "debería" nunca los eliminaremos de nuestra vida. El placer no es un premio por haber logrado los deberes; es una actividad necesaria que, cuando se practica regularmente, mantiene nuestra conexión con el amor divino. Los ángeles sugieren que destinemos un tiempo de cada día para practicar el placer, hasta que se convierta en parte natural de nuestras vidas y de nuestras interacciones con los demás. Quién sabe, puede resultar ser nuestra más grande contribución a la humanidad.

Para mantenerse emocional y espiritualmente en forma, reserve tiempo cada día para hacer una rutina de placer. En lugar de cumplir y salirse de todos los deberes, haga primero algo que disfruta y resístase a sentirse culpable por ello. Note cómo sus actitudes acerca de la vida empiezan a cambiar.

Reflexión Angelical: **A medida que convierto el placer en una prioridad, mi vida se vuelve todavía más equilibrada y productiva.**

COMPLACENCIA

Nota Angelical: **Las cosas siempre podrían ser peores.**

Los ángeles definen complacencia de la siguiente forma: Un hombre pierde su cheque de pago y dice, "Gracias a Dios, todavía tengo mi trabajo." Pierde su trabajo y dice, "Gracias a Dios por mi casa, que ya está pagada." Pierde su casa y dice, "Gracias a Dios por mi maravillosa esposa." Pierde a su esposa y dice, "Gracias a Dios por el tiempo que pudimos compartir." Pierde una pierna y dice, "Gracias a Dios que todavía estoy vivo." Muere mientras duerme y dice, "Gracias a Dios morí en paz." Eso es estar contento.

¿Con qué cosas está contento en su vida? ¿Cuáles son algunas de las bendiciones que no ha notado? Note qué sucede en su vida cuando empieza a dedicar un tiempo cada día sencillamente para sentirse contento.

Reflexión Angelical: **Sé que mientras busco mayor alegría, puedo estar feliz con lo que ya tengo.**

Ser educado

Nota Angelical: **La buena educación puede ser una herramienta potente.**

Un comportamiento educado implica actuar de manera cortés y refinada, y con buenos modales. Podemos utilizar los buenos modales para mantener bajo control una situación potencialmente caótica cuando preferiríamos portarnos de manera contraria. Cuando esté con una persona que le cae mal o vive su vida de una forma que a usted le resulta repelente, procure ser extremadamente cortés. Puede ser incómodo al comienzo pero mientras más practique y note los sorprendentes resultados, más se divertirá con su esmerada cortesía. El poder proviene de mantener ligera y amable la situación ocurra lo que ocurra—¿y quién podría culparlo por esto? A los ángeles genuinamente les encantan las acciones consideradas y siempre proporcionarán una dosis adicional de humor cuando sea necesaria. Si utilizar buenos modales le hace sentir falso, recuerde que tiene más que suficientes oportunidades para manifestar su verdadero ser en torno a las personas que de verdad adora. Si intenta ser cortés y la cortesía al parecer fracasa, utilice la mejor alternativa: sus pies, para alejarse.

La próxima vez que comparta con personas que son algo menos que agradables, ponga en práctica la cortesía. Si se presenta algún asunto polémico, simplemente manifieste su acuerdo. Si alguien le lanza un insulto, acéptelo y dé las gracias; luego, ofrezca una taza de té. Recuerde que ser amable, a la larga, lo hará sentir mucho mejor que pronunciar una frase sarcástica o enojada que le trae un alivio apenas pasajero. Pídales a los ángeles que le ayuden a divertirse en todas las situaciones independientemente de quiénes estén presentes.

Reflexión Angelical: **En una situación caótica por causa del comportamiento de otros, puedo ser fiel a mí mismo bloqueando el poder de la energía negativa con el poder de los buenos modales.**

Su Pregunta

Nota Angelical: Una pregunta es una solicitud de información, o la búsqueda de una respuesta.

Todos tenemos nuestras propias preguntas sobre la vida y debemos aprender a vivir con ellas, a la vez que permanecemos alerta para captar la información que acabará de armar las piezas del rompecabezas. Sus respuestas y la información que busca le llegarán de muchas formas interesantes, especialmente estando los ángeles activos en su vida. Cada persona que se encuentre, cada problema que se le presente, y sus experiencias cotidianas de la vida, contienen respuestas a su solicitud. Los ángeles poseen las respuestas a muchas de sus preguntas, y sus respuestas pueden sorprendernos cuando las descubramos.

Usted es dueño de una pregunta que es suya y suya sola. Es la pregunta de su vida y de su propósito en la tierra. No tema formularla. Busque respuestas en sus sueños, en la belleza de las nubes, en cualquier lugar donde se vendan bellos libros. Juegue con la información, viva con su pregunta, permita que cada nueva respuesta lo lleve a una nueva pregunta. Si pone esto en práctica, su mente permanecerá joven todo el tiempo.

Reflexión Angelical: Nunca dejaré de hacerme mis propias preguntas.

Aguante

Nota Angelical: **Los ángeles conceden a nuestra mente el verdadero poder de la perseverancia.**

El *aguante* se refiere no solamente al poder de la resistencia física sino a la resistencia moral. La palabra que en inglés designa esta virtud, *stamina*, proviene de la palabra en latín que significa hilo, *stamen*, que también se refiere al órgano reproductivo de la flor, al que produce el polen. El aguante físico se deriva de tener un cuerpo bien cuidado que circula bien la energía. El aguante moral proviene de una mente bien cuidada y también de los ángeles. Los ángeles son el hilo de energía que permite el aguante. Mediante el aguante podemos tolerar, sin perder potencia, las tensiones prolongadas tanto mentales como físicas. En el momento en que se pierde la potencia y nuestro ánimo desfallece, desaparece el aguante, y quedamos solamente con la tensión. Mantener las cosas de la vida lo más simples posibles le permitirá tener todo el aguante que se necesita para producir grandes cosas.

El verdadero poder de la perseverancia y el aguante proviene de saber cuánto podemos hacer y de prestar atención a las señales que emiten el cuerpo y la mente cuando es hora de parar. Presionarnos para ir más allá de nuestros propios límites de aguante irá en detrimento de la actividad en la que nos encontramos. Las claves para gozar de un mayor aguante consisten en vivir de manera simple y en vivir de manera consciente. Y nunca sobra practicar y hacer ejercicio para mantenerse en forma tanto física como mentalmente.

Reflexión Angelical: **Crearé la energía que necesito para desempeñarme de la mejor forma posible para mí, manteniendo una vida simple y llena de amor angelical.**

Niños

Nota Angelical: **Y un niño los guiará.**

Se ha dicho que los niños son quienes están más cerca de los ángeles porque todavía los recuerdan. Muchas personas piensan que la razón por la cual los niños tienen con frecuencia experiencias con ángeles es que estaban con los ángeles antes de nacer y que su mente y su alma, que todavía no están marcadas por las aflicciones adultas del escepticismo y el cinismo, aún son receptivas a sus viejos amigos. Los ángeles quieren que tratemos a nuestros hijos como lo hacen ellos—respetando su sabiduría pura, permitiendo que su imaginación tome vuelo y honrando su individualidad. A fin de cuentas, no somos dueños de nuestros hijos. No son ni posesiones nuestras ni nuestra seguridad. Estamos acá para amarlos, guiarlos, aprender de ellos—y dejarlos partir cuando llegue el momento.

¿En qué forma están sus hijos o los niños que usted conoce cerca de los ángeles? ¿Qué puede aprender de ellos en términos de liviandad de corazón, de curiosidad, diversión, honestidad, imaginación y otros atributos angelicales?

Reflexión Angelical: **A medida que fortalezco la conexión con mis hijos—y con el niño o niña interior—me acerco más a los ángeles.**

ORACIÓN

Nota Angelical: "La única forma de alcanzar a Dios mediante la oración, consiste en limpiar la mente de toda negación . . . y llenarla con pensamientos de amor, servicio y alegre expectativa."

Paramahansa Yogananda

Existe una serie interminable de libros que explican qué es la oración y cómo orar. ¿Debería ser comunitaria o un asunto personal? ¿Es permisible la oración de petición o es egoísta? ¿Deberíamos pedir milagros o solamente lo que Dios quiere para nosotros? Todas estas preguntas quizás sean válidas, pero para los ángeles el fondo de la cuestión es que la oración es, en primer lugar, una forma creativa de expresarnos ante Dios y, al hacerlo, de comunicarnos con un aspecto superior de nuestro ser. Cómo y dónde oramos es cuestión nuestra. Podemos tener peticiones especiales que quisiéramos compartir con Dios. Quizás queramos meditar en algo de la Biblia o en algún aspecto de lo Divino. Quizás queramos orar en una iglesia o en una sinagoga, en el bosque, en la playa, en la habitación. Una famosa entusiasta de la oración, la evangelista Frances Gardner, afirmaba con fervor que sus mejores momentos de oración se daban ¡en la bañera! Lo importante es que la oración debe ser en nuestra vida una fuerza positiva de renovación de la energía, que nos acerque a la dichosa realidad del amor divino.

Llame a una reunión de oración con los ángeles. Invite a su ángel de la guarda o a cualquier ángel que quiera, para que oren con usted. Ore de cualquier forma que desee, y tenga conciencia de las imágenes, palabras, e ideas que se le presentan.

Reflexión Angelical: A través de la oración mi mente, corazón, espíritu y alma se familiarizan con las verdades divinas que traen gozo, claridad y paz.

ENERGÍA ESPIRITUAL

Nota Angelical: **La luz es nuestra energía espiritual. Mientras más luz irradiemos desde el centro del alma, más nos acercamos en el viaje hacia el reino de los cielos.**

La huella del alma, la esencia de lo que somos, es una variable de la luz. Se dice que la palabra de Dios es luz en nuestro camino. Muchas veces se piensa en Dios y en los ángeles en términos de luz. Cuando las personas "ven" ángeles experimentan en realidad los efectos de la luz divina. La verdadera conciencia angélica es cuestión de encender las luces en nuestra mente, traer luz a nuestra vida, y vivir la luz de la verdad. Las elecciones que tienen que ver con el amor fortalecen nuestra luz; las que se hacen por temor apagan nuestro brillo. Nuestra propia frecuencia de luz depende de nuestras elecciones espirituales conscientes. Mientras más alta la elección, más alta será la frecuencia de luz que irradiamos.

Cuando necesitamos fortaleza y energía espiritual en cualquier situación, lo que tenemos que hacer es concentrarnos en la luz que hay dentro de nosotros. Medite en la luz que conforma nuestro tercer ojo. Vea la luz en su mente y aprenda cómo controlarla. Podemos dirigir esta por todo nuestro ser y permitirle vibrar en una frecuencia lo suficientemente alta para hacernos invisibles a aquellos que no vibran en amor y luz. Si cree en posibilidades ilimitadas, entonces querrá creer que puede elevar sus vibraciones hasta un punto lo suficientemente alto que le permita ver el reino de los ángeles.

Reflexión Angelical: **La luz es mi energía espiritual. Elegiré las acciones que aumentan mi luz y que me acercan al cielo.**

ABUNDANCIA

Nota Angelical: **La verdadera abundancia es la capacidad de percibir la abundancia que ya es nuestra.**

La filosofía de todos los bancos puede reducirse al viejo proverbio: "Lo que es tuyo es mío y lo que es mío es mío." El Banco de Ángeles, no obstante, opera bajo el principio de que en el universo existe una fuente inagotable de abundancia y que nos pertenece a todos y cada uno de nosotros. Desde la belleza y la majestuosidad de la tierra misma hasta las riquezas varias, grandes y pequeñas, que todos hemos adquirido por el simple hecho de estar vivos, la abundancia es una realidad cotidiana e infinita. Y a través de las cualidades de apreciación, imaginación, disciplina y expectativa—todas las cuales son gratuitas para quien las quiera tomar del Banco de Angélica, podemos crear abundancia siempre que la necesitemos. Claro, a veces añoramos la abundancia o la envidamos en otros. Los ángeles no tienen problema con esto, pues ellos saben que de vez en cuando, puesto que somos humanos, sentimos vacío, frustración y privación, hasta que accedemos a aceptar la abundancia que ya es nuestra y el poder que tenemos en nuestro interior de aumentar su existencia en nuestra vida.

Piense en la abundancia que ya existe en su vida—el amor, los buenos amigos, los talentos, buena salud, una casa hermosa. ¿En qué cosas quisiera tener más abundancia? Cierre los ojos, respire profundamente, y visualice la abundancia que viene a usted en estos aspectos. Ante usted empezarán a aparecer ideas y formas de hacer realidad esta visión.

Reflexión Angelical: **Ante mí hay una mesa de banquetes llena de platos maravillosos, preparada y servida por los ángeles. Si me siento desposeído, es solamente porque no me he permitido probar las posibilidades de la vida.**

Contenido bajo presión

Nota Angelical: **Abrir con cuidado.**

¿Alguna vez ha sentido que el contenido de su vida acaba de ser vaciado de un golpe frente a usted? ¿Qué todo lo que creía y todo aquello de lo que dependía, de repente está patas arriba? Si éste es el caso, le han dado un gran regalo, porque ahora puede elegir qué retener para su vida y qué dejar sobre el piso para ser reciclado o transmutado. A lo mejor ha estado llevando consigo demasiado tiempo algunas cosas y la pesada carga a fin se rompió, y el contenido de su vida se regó por doquier. Cada cierto tiempo la vida al parecer nos sacude, afloja y se libera de unas cuantas cosas a las cuales hemos estado muy apegados. La próxima vez que suceda, pídales a los ángeles que le ayuden a recoger los pedazos.

Podemos hacer una evaluación del contenido que hemos estado cargando antes de que nos los descarguen a los pies. Piense en qué contenidos de su vida pueden estar bajo presión y piense en formas en que se podría aliviar la presión o liberarse de ella. Los ángeles quieren que aligere su carga y disfrute de algo de liviandad.

Reflexión Angelical: **Procuraré aliviar la presión de mi vida de maneras naturales.**

CUIDAR A LOS NUESTROS

Nota Angelical: **Los ángeles cuidan a los suyos.**

Un asunto que muchas veces se trae a colación en clases acerca de los valores es, si entre tres opciones uno tuviera que escoger a quién salvar de un accidente, ¿qué haría? Uno, salvar un avión con quinientas personas desconocidas y que viven al otro lado del mundo; dos, salvar un bus de veinte personas de una comunidad cercana, a quienes seguramente no conoce; y tres, salvar a un padre de familia que es bien conocido. Desde luego, que esto es solo especulación, y está diseñado para ser un verdadero dilema. La mayoría de la gente escoge el avión porque involucra el mayor número de personas salvadas. No existe una respuesta correcta, pero la respuesta que se elige menos a menudo es el padre de familia en el automóvil. Elegir salvar al padre implica cuidar a los nuestros. Y si cada uno de nosotros cuidara a los propios, la calidad de vida mejoraría tremendamente, y las vidas serían atesoradas.

Un cliché que circula por estos días dice, "Piense globalmente y actúe localmente." Podríamos utilizar esto para pensar en el dilema anterior. ¿Qué sería lo correcto en el ejemplo de arriba? ¿Acaso usted cuida a los suyos? Puede que no sea muy glamoroso, especialmente si las personas que le corresponden no siempre son sus favoritas. Tenga claro quiénes son los suyos y cuide de ellos primero. Los ángeles no nos abandonan si hay un suceso mayor cuando los necesitamos; los ángeles cuidan a los suyos.

Reflexión Angelical: **Identificaré dónde soy más necesario. Iré más allá de la sabiduría popular o de los números y buscaré la forma de mejorar la calidad de vida de las personas que viven en mi propio patio.**

CALIDAD

Nota Angelical: **El incauto que nace cada minuto, es el incauto que cree que nace un incauto cada minuto.**

P. T. Barnum pensaba que había puesto el dedo en el pulso de la psiquis humana cuando hizo su famosa observación acerca de que cada minuto nace un incauto. Y de esta forma creó un mundo que confirmaba sus convicciones. Entregó a un público que asumía era estúpido "el mejor espectáculo del mundo," y se reía de la ingenuidad del público. El enfoque Barnum hacia el público perdura hoy en día en los medios, y decreta que lo que la gente quiere es sensacionalismo, no calidad, y que consecuentemente sirve enormes porciones de mal gusto y mediocridad. Pero la verdad es que la calidad puede prevalecer y de hecho prevalece, pues cuando a las personas se les da lo mejor responden a lo mejor y elevan su nivel de conciencia según lo que reciben. Los ángeles eligen percibir a las personas como buscadoras y no como incautas, y siempre nos ayudarán a conectarnos con nuestra más alta naturaleza.

¿Cuál es su actitud hacia la calidad? ¿Exige lo mejor de usted y de los demás para usted y para los demás? ¿O en ocasiones opta por lo más fácil, sacrificando la calidad por la mediocridad de soluciones rápidas?

Reflexión Angelical: **Busco del mundo y le doy al mundo lo mejor de mí.**

DRAGONES

Nota Angelical: **Los dragones son mensajeros de la sabiduría.**

Para la cultura occidental, los dragones son malvados y temibles. Pero en la tradición oriental, lo opuesto se aplica. Los chinos, por ejemplo, perciben a los dragones como criaturas benéficas. En la cultura tibetana, el dragón representa lo inescrutable—el poder silencioso de una inteligencia firme y una confianza imperturbable en el lugar que a uno le corresponde en el mundo. En nuestra propia vida, los dragones pueden representar partes de nosotros mismos que estamos tratando de evitar o destruir. Estas partes de nosotros mismos pueden aparecer disfrazadas de personas con características de dragón o de problemas que siempre se nos presentan, y agobian. O puede revelarse en las cosas que hacemos o que dejamos de hacer y por las cuales sentimos vergüenza. Pero puesto que en realidad no podemos destruir aspectos de nosotros mismos, nuestra única opción consiste en enfrentar cara a cara nuestros dragones. Cuando tratamos de negar o reprimir aspectos de nosotros mismos, lo único que logramos es otorgarles más poder. Pero cuando reconocemos los aspectos de nosotros mismos a los cuales les tenemos temor, aceptándolos simplemente por lo que son, podemos empezar a comprenderlos y amansarlos. Los ángeles nos ofrecen ayuda natural en el arte de domar dragones y quieren que sepamos que al encarar nuestros dragones les permitimos convertirse en nuestros amigos y maestros.

Visualice o dibuje un solo dragón que represente todos los dragones de su vida. Ahora piense en su dragón como en una mascota con el inmenso poder de ayudarle a tener una comprensión más penetrante y mayor poder en cualquier situación.

 Reflexión Angelical: **Al hacerles frente a mis temores, los despojo de todo su poder sobre mí.**

$\mathcal{F}$UTURO

Nota Angelical: **No hay necesidad de entrar en ataque de pánico por el futuro.**

El futuro es el tiempo que llega después del presente. Para cuando piense en eso, ya estará en el futuro. El futuro de la humanidad luce algo sombrío en el momento; especialmente si uno sabe algo acerca de las condiciones en los países del Tercer Mundo. Algunos predicen cambios en la tierra en el futuro cercano y, una vez más, quizás el prospecto no sea muy alentador. La mayoría de los escenarios futuristas presentan a unos humanos que actúan como computadoras programadas y un entorno en que la tecnología todo lo salva. ¿Es esto realmente por lo que luchamos? Piense en su visión para el futuro. No se apegue a esta visión, y no olvide que los ángeles son ahora una gran parte de su futuro.

Ilumine su futuro con la luz de los ángeles. Lo contrario de sombrío es dichoso, feliz, colorido, luminoso, y lleno de vida. No hay razón por la cual su futuro tenga que ser sombrío. Las estadísticas siguen siendo un invento tonto de los humanos en busca de ciertos desenlaces. No se trague el cuento de las estadísticas; tráguese el cuento de un futuro de vida.

Reflexión Angelical: **Doy la bienvenida al futuro con un corazón dichoso y una mente llena de esperanzas.**

Compañero

Nota Angelical: Su ángel de la guarda es su compañero, ustedes dos van de la mano.

Cuando Dios mira a cada uno, Dios ve dos seres: usted y su ángel de la guarda. El ángel de la guarda es su compañero espiritual de viaje a lo largo de la vida. Un compañero permanece con uno en las buenas y en las malas, en el trabajo y en el juego, en los altos y en los bajos. Un compañero es una idea amistosa, un amigo bienvenido que está con nosotros para hacer más fácil nuestra vida. Nuestros ángeles de la guarda pueden ser nuestros verdaderos compañeros a lo largo de la vida. Con los ángeles como compañeros y concibiéndonos como seres espirituales que viven experiencias humanas, podemos ser verdaderos amigos en la vida.

Su ángel de la guarda lo ha conocido a usted desde el comienzo de su existencia. Su ángel de la guarda sabe qué fue lo que usted vino a hacer. Las metas que usted se propuso antes de dar el salto de fe hacia su presente cuerpo están frescas en la mente de su ángel. Conocer a su ángel de la guarda le ayudará a conocerse a sí mismo. Piense en la relación que usted tiene con su ángel de la guarda como pensaría en cualquier otra relación. ¿Qué cosas contribuyen a su crecimiento? ¿Por cuáles etapas naturales pasa la relación? Al igual que cualquier relación, su relación con el ángel de la guarda requiere respeto y reciprocidad.

Reflexión Angelical: **Disfrutaré de la compañía de mi ángel de la guarda y respetaré nuestra relación especial.**

OBSTRUCCIONES

Nota Angelical: **Debemos permitirles a otros el derecho a no aceptar nuestro amor.**

En ocasiones invertimos una gran cantidad de energía que no parece ser devuelta de la misma forma. Quizás estemos procurando alcanzar a una determinada persona—conseguir su atención, gratitud, o amor—tan solo para que esa persona haga caso omiso de nosotros e incluso nos rechace de plano. Cuando esto ocurre, los ángeles nos aconsejan dar un paso atrás y analizar el porqué continuamos dando lo mejor a personas que no están ni listas para aceptarlo ni tienen voluntad de hacerlo. El amor y la conexión solamente nos llegan cuando la otra persona desea lo mismo y está abierta, no cerrada, a nuestra energía. Si en una determinada relación experimentamos obstrucciones psíquicas recurrentes, lo primero que tenemos que hacer es retirar nuestra energía de modo que el asunto pueda respirar y nosotros podamos sanar. Luego, debemos reconectarnos con nuestros fuertes centros y reafirmar nuestro valor, nuestra bondad, y nuestro derecho a sostener relaciones auténticamente amorosas.

¿Son sus relaciones por lo general satisfactorias y energizantes, o frustrantes y agotadoras? ¿Hay alguien en su vida que no acepta la energía que usted envía? Si esto es así, pregúntese por qué continúa gastando la energía, permítale a la persona el derecho a no recibirla, y reflexione hacia dónde puede dirigir su esfuerzo.

Reflexión Angelical: **Estoy aprendiendo el secreto de cuánto dar y cuánto recibir en las relaciones.**

$\mathcal{P}$ ERDÓN

Nota Angelical: **Perdónese y perdonará a otros, perdone a otros y otros le perdonarán.**

Alguien con capacidad de síntesis dijo alguna vez, "Entierro mis hachas, ¡pero no olvido dónde están enterradas!" Los ángeles quieren que sepamos que para perdonar no es necesario olvidar. Más bien, nos instan a liberarnos del apego a lo que nos hicieron y a aumentar nuestra conciencia de que no permitiremos que suceda de nuevo. Desde luego, puesto que el perdón siempre requiere la liberación de la energía agotadora de la rabia, el dolor y la venganza, es en última instancia algo que nos beneficia. Cuando albergamos la esperanza de un resultado positivo por parte de alguien que nos ha hecho daño, nos arriesgamos a ahondar nuestro apego a esa persona. Cuando de verdad ponemos en práctica el perdón, sencillamente soltamos: la indignación, a la otra persona, aun nuestro deseo de controlar la situación. Al hacerlo, nos unimos a la brigada celestial de limpieza, ayudándoles a los ángeles a mantener nuestra vida libre de la basura de la amargura y el fango del rencor de manera que un río claro de felicidad y de paz pueda fluir por nosotros.

Piense en una herida que haya sufrido que parezca perseguirlo. Pídales a los ángeles que le ayuden a liberarse de su apego a estar en lo cierto, y que le ayuden a perdonar a esa persona y seguir adelante. Si no se siente inmediatamente en actitud de perdón, no se preocupe. Suelte y deje que los ángeles hagan el resto.

Reflexión Angelical: **El perdón es la ruta más segura hacia la paz interior que los ángeles quieren para mí.**

SANTUARIO

Nota Angelical: **Un santuario angelical puede enfocar la atención de modo que cada vez que usted lo vea recuerde cuánto lo aman y le ayudan los ángeles.**

Un santuario es un lugar sagrado que tiene una asociación especial. Muchos de nosotros tenemos santuarios en nuestros hogares sin siquiera darnos cuenta. ¿Tiene un lugar especial donde colecciona cosas, como retratos familiares, que le recuerden esta asociación especial? Algunos tenemos santuarios hechos a propósito para recordarnos a un gran maestro. Los santuarios son lugares de enfoque; pueden ser inmensos como una catedral o pequeños como una estampa. Lo importante del santuario es su asociación especial, lo que lo hace sagrado para nosotros. Muchas personas que viven con la conciencia de los ángeles crean santuarios especiales que les recuerden a los ángeles.

Hacer un santuario es algo divertido y una buena forma de utilizar la imaginación. Piense en algunos objetos que guardan para usted un significado especial. Encuentre un lugar en su hogar donde puede exhibirlos de una forma interesante e inspiradora. Un estante, la superficie de un tocador, una mesita redonda, una repisa de variedades e incluso una ventana pueden albergar un santuario. Encienda una vela e invite a los ángeles a entrar para que disfruten juntos la energía que se genera en asociación con ellos.

Reflexión Angelical: **Tengo una asociación especial con los ángeles, y he creado un santuario en mi corazón para honrar su amor.**

La luna

Nota Angelical:

"Y por la luna blanca . . .
   Alabado seas mi Señor, por la llama
   Que ilumina la noche
   En medio de la oscuridad . . ."

San Francisco de Asís

La luna es el símbolo del yo intuitivo y psíquico. Cubierta por el velo de las sombras de la noche, y sin embargo iluminando la oscuridad, la luna nos recuerda el conocimiento secreto y poderoso dentro de nosotros que puede, si le hacemos caso, traer a la luz al subconsciente e iluminar nuestro camino terrenal. Mitológica y metafísicamente, la luna encarna las características de intuición, receptividad, y deseo de armonía e integridad. A diferencia del sol, continuamente cambia de carácter, se mueve, en sus varias fases, de la abundancia a la escasez hasta la total reclusión. Así que cuando miramos la luna, observamos una misteriosa unidad de luz y oscuridad, visible e invisible, conocida y desconocida—una unidad que hace eco en los recodos más profundos de nuestro propio yo misterioso y siempre cambiante.

¿Cómo percibe usted la luna? Anote algunas imágenes y frases que se le ocurran. Estas imágenes y frases pueden reflejar cómo percibe usted su ser interior. La próxima vez que observe la luna, intente por unos instantes convertirse en uno solo con ella, percibir su esencia. Entonces tome conciencia de las imágenes y sentimientos que surgen a medida que usted empieza a abrir la parte intuitiva de su naturaleza.

Reflexión Angelical: **Estoy en sintonía con mi conocimiento interior.**

OPORTUNIDAD GLORIOSA

Nota Angelical: **Las oportunidades gloriosas son compañeras constantes del camino espiritual.**

Las oportunidades gloriosas son esas ocasiones en nuestras vidas en que nos enfrentamos a una decisión que traerá la transformación. Las oportunidades gloriosas son las oportunidades de cambiar para mejorar. Si nos encontramos en una situación en la que sentimos que todo el mundo nos ha abandonado, entonces tenemos la gloriosa oportunidad de aprender a depender de nosotros mismos. Si tocamos fondo y sentimos que no podemos seguir adelante, tenemos la gloriosa oportunidad de aprender sobre el poder milagroso de la oración y de entregarnos a un poder superior. Los ángeles siempre están a la mano cuando enfrentamos una crisis de grandes proporciones. La próxima vez que esté en una encrucijada de la vida, recuerde que una oportunidad gloriosa le ha sido concedida para vincularse más estrechamente con los ángeles y para transformar su vida.

Haga un repaso de su vida, y recuerde las oportunidades gloriosas que se le han presentado. ¿Salió vencedor, o dejó pasar la oportunidad y debe reaprender la lección?

Reflexión Angelical: **Doy la bienvenida a las posibilidades inherentes de transformación en todas mis experiencias.**

ℬUSCAR CULPABLES

Nota Angelical: **Buscar culpables no sirve para nada a los ojos de los ángeles**

Muchas veces, cuando nos ocurre algo que no nos gusta, tendemos a buscar culpables. ¿Pero cuándo sirvió echarle la culpa a alguien? Cuando culpamos al gobierno por los muchos males de la sociedad, ¿resolvemos algo? ¿Podría ser justo culpar a otras personas por nuestra infelicidad, cuando lo único que los demás están haciendo es vivir su propia vida? Los ángeles promueven una vida libre de inculpaciones. Esto significa no señalar a otros ni asumir culpas en cabeza propia, pues constituye un pasatiempo improductivo y conducente al desánimo. La inculpación está íntimamente relacionada con otra actividad inútil y totalmente alejada del espíritu angelical: la culpabilidad. Los ángeles más bien nos animan a asumir la responsabilidad de nuestra propia felicidad o infelicidad. Si las cosas no marchan bien en nuestra vida, podemos "agarrar el toro por los cuernos" y utilizar nuestro propio ingenio para cambiar la situación. Si hemos hecho algo que está mal o hemos hecho daño a alguien, bien sea intencionalmente o sin quererlo, podemos asumir responsabilidad por nuestras acciones, no solamente en el sentido de reconocerlas, sino de tratar de comprender qué nos motivó y cómo podemos aprender de la experiencia.

Los ángeles conciben a los inculpadores de la misma forma en que nosotros mirábamos a los "ponequejas" en la escuela— fastidiosos. Y puesto que no queremos resultarles fastidiosos a los ángeles, la próxima vez que sienta la necesidad de culpar a alguien, trate de promover más bien la comprensión y la correcta actuación. Quedará sorprendido de cuán productivas serán sus observaciones.

Reflexión Angelical: **En mi vida, los antídotos naturales contra la inculpación y la culpabilidad son la conciencia y la comprensión.**

LA LUZ

Nota Angelical: **Que su vida sea como un bizcocho esponjoso—dulce y ligero.**

Los ángeles son representados como seres de luz, lo cual es apropiado en varios niveles. Sus halos luminosos son simbólicos del cielo, un lugar de luz total donde la dicha de la verdad reina y la oscuridad no puede penetrar. Irradian la luz del amor divino y de la sabiduría divina, iluminando nuestra conciencia y llevándonos a un plano superior de esclarecimiento. También son luz en el sentido de que son espíritus sin peso, libres, que se elevan sin esfuerzo a todas las regiones del universo. Y mantienen una actitud de ligereza de corazón, aportando humor y *deleite* a nuestras vidas y enseñándonos que Dios no es solamente amor sino también alegría.

Reflexione acerca de las muchas connotaciones de la palabra luz. ¿Cómo puede ser más parecido a los ángeles, cómo aportar la luz del amor y la comprensión a otros, remplazando el arduo peso de la preocupación y la negatividad con la conciencia liberadora de la esperanza y la confianza, esparciendo semillas de risa y de liviandad de corazón por donde quiera que vaya?

Reflexión Angelical: **Así como los ángeles, también yo soy un ser de luz.**

ORIGINALIDAD

Nota Angelical: **Los ángeles son de todo menos convencionales.**

Cuando nos adherimos a costumbres establecidas, nos ceñimos a las reglas del juego y tratamos de evitar crear olas o actuar de formas que atraigan sobre nosotros atención desmedida, la vida adquiere un estado cómodo y predecible que generalmente se denomina seguridad. Desde luego, que no hay nada de malo en la seguridad; sin embargo, cuando se convierte en complacencia nos privamos de la emoción del descubrimiento que debería ser parte natural de la vida. A fin de cuentas, nacimos para ser poco convencionales. Como bebés, estábamos demasiado absortos en la emoción del descubrimiento propio como para preocuparnos por las convenciones. Así que ser aunque sea poco originales nos ayuda a reconectarnos con los aspectos deleitables e inesperados de nosotros mismos con los cuales quizás hayamos perdido contacto. La vida se convierte en una aventura de culinaria exótica en lugar de ser una cena congelada de supermercado. Vemos las cosas desde otra perspectiva, nuestra mente se estira para abrazar la libertad de expresión. Y a medida que asumimos el riesgo de abrirnos a nuevas posibilidades, animamos a otros a explorar su propia creatividad aún no explotada.

¿Ha soñado con ser original pero se ha sentido demasiado inhibido por las normas sociales o por las expectativas que otros tienen de usted? Si éste es el caso, concédase permiso para expresar algunos aspectos de sí mismo que han estado ocultos, y note el efecto sobre su vida y sus relaciones.

Reflexión Angelical: **Mientras más esté dispuesto a expresar quién soy verdaderamente, mejor me conoceré a mi mismo y mejor me conocerán otros a mí.**

Recuperación

Nota Angelical: **Los ángeles quieren que recuperemos el uso de la paz interior divina con la cual nacimos.**

La mayor parte del comportamiento adictivo empieza como un intento por recuperar la paz interior, y sin embargo acaba logrando el efecto contrario. Los patrones adictivos no son necesariamente una debilidad o una enfermedad; son el resultado de no utilizar nuestra ingeniosidad mental para resolver problemas y de olvidarnos de reconocer que la ayuda espiritual de los ángeles siempre está disponible. Con los ángeles actuando como agentes de recuperación encontraremos orientación para recuperar nuestra paz mental, lo cual nos sacará de trampas en las que caímos en busca de recuperarnos de males o enfermedades y nos pondrá en camino hacia una vida en que el estado natural de ser son los sentimientos alegres y positivos.

La mayor parte de nosotros empieza el día con la esperanza de que será un día bueno y productivo. Muchos obstáculos se atraviesan por el camino, pero si nos damos cuenta de que tenemos la fortaleza mental y la ayuda por parte de los ángeles para enfrentarnos rápida y efectivamente a los pequeños problemas, podemos recuperar el control de nuestra paz mental cada vez que el bombardeo del día nos alcanza. Podemos crear momentos felices libres de recuerdos de enfermedades y debilidades. Despiértese con los ángeles y elija recuperar su paz mental en cada momento del día.

Reflexión Angelical: **Utilizaré mi ingenio mental y los ángeles para que me ayuden a recuperar la belleza y la verdad con la cual nací.**

ABURRIMIENTO

Nota Angelical: **No es posible jamás estar aburridos siempre y cuando estemos enamorados de la vida.**

Cuando estamos aburridos, sentimos que nos falta algo que hacer. Pensamos, equivocadamente, que el antídoto contra el aburrimiento es estar ocupados. Pero para los ángeles—quienes, por cierto, nunca se aburren—el verdadero antídoto contra el aburrimiento consiste en "existir." Siempre y cuando estemos vivos, tenemos algo en que interesarnos—y algo en que trabajar—cada momento. Estar verdaderamente vivos significa estar activamente comprometidos con la vida. Esto no quiere decir corretear por doquier en un torbellino de actividad sino aproximarse a la vida con actitud de amante: con curiosidad, entusiasmo, pasión, preocupación y conciencia constante del papel que desempeñamos en el desarrollo o desintegración del otro. El aburrimiento, por otro lado, es el resultado de participar pasivamente en la vida. Las personas que están aburridas buscan entretenimiento o distracción—escapar, esencialmente, de sí mismos y de sus deberes planetarios. La cura para el aburrimiento, entonces, no es llenar nuestra vida de distracciones sino familiarizarnos con nuestra existencia, nuestra verdadera relación de trabajo y amor con el universo.

Si se siente aburrido e inquieto gran parte del tiempo, practique ver la vida como su amante. ¿Qué se entregan el uno al otro? ¿Cómo se hace para que la relación sea más satisfactoria y emocionante? Una cura segura para el aburrimiento radica en ponerse en contacto con sus aspectos creativos. Pídales a los ángeles que lo guíen para descubrir las cosas singularmente hermosas que puede crear para mejorar su vida y para conectarlo con su existencia.

Reflexión Angelical: **A medida que me adentro en el espíritu creativo de la vida, no tengo ni el tiempo ni la inclinación al aburrimiento.**

QUÉDESE EN SU CUERPO

Nota Angelical: **Su cuerpo es un buen lugar para estar.**

A veces, cuando estamos en situaciones tensas o difíciles tendemos a salirnos del cuerpo. Esto no significa que hacemos un viaje astral; significa que nos sentimos incómodos con nuestra presente situación y despegamos con la mente. Si nuestra mente está nerviosamente de viaje a otro lugar, nuestro cuerpo no es capaz de manejar el presente. Nuestro cuerpo funciona mejor cuando permanecemos en él y lo tratamos bien. Nuestra mente en realidad se siente bastante cómoda en el cuerpo, cuando podemos aceptar lo que está ocurriendo en el presente. Los ángeles seguramente pueden protegernos mejor cuando permanecemos en el cuerpo.

La próxima vez que se encuentre en una situación incómoda, quédese ahí. Aun si le sudan las palmas de las manos y siente que se desmaya, permanezca en su cuerpo y deje que pasen esas sensaciones. Rara vez se desmayará y si le ocurre, los ángeles lo cuidarán. El dolor puede ser alterado cuando usted permanece en su cuerpo y procura comprender cómo manejar el fenómeno. Para estar consciente del presente, practique permanecer en su cuerpo. Permanecer en su cuerpo es la práctica de centrarse y de ser consciente del momento. Esté aquí, ahora.

Reflexión Angelical: **Quiero a mi cuerpo y lo honraré permaneciendo con él en las buenas y en las malas.**

Hacer trampa

Nota Angelical: **Si hace trampa puede que lo despidan de la escuela de la vida.**

De muchas formas los humanos nos hacemos trampa y por ello no recibimos vidas verdaderas y auténticas. Cada vez que evitamos enfrentar y administrar un miedo, nos estamos haciendo una trampa que interfiere con el respeto propio. Vender nuestros valores es una trampa que nos cuesta la integridad, y apegarnos a deseos egoístas nos hace la trampa de negarnos la posibilidad de amar a otros. Una de las razones por las cuales hacer trampa nos resulta atractivo es porque atravesar muchos de los terrenos difíciles a los que nos enfrentamos requiere sangre, sudor y lágrimas y cuando nos damos contra la piedra del fondo quizás sintamos que ya no podemos perder más sangre, sudor y lágrimas. No olvide nunca que los ángeles siempre están con nosotros. Quieren que sepamos que ganaremos mucho en valor propio si dejamos de proseguir en la vida a base de trampas. Si hace el esfuerzo de enfrentar y manejar sus miedos y trechos difíciles sin recurrir a la negación, la sangre, el sudor y las lágrimas que pierda dejarán espacio para bendiciones más gratificantes.

¿Se está usted haciendo trampa en contra de su salud por comer, tomar o fumar demasiado cuando siente un dolor emocional? ¿Podría ser acaso que se hace trampa negándose una carrera satisfactoria porque tiene en el momento un trabajo fácil y bien remunerado? Recuerde que a la larga el camino de lo más fácil es por lo general mucho más problemático. La próxima vez que sienta deseos de hacer trampa, deténgase y pídales a los ángeles más valentía y luego, haga frente a la emoción dolorosa, al temor o al reto y salga victorioso del lado del respeto propio.

Reflexión Angelical: **Hacer trampa es para debiluchos; tomaré el camino de la valentía y saldré adelante con verdaderas bendiciones angelicales.**

SER QUERIDO

Nota Angelical: **Los ángeles lo quieren a usted.**

Una cosa que compartimos con todos los seres humanos es el deseo de sentirnos queridos por los demás. El mayor regalo que los padres les dan a los hijos es la sensación de ser queridos y deseados. Todos los privilegios sociales y materiales en el mundo son inútiles si un niño siente que nadie lo quiere. No tiene nada de malo necesitar y querer tener a otros alrededor. Y es agradable ser necesitado y querido. La clave es que satisfagamos ciertas necesidades y carencias dentro de nosotros antes de buscar la ayuda en los demás. Debemos también darles a otros la opción de ayudarnos o de no hacerlo, y definir lo que realmente necesitamos les sirve a ellos para hacer una elección clara.

¿Siente que lo quieren? A usted lo quieren acá en la tierra. Aprender a sentirse bien en cuanto a sus propias necesidades y carencias y a sentirse bien de que lo necesiten otros es un proceso de aprender a conocerse. Es importante que sepa que usted tiene la mayor parte de los recursos dentro de sí para hacer de su vida una experiencia maravillosa. Debe saber que uno de sus más valiosos recursos es su ángel de la guarda.

Reflexión Angelical: **Siento que los ángeles me buscan y me quieren.**

CONTROL REMOTO

Nota Angelical: **No estamos ni remotamente en control del universo.**

Somos una sociedad impaciente. Queremos las cosas para antes de ayer. Nos hemos acostumbrado a la gratificación instantánea, desde la comida rápida, hasta la cámara rápida; hoy en día nos cuesta trabajo incluso sentarnos a ver una película que no podamos controlar con el control remoto. Pero tarde o temprano inevitablemente descubrimos que la vida no puede ser rebobinada y adelantada, que no podemos controlar cómo marcha el tiempo en el universo. Tarde o temprano debemos confrontar tardanzas, obstáculos, bloques que se atraviesan entre nosotros y la gratificación instantánea. Los ángeles quieren que tomemos conciencia de que estos bloques han sido creados para nuestro bien, de modo que no nos roben la oportunidad de cosechar los frutos de la paciencia, la perseverancia, la reflexión, la resolución creativa de problemas, y todas las otras cualidades fortalecedoras que son las verdaderas claves del dominio y control de nuestra vida.

Si tiene a menudo la tentación de tratar de adelantar los problemas y las dificultades o de rebobinar la vida hacia un tiempo más fácil, trate de entregarles a los ángeles su control remoto. Luego, enfréntese a sus dificultades con las poderosas herramientas del análisis, la imaginación y la creatividad. Si siente que necesita tener el control remoto por si acaso, haga uso más frecuente de las funciones de "pausa" y "sin sonido."

Reflexión Angelical: **Prefiero los frutos duraderos que llegan a través de la paciencia y la perseverancia antes que la fugaz satisfacción de la gratificación instantánea.**

EN SU NOMBRE

Nota Angelical: **Estamos acá en nombre de Dios.**

Muchos de nosotros vivimos para ayudar a otros. Queremos que nuestra vida inspire amor en los demás. Para pensar en cómo nos ayudamos a nosotros mismos y ayudamos a los demás, podemos considerar qué hacemos en nombre de otros. ¿Qué cualidades presentamos y representamos en nuestras vidas? Cuando hacemos algo en nombre de otro podemos concebirnos como la otra mitad. Eso significa que no nos sacrificamos ni nos hacemos daño para ayudar a otro. Significa que nos convertimos en parte de la ayuda y recibimos ayuda en el proceso.

Piense en el conocimiento y en las cualidades cultivadas en su propia vida que podrían ser utilizadas en nombre de los demás. Piense en cómo los ángeles dan amor en nombre de nosotros. ¿Qué podemos hacer en nombre de los ángeles?

Reflexión Angelical: **Haré lo que hago en nombre de Dios y de los ángeles.**

CAMBIO EN LA IMAGINACIÓN

Nota Angelical: "Tengo la convicción de que ligeros cambios en la imaginación tienen más impacto en la vida que grandes esfuerzos de cambio."

Thomas Moore

Recibimos imágenes, visiones mentales y pensamientos todo el día. Pensar e imaginar son actos voluntarios. Creamos nuestras propias experiencias psicológicas por la forma en que pensamos y las llevamos un paso más allá con la forma en que utilizamos nuestra imaginación. También tenemos la opción de las perspectivas. Según lo expresa Joseph V. Bailey, autor de *The Serenity Principle* (El principio de la serenidad), "Si uno se concentra en el insecto aplastado contra el parabrisas del auto, definitivamente se perderá el paisaje y probablemente se accidentará. La sabiduría se parece a mirar a través del parabrisas, no al parabrisas." Si podemos recordar y darnos cuenta plenamente de que somos pensadores a cargo de nuestros pensamientos y capitanes de nuestras perspectivas, entonces podremos hacer ligeros cambios en nuestra imaginación que nos reubicarán suavemente para recibir un asomo del cielo.

Si quiere una respuesta más imaginativa a la vida, debe estar dispuesto a aceptar que sus pensamientos son creación suya y evitar apegarse a ellos. Demasiado pensamiento significa que falta esclarecimiento. Los esclarecimientos están sembrados en nuestra imaginación y cuando permitimos a nuestra mente un rato tranquilo, las semillas empiezan a germinar y nuestro esclarecimiento empieza a crecer. El esclarecimiento trae consigo el cambio sin el esfuerzo por cambiar.

Reflexión Angelical: Elegiré mi perspectiva y empezaré a notar los ángeles en la hermosa escenografía de la vida.

Momentos

Nota Angelical: "**Descubrí que la naturaleza de la vida misma es alegre, que en lo profundo del centro de cada uno de nosotros existe la alegría que en verdad sobrepasa toda comprensión. Es una alegría más allá de la polaridad—una alegría que abarca la pena, una esperanza que abraza la desesperación.**"

Dorothy Maclean

Los momentos son breves intervalos de tiempo. En este instante, mientras usted lee esto, hay personas en todo el mundo que están dando a luz bebés y experimentando un momento de dicha y arrobamiento que perdurará en su memoria todo el tiempo. A la vez, otros experimentan momentos de tristeza y dolor. Quizás no todos experimentemos la dicha al mismo tiempo, pero el sólo saber que la dicha ocurre en este momento significa que la vida continúa. Los momentos continúan y lo harán hasta la eternidad. El tiempo es la estructura en la cual organizamos nuestros momentos. El tiempo sana los momentos dolorosos, y el tiempo siempre está de nuestro lado.

¿Y si todos nuestros momentos ocurrieran al mismo tiempo? ¿Puede comprender esa posibilidad? ¿Será posible que la dicha y la penas sean socias? Si usted quiere explorar momentos, lleve un diario de lo que siente en el momento escribiendo en forma de libre asociación, escribiendo cualquier cosa que se le venga a la mente. Más adelante estudie lo que escribió.

Reflexión Angelical: **Aceptaré todos los momentos de mi vida como regalos envueltos en brillantes colores.**

ENTUSIASTA DE LOS ÁNGELES

Nota Angelical: **El entusiasmo por los ángeles no es meramente una afición. Es una forma de vida.**

Seguramente conocemos a algún entusiasta de los deportes o de una afición. ¿Pero a cuántos conoce que sean entusiastas de los ángeles? Quizás es el momento de que usted se convierta en uno. Los típicos entusiastas de los ángeles leen una variedad de libros sobre ángeles. También en ocasiones llevan puestos broches de ángeles para recordarles a otros sobre los ángeles, y su entorno tiende a incluir hermosos cuadros o afiches que representan ángeles y unas cuantas estatuillas de buen gusto. Una taza de café decorada con la imagen de un ángel le sirve al entusiasta de los ángeles para despertarse y sentir el olor de los ángeles (quienes, por cierto, no huelen a café). Más importante aun, los entusiastas de los ángeles hacen al menos una cosa cada día para promover la conciencia de los ángeles en el mundo que los rodea. Los ángeles no necesitan entusiastas de sillón; necesitan un ejército de aficionados dispuestos a salir al mundo como representantes del humor, la felicidad, el amor, la luz y la belleza.

Haga al menos una pausa al día en medio de su rutina para renovar su entusiasmo por los ángeles. Puede ser un paseo por la calle y sonreír a todo el que encuentre, enviándoles un chorro secreto de resplandor angelical. Puede consistir simplemente en ponerse cómodo, cerrar los ojos, y pedirles paz a los ángeles. Actúe de una forma que a usted personalmente le sirva para aumentar su entusiasmo por los ángeles. Por encima de todo, permítase divertirse con su entusiasmo por los ángeles.

Reflexión Angelical: **Mi entusiasmo por los ángeles es más que una etapa pasajera. Es una forma diaria de ser que promueve la vida, el amor, y la risa en el mundo que me rodea y que representa las causas más nobles de los ángeles.**

ENSEÑE SIN PALABRAS

Nota Angelical: "Dondequiera que el sabio se encuentre, enseña sin palabras."

Lao Tzu, Tao Te Ching

Seguramente conocemos a muchas personas—incluidos nosotros mismos—que sienten la inspiración de enseñar, predicar, o iluminar de alguna otra forma a los demás, pero que son quienes más necesitan aprender de sus propias lecciones. Por alguna razón es mucho más fácil saber qué hacer, que hacerlo, y ciertamente es mucho más interesante distraernos de nosotros mismos enfocándonos en las fallas y problemas de los demás. Pocos entre nosotros viven vidas de congruencia interior y exterior. Un número todavía menor de personas no hablan en absoluto sino que más bien iluminan e inspiran a otros exclusivamente mediante el ejemplo de su vida diaria. La próxima vez que tengamos la inclinación de enseñarle a alguien la forma correcta de hacer algo o de tratar de cambiar sus comportamientos, podemos intentar más bien dar ejemplo, viviendo las conductas que nos gusta ver en otros.

¿Existen personas en su vida que tienen la inclinación a decirle cómo vivir su vida y sin embargo no saben vivir correctamente la de ellos? ¿Y usted? ¿Es experto en dar consejos? ¿Se podría mejorar alguna situación en su vida siguiendo sus propios consejos? ¿Cómo cree que cambiaría su vida si empezara a enseñar sin palabras?

Reflexión Angelical: Mi propósito no es enseñar sino inspirar.

Debería

Nota Angelical: **Los debería reflejan o bien un juicio o una retrospectiva.**

¿Alguna vez se ha preguntado cuál es el verdadero significado de *debería?* Es una palabra que oímos a menudo, y es una palabra que puede volvernos locos si no tenemos cuidado. *Debería* expresa deber, juicio y obligación: "Debería haberlo hecho de esta forma." De esta forma, *debería haber* expresa algo que ha pasado y que nos hace apegarnos a lo que podría haber sido. Y *debería* puede también llevarnos al futuro: *"Deberíamos* estar llegando allá a las diez." *Debería* nos recuerda lo que no somos. Debería ser más delgado, debería ser más corpulento, debería ir acá, debería dejar de hacer eso, debería ser amable. ¡Pero la verdad es que debería dejar de usar la palabra *debería!* ¿Alguna vez se le ocurriría a usted decirles a los ángeles lo que deberían haber hecho?

La próxima vez que usted se oiga a sí mismo o a otra persona utilizar la palabra debería, analice lo que de verdad se está diciendo. ¿Está hablando de algo que no hará o de algo que hará? ¿La frase lo hace sentir culpable? ¿Lo lleva al pasado o al futuro? ¿De qué le sirve a alguien decirle que debería hacer esto o lo otro? Utilizar la palabra debería, con su amplio repertorio de culpa, es un hábito que puede ser difícil de romper. Pierda la tendencia a ser atormentado por debería, que evoca un mundo de culpa, y adquirirá mayor conciencia y será más feliz.

Reflexión Angelical: **Haré un esfuerzo consciente por desterrar de mi vocabulario verbal y espiritual la palabra** *debería.*

ACTÚE COMO SI

Nota Angelical: **Actúe como si fuera feliz, y lo será.**

Cada uno de nosotros probablemente en algún momento de la vida soñó con ser actor o actriz. Actuar puede ser muy útil cuando se necesita un poco de seguridad o fe adicional. Si se siente impotente o dependiente de otros y quiere cambiarlo, empiece por actuar como si usted fuera independiente y capaz. 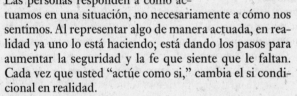 Las personas responden a cómo actuamos en una situación, no necesariamente a cómo nos sentimos. Al representar algo de manera actuada, en realidad ya uno lo está haciendo; está dando los pasos para aumentar la seguridad y la fe que siente que le faltan. Cada vez que usted "actúe como si," cambia el si condicional en realidad.

Actúe como si los ángeles estuvieran con usted todo el tiempo, orientándolo hacia el fluir de la felicidad. Si quiere ser feliz, actúe de manera feliz. Descubra sus talentos innatos de actuación y utilícelos creativamente. Actúe como si fuera una gran persona, porque lo es.

Reflexión Angelical: **Actuaré como si estuviera viviendo la vida que quiero y sé que así será.**

Suerte

Nota Angelical: **Todos nacimos bajo la estrella de la suerte.**

La suerte es una cosa curiosa. Por definición, significa la ocurrencia por azar de un suceso bueno o malo. Quienes buscamos vivir en la conciencia de los ángeles sabemos que todos los sucesos pueden traer crecimiento espiritual, y la verdadera probabilidad es que nada sucede al azar. La suerte es algo en lo cual queremos creer. Parece como si fuera un regalo del universo, pero en realidad es un juego que jugamos con nosotros mismos. A veces juzgamos qué constituye algo de suerte. Por ejemplo, puede pensar que a alguien que murió de repente le falló la suerte, pero a lo mejor la muerte es el mayor regalo que recibimos los humanos, un suceso de verdad afortunado. Tememos a la muerte porque es desconocida, y el temor nos hace sentir incómodos, pero en realidad no conocemos el destino de otros. No hay necesidad de proyectar suerte en algo que seguramente no tuvo nada qué ver con el azar.

¿Es supersticioso? El comportamiento supersticioso nos hace sentir separados de los ángeles, porque nos hace ser menos confiados en los movimientos del universo. La superstición y la suerte tienen un resultado, y ese resultado es la sensación de estar rodeado de espantos. Una superstición es una creencia, no un conocimiento. Si analiza más a fondo sus supersticiones desaparecerán porque carecen de sustancia. Empiece por vivir libre del asunto de la suerte y la superstición y los ángeles le traerán tal sentido de buena fortuna que sentirá que se ha ganado la mayor lotería del mundo.

Reflexión Angelical: **La buena fortuna dirige su mirada sobre mi vida; sé que Dios no juega a los dados con el universo.**

REFINAMIENTO

Nota Angelical: **Domar la personalidad no significa doblegar el espíritu.**

El refinamiento es muy diferente a la represión, especialmente en términos de personalidad. Refinar significa retirar los defectos o impurezas y cultivar la elegancia. Reprimir significa hacer caso omiso de nuestras imperfecciones y arrumarlas en un rincón donde conservan su poder. Cuando refinamos nuestras personalidades aprendemos a conservar lo que es puro y positivo para nosotros y a descartar las impurezas negativas. En el proceso de refinar nuestras personalidades hay que evitar actuar con celo, queriendo decir que la meta no siempre es retirar ciertas características sino sacarlas del rincón para refinarlas y mejorarlas. La meta de refinar la personalidad es alinearla con nuestro ser interior.

Piense en sus imperfecciones como un regalo; son lo que lo hace interesante. Refine sus imperfecciones bañándolas de amor. De esa forma tendrá una visión más clara y mejor de lo que enfrenta. El aspecto importante del refinamiento es la pureza. Piense en purificar su vida. Esto no significa hacer gran cantidad de trabajo ayunando u obligándose a ser diferente. Significa ser puramente usted mismo, y eso es lo que los ángeles están acá para ayudarle a hacer.

Reflexión Angelical: **Visitaré la refinería de los ángeles y traeré a mi alma la pura esencia del amor para refinar mi luminosidad.**

RAISON D'ÊTRE

Nota Angelical: **"Carísimos, amémonos unos a otros, porque la caridad procede de Dios; y todo el que ama es nacido de Dios y a Dios conoce. El que no ama no conoce a Dios, porque Dios es amor."**

1 Juan 4:7,8

Dios es la *raison d'être* de los ángeles, y Dios es amor. El amor es nuestra *razón de ser*, y nacimos del amor de Dios y los ángeles nos cuidan. Somos parte de una maravillosa trinidad o triángulo de amor—Dios, los ángeles, y nosotros. Para comprender cómo nos ama Dios debemos entender que este amor existe gratuitamente. Dios nos ama por lo bueno que hacemos o según cuánto lo amemos nosotros a Él. El amor de Dios por nosotros siempre es el mismo, independientemente de lo que hagamos, dónde vivamos o cuál sea nuestra apariencia. Somos amados nos guste o no nos guste. Usted podría pasar la vida entera tratando de encontrar formas de vivir y acciones por ejecutar que complazcan a Dios, pero realmente lo único que tiene que hacer es encontrar una forma de ser completo: en cuerpo, mente y espíritu. Recuerde: Dios nos ama aun cuando nosotros no nos amemos a nosotros mismos.

¿Piensa usted en el amor como en una fuerza cumulativa o como una energía libre? ¿Siente que el amor es su raison d'être? ¿Cree que puede aumentar el amor de Dios por usted? Reflexione sobre sus sentimientos acerca del amor y de Dios. Dése cuenta de que los ángeles miran todo el tiempo el rostro del amor. Nosotros también tenemos todo el tiempo a Dios dentro de nosotros, independientemente de si en el momento permitimos que esto se muestre. Los ángeles dicen, "Relájate. Dios es amor."

Reflexión Angelical: **Siento el amor incondicional de Dios por mí y lo transmito a los demás.**

ALAS

Nota Angelical: "Si usted escucha su voz interior, pienso que despierta entusiasmo e imaginación, lo cual es visión. Y pienso que estas son las dos alas que se necesitan para volar. El entusiasmo y la imaginación."

Carlos Santana

Las alas son símbolos de la misión divina de los ángeles. No aparecieron en el arte cristiano sino hasta el año 312 después de Cristo, cuando los artistas empezaron a comprender que los ángeles funcionaban como mensajeros de Dios. Los ángeles entonces empezaron a ser representados con alas, como Hermes, el dios con alas, mensajero de los dioses griegos. Las alas simbolizan la rapidez con la cual los ángeles llevan mensajes de Dios a los humanos. Las alas también son un símbolo de libertad. ¿Qué niño no ha soñado con desarrollar alas y volar hacia las nubes a lo lejos en busca de su verdadero hogar?

Cada vez que usted le ayuda al cielo de una forma que es personal para usted, imagine que sus alas se vuelven más grandes. Cierre los ojos y concentre su atención en su espalda, donde las alas están naciendo, y sienta el proceso. Diviértase con sus alas. Quizás algún día crecerán lo suficiente para llevarlo sobre el viento, arriba hacia las nubes, para echar un vistazo a su verdadero hogar.

Reflexión Angelical: Siento que mis alas se expanden a medida que los ángeles tocan mi vida con su luz y amor.

BROMEAR

Nota Angelical: **Aparte tiempo dentro de sus ocupaciones para bromear con los ángeles.**

Si de vez en cuando no nos permitimos un descanso de la lucha por vivir una vida perfectamente espiritual, nos volveremos rancios y aburridos. En primer lugar, no existe la forma perfecta de ser espirituales. Los niños son espirituales por naturaleza; no querríamos obligarlos a vivir a la medida de la perfección. Los niños se deleitan con la naturaleza, hablan con los ángeles, contemplan a Dios y pasan la mayor parte del tiempo jugando. Los ángeles no quieren obligarnos a ser perfectos o espirituales. Quieren que nos deleitemos en la vida, que hablemos con ellos y que pensemos en Dios. También quieren que holgazaneemos de vez en cuando, que hagamos una pausa de la habitual rutina adulta en que estamos y que ingresemos de nuevo a la infancia.

Por definición, bromear es perder o "matar" el tiempo. No existe una forma de desperdiciar o matar el tiempo; no tenemos ese poder. Y bromear es algo positivo porque renueva nuestro sentido de juego y nos permite relajarnos más. Tan pronto como sea posible, destine un poco de tiempo para bromear con los ángeles. Puede ser difícil al comienzo, pero mientras más practica más fácil le resultará. Nadie dijo que iba a ser fácil ser humano, pero los ángeles quieren que no nos exijamos demasiado. Tanto trabajo y nada de juego nos hace sosos y aburridos, independientemente de cuán correctos seamos en los aspectos espirituales.

Reflexión Angelical: **Reservaré tiempo para bromear alegremente con los ángeles. Sé en mi corazón que no existe tal cosa como perder el tiempo y que todo lo hago en su debido momento.**

Santos

Nota Angelical: **Los santos existen entre nosotros para ayudarnos a cuidar nuestros modales.**

Uno de los conceptos más encantadores del judaísmo tiene que ver con los santos ocultos. Según la leyenda, hay un cierto número de santos secretos que andan en la tierra y en cualquier momento podemos encontrarlos. Sin embargo, desafortunadamente, no anuncian su santidad con signos visibles. Más bien, se mueven entre nosotros anónima y discretamente; pueden estar disfrazados de pordioseros o del muchacho que atiende la caja de una cadena de comida rápida. De modo que para no ser groseros o sentirnos superiores a un santo, debemos tratar a todas las personas con quienes tenemos contacto con cariño y respeto, por si acaso. Los ángeles saben que el respeto universal es posiblemente el talento más útil que podemos desarrollar. No solamente impedirá que nos metamos en una situación difícil en caso de que nos encontremos con un santo, sino que también puede hacer que nosotros nos volvamos santos. Al fin de cuentas, no sabemos quiénes son los santos ocultos, lo cual quiere decir que uno de ellos podría ser usted.

¿Se ha encontrado recientemente con algún santo oculto? Si así fue, ¿sus actitudes y sus acciones pasaron la prueba? ¿Cómo trata usted a las personas en general? ¿A algunas mejor que a otras? De ahora en adelante, esté pendiente de identificar a los santos, y fíjese en si empieza a ver a la humanidad desde una perspectiva diferente.

Reflexión Angelical: **Trato a todo el mundo, incluyéndome a mí mismo, como a un santo en potencia.**

RENACIMIENTO

Nota Angelical: **Estamos en la mitad de un renacer. Ayudemos a revivir aquellas cosas que alimentan el alma humana.**

El renacimiento es un tiempo de renovación y florecimiento de las artes en su influencia clásica. El famoso Renacimiento Europeo durante los siglos catorce a dieciséis nos dejó algunas de las más memorables piezas que representan ángeles. Muchas imágenes conocidas del período del Renacimiento adornan tarjetas de ocasiones especiales, las paredes de nuestra sala, y las carátulas de los libros que leemos. ¿Por qué los humanos sentimos tal atracción hacia imágenes pintadas siglos atrás? Porque el arte es clásico. La forma clásica es un componente innato de nuestra sensible naturaleza humana. En este momento se lleva a cabo un renacimiento; el interés actual en los ángeles no es un error. Y, con ayuda de los ángeles, renovaremos y reviviremos el interés en la más clásica de todas las formas: el amor.

Para renovar su propio sentido de lo clásico, rodéese de arte de ángeles y decídase a oír música del Renacimiento. Apoye ferias locales de arte y artesanía. Identifique una artesanía que le guste hacer y permítales a los ángeles inspirarlo a través de las formas clásicas. Recuerde que usted es parte de un renacimiento en proceso. Piense en la huella que la época actual dejará en la historia humana y en cuán crucial es que mantengamos vivo el arte con la energía del amor. Sea una persona renacentista.

Reflexión Angelical: **Seré parte siempre presente de la renovación del amor a través del arte. Mis recuerdos antiguos albergan la visión clásica.**

MARAVILLOSAMENTE EQUIVOCADO

Nota Angelical: **La forma equivocada es muchas veces el camino correcto.**

¿No es maravilloso equivocarse de vez en cuando? Es especialmente maravilloso estar equivocado acerca de las personas a quienes usted se opone. Los errores son regalos. Reconocer nuestros errores impulsa el alma, y estar equivocado la mayor parte del tiempo significa que estamos viviendo vidas plenas. La razón por la cual es tan correcto equivocarse es que equivocarse permite el cambio y el cambio es el combustible que quemamos para evolucionar. Las personas grandes son capaces de cambiar de curso cuando se han quedado atascadas en la manera "correcta" que no es buena para todos. El orgullo es el único obstáculo para reconocer que estamos equivocados o que es hora de cambiar de rumbo.

No tome las cosas tan en serio y reconozca que la vida es más divertida cuando podemos aceptar nuestros errores como regalos. Ése es el primer paso para liberarse de la limitación de tener que estar siempre en lo cierto. Tener la razón quita tanta energía, y la energía estaría más creativamente empleada si se dirige a otro lado. ¿Quién de verdad sabe quién tiene la razón? ¿Por qué asumir una carga que no le corresponde?

Reflexión Angelical: **Nada gano en tener la razón todo el tiempo, de modo que nunca puedo perder nada al reconocer que me equivoqué. En cambio, ganaré la alegría de ser más humano.**

Agonía

Nota Angelical: **No hay ninguna necesidad de permanecer en la agonía de las luchas de la vida.**

Una agonía incluye un espasmo de dolor extremo. Estar en agonía por algo quiere decir estar atrapado en una enorme y angustiosa lucha. Como humanos nos encontramos enfrentándonos a agonías sobre las cuales sentimos que no tenemos control. Agonía es una palabra que muchas veces se utiliza en el contexto de sentimientos como los celos—sentimientos que nos hacen sentir extremadamente incómodos y nos producen dolor. Los celos no son fáciles de superar, pero no tienen por qué controlarnos. La vida trae sus luchas pero somos nosotros quienes creamos la agonía al dejar a nuestra mente atascada en la ilusión del dolor. Recuerde que con el tiempo y los ángeles, el dolor se libera y se transforma. Sentimientos como los celos, el dolor, el resentimiento y la amargura no son permanentes. Los ángeles le ayudarán a liberarse de las agonías de la vida y lo elevarán por encima de la angustiosa lucha.

La próxima vez que sienta que está enredado en una agonía, tómese su tiempo para liberarse. Muchas veces no nos tomamos el tiempo requerido para desenredarnos; sencillamente empezamos a reaccionar y a empeorarlo todo. Mire la agonía como una gran red que ha caído sobre usted. Si entra en pánico y trata de correr, se enredará más. Los ángeles tienen una visión de la red desde arriba. Pueden orientarlo para desenredarse, paso a paso, hasta que quede libre. Pero recuerde pedir su ayuda.

Reflexión Angelical: **Mi corazón está libre de las agonías de las luchas de la vida. Sabré cuándo liberarme del dolor antes de que se convierta en un dolor angustioso que me enreda.**

DENIGRAR

Nota Angelical: **Dejemos de denigrar de los demás y empecemos a aportarnos.**

La inclinación a denigrar a los demás nace de sentimientos propios de incompetencia y de falta de amor propio. Es algo que eligen hacer los seres humanos cuando sienten que son inferiores a alguien que tienen cerca. Así que en lugar de elogiar al otro, buscan bajar a esa persona a su nivel. Desde luego, que no hay niveles. Todas las personas tienen la capacidad de brillar con fuerza; todos tenemos la luz dentro de nosotros. La clave radica en permitirles a las personas su derecho a brillar en situaciones que los hacen notar, sin tratar de competir o de restarles a ellos. Si tenemos éxito en permitir que otro brille con fuerza y nos apartamos del juego de denigrar, entonces ambos resultarán inmensamente beneficiados.

Es difícil darnos cuenta de cuándo estamos buscando denigrar, pero es bueno tomar conciencia de esto. Un nivel es una línea imaginaria; no existe. ¿Cómo podemos los humanos ser medidos en rango o nivel de importancia? No busque encontrar su nivel; busque abolir la necesidad de un nivel. Los ángeles le ayudarán; viven más allá de los niveles. Están acá con nosotros y sin embargo viven en las dimensiones más altas del universo.

Reflexión Angelical: Sé que en la conciencia angélica no hay niveles de importancia contra los cuáles juzgar y comparar.

IMPORTANCIA

Nota Angelical: **Dar un paso atrás para lograr una perspectiva más amplia siempre sirve cuando se presentan pensamientos problemáticos.**

A veces cuando estamos abrumados por un problema en nuestra vida, nos sirve detenernos y preguntarnos qué tan importante es realmente nuestro problema en relación a otras cosas. ¿Es un problema de grandes proporciones? ¿Impediría que sucedieran eventos de talla mundial? ¿Si se compara con el problema de un niño que se muere de hambre en la India, se hundiría en comparación? ¿Es usted la única persona en el universo con este problema? ¿Debería Dios hacer que el mundo dejara de girar para atender de inmediato su pequeño problema? Recuerde, lo anterior no es más que un truco humorístico para jugar cuando los problemas pequeños se salen de toda proporción. Los ángeles saben que mientras más amplio sea nuestro punto de vista, más considerablemente felices seremos. Quieren orientarnos para sentirnos importantes sin inflar nuestros problemas.

Cierre los ojos y haga contacto con su ángel de la guarda. Imagine que los dos salen hacia el espacio del universo hasta un punto en que puedan ver de lejos el hermoso planeta Tierra. Piense en todos los billones de humanos en la Tierra. En este punto de referencia no somos más que una gran mancha de color. Piense en lo que realmente le importa a usted y a los ángeles. De regreso a la tierra, dese cuenta de que en el gran diseño divino nuestros pequeños problemas pueden no significar mucho, pero nuestras selecciones positivas que pueden sanar la tierra sí tienen un gran significado.

Reflexión Angelical: **Sé que mi importancia se basa en el papel que desempeño en el diseño de los ángeles para traer el cielo a la tierra; no se basa en los pequeños problemas que me hacen zancadilla de vez en cuando.**

CORAZÓN

Nota Angelical: "No ve Dios como el hombre; el hombre ve la figura, pero Yahvé mira el corazón."

1 Samuel 16:7

El corazón es siempre un símbolo de amor, valentía y dedicación. El *corazón* y el *alma* son dos palabras que muchas veces van juntas, y por una buena razón. Es a través del corazón que se expresa el alma. El corazón es el órgano que nos mantiene físicamente vivos, y es la fuente central de nuestras emociones y sentimientos. Sabemos cuándo alguien habla con el corazón, y sabemos cuándo nos han tocado el corazón. No tiene nada que ver con la lógica o con ser racional; saber es un sentimiento. Cuando decimos que alguien tiene un buen corazón sabemos que independientemente de las apariencias exteriores de la vida de esa persona, su intención es honesta y sentida con el alma.

¿Cómo se siente su corazón? ¿Está triste, feliz, ligero, o agobiado? ¿Usted tiene buen corazón? Saber qué tenemos en el corazón requiere esfuerzo y tiempo, porque debemos practicar escuchar la voz interior. No se quede dormido por la noche con un corazón triste; tómese el tiempo necesario para aligerar su corazón con los ángeles. Abra su corazón a los ángeles cada noche antes de irse a dormir, y ellos le traerán alegría a su alma y darán alas a sus ideas.

Reflexión Angelical: **Mi corazón está feliz, ligero, y lleno de amor.**

ÁNGELES HUMANOS

Nota Angelical: **Dios trabaja de formas misteriosas y creativas.**

Muchas personas tienen la convicción de que otras personas han actuado como ángeles en su vida. Esto es diferente de cuando los ángeles aparecen como humanos y luego, desaparecen. Los ángeles humanos son humanos que a veces les ayudan a los ángeles comunicándole a alguien un mensaje o un pensamiento cuando más lo necesitaba. Lo curioso es que la mayoría de los ángeles humanos ni siquiera sabe que está actuando como tal. Quizás nunca sepan que dijeron aquello que cambió la vida de otra persona. Lo que esto significa es que no existe manera de tratar de ser un ángel humano. Solamente se puede incrementar la probabilidad de ser uno mismo y de buscar vivir según un poder superior. Los ángeles humanos se sienten a gusto con lo que vinieron a hacer, y se permiten ser orientados en situaciones en las que puedan prestar una ayuda sin interferir—situaciones en las que puedan ayudar a los ángeles a comunicar un momento de puro amor hacia otra persona.

¿Alguna vez lo ha conmovido un ángel humano? Hágase estas preguntas: ¿Esa persona le comunicó un sentido de esperanza, de saber que la vida es mucho más que el mundo material? ¿Se sentía seguro y cómodo en presencia de esa persona? ¿La risa de esa persona era invitadora y cálida? ¿Esa persona dijo precisamente aquello que usted necesitaba oír para abrir su mente y enviarlo por el camino correcto? ¿Fue esa persona humilde y amable? ¿Quiere ser un ángel humano?

Reflexión Angelical: **Mi vida es un viaje de esperanza. Siempre me sorprenderé por el mensaje de los ángeles que me llega a través de seres humanos amorosos.**

LA PRIMAVERA

Nota Angelical: **Somos constantemente llamados a una nueva vida.**

La primavera es una época de renacimiento y renovación. En la primavera las semillas frescas pueden ser plantadas en la tierra rica que se ha ablandado después de su dureza helada de invierno y se ha convertido en un campo fértil y receptivo. En la primavera sentimos el resurgir de una nueva vida, la urgencia quizás de empezar nuevos proyectos y relaciones o de ver las de antes bajo una nueva luz. Después del largo, duro y oscuro invierno sentimos la esperanza y promesa de días más cálidos, a medida que la tierra se prepara para la celebración del verano y la fructificación de todo lo que se ha plantado amorosa y cuidadosamente.

¿Dónde está la primavera de su vida? ¿Hay nuevos comienzos, nuevas ideas, nuevos impulsos de energía en alguna dirección? Sienta el poder del amor de los ángeles haciendo más cálido su mundo, trayendo nueva luz a su ser, y llenándolo con la energía de la primavera.

Reflexión Angelical: **En la tierra de mi vida siembro semillas de amor, luz y esperanza.**

CONSOLACIÓN

Nota Angelical: **Los ángeles nos ayudan a sentirnos libres, a gusto y tranquilos siendo quienes somos.**

Todos tenemos formas particulares de experimentar consuelo. Una persona se siente enormemente consolada en una biblioteca, rodeada de libros. Otra se consuela dando una gran caminada, mientras que otra deriva su consuelo de bordar hermosas fundas de almohada en punto de cruz. Otros crean un consuelo para sí mismos a través de medios menos productivos como comer demasiado o excederse en el sexo, el alcohol, o las drogas. En toda nuestra búsqueda de comodidad y consuelo la meta es la misma: queremos lograr que la vida sea agradable en vez de dolorosa; queremos sentirnos seguros. Puesto que están totalmente a favor de la alegría, los ángeles están de acuerdo con esta meta y quieren ayudarnos a sentirnos reconfortados mientras estamos en la tierra. Pero también quieren que reconozcamos la diferencia entre el consuelo y la adicción, y siempre están listos para ayudarnos a encontrar fuentes de alivio perdurables y fuertes que nos proporcionen tranquilidad y consuelo a la vez que mejoran nuestra vida. La verdadera comodidad y consuelo provienen de saber que la seguridad auténtica se encuentra en la infinita provisión de recursos interiores—y en saber que los ángeles siempre están cerca, esperando a suplir esos recursos con una provisión infinita de amor.

Dedique tiempo a notar cosas que lo hacen sentir bien. Haga una lista o hable sobre estas cosas con un amigo para que pueda tener más conciencia de qué hace usted por su comodidad. Pídales a los ángeles que le ayuden cada vez que se sienta preocupado, y dese cuenta de cómo su conciencia de la consolación empieza a cambiar.

Reflexión Angelical: **Yo sé que cuando yo hago cosas con calma y serenidad, aparecen en mi camino grandes recompensas.**

CAMINAR

Nota Angelical: **En caso de duda, dé una caminada.**

La mejor forma de cambiar la química de una situación no es acudiendo a los fármacos; sino acudiendo a una caminada. Caminar es una de las mejores maneras de pensar. El cuerpo está ocupado utilizando su energía de modo que su mente pueda resolver cosas de manera razonable. Caminar es maravilloso porque se hace con naturalidad, y porque siempre es posible encontrar un lugar agradable para dar un paseo. Caminar nos hace salir de la casa y de nuestras mentes. Se puede utilizar una buena caminada o bien para pensar o para liberarse de pensar, para hacer ejercicio y para calmar su sistema nervioso. A los ángeles les encanta caminar con usted; es un gran momento para conocerlos. La próxima vez que tenga un patrón de pensamientos perturbadores, salga a dar una caminada con los ángeles. Cuando regrese, su percepción habrá cambiado, y también habrá cambiado la situación.

Caminar con los ángeles es fácil. Simplemente salga y empiece a caminar sin destino fijo en mente. Pídale a su ángel de la guarda que lo guíe. Sienta que la fuerza de energía que proviene de su plexo solar lo guía por el camino: usted sigue. A medida que es guiado, permita que sus pensamientos vayan y vengan. Si su ángel de la guarda camina de prisa, entonces piense de prisa. Si su ángel de la guarda aminora la marcha, disminuya la velocidad de sus pensamientos y note la belleza a su alrededor. Por encima de todo, pase un buen rato y recuerde que no hay reglas fijas. Lo único que necesita es una disposición a salir y dejar que sus piernas lo muevan hacia delante.

Reflexión Angelical: **Caminaré y hablaré con los ángeles.**

*J*UGUETES

Nota Angelical: **Los juguetes acercan a los niños a los adultos y a los adultos los acercan a los ángeles.**

A lo mejor dejamos de lado los juguetes como si fueran cosas de niños que ya no son relevantes a nuestra vida actual, pero en realidad los juguetes pertenecen a todas las edades. Así como los juguetes son las herramientas de la vida en la infancia, también pueden ser importantes instrumentos de aprendizaje en la vida adulta. Los juguetes alimentan nuestra creatividad natural. Nos proporcionan escape natural de los agobios de la realidad cotidiana, hacia el rejuvenecedor plano de la fantasía. Nos invitan a asomarnos en los resquicios y grietas olvidados de nuestra imaginación; nos reúnen con la capacidad que teníamos de niños de encontrar la felicidad en los placeres más simples. Cuando nos permitimos jugar con juguetes, estamos honrando la sabiduría de los niños y de los ángeles, que entienden que la distancia más corta entre dos puntos de la infancia y la adultez puede ser ciertamente un vuelo directo hacia la fantasía.

Hoy, mañana, esta semana, cómprese un juguete que pueda ayudarle a obtener una nueva perspectiva sobre una situación concreta de su vida. Por ejemplo, si se siente solo, consígase un animal de peluche que pueda ser su compañero constante e incondicional. Si siente que ha estado hablando mucho, o a lo mejor no lo suficiente, sobre un tema en particular, unos dientes postizos de cuerda podría ser lo que necesite para divertirse un poco. Vaya a una tienda de juguetes; el juguete que necesita se le presentará.

Reflexión Angelical: **El día que esté demasiado viejo para juguetes, será el día en que esté demasiado viejo.**

Guerrero Espiritual

Nota Angelical: **El territorio de los guerreros espirituales es el alma; sus armas son el amor y la comprensión; su meta es unificarse con su naturaleza interior.**

Los principios de la guerra espiritual son todo lo contrario del concepto popular del combate militar. La búsqueda del guerrero espiritual no se relaciona con la dominación sino con la entrega, no con el odio sino con la comprensión, no con matar sino con dar a luz. Cada uno de nosotros es un guerrero espiritual, batallando consigo mismo. Pero puesto que no podemos ser nuestros propios enemigos y sobrevivir, nuestra meta no es la auto aniquilación sino la auto realización. Como guerreros espirituales, buscamos conquistar el misterio de nuestro peregrinaje terrenal, unificarnos con nuestros propósitos y vivir nuestra vida con congruencia espiritual, moral, mental y física. Lograr esto requiere una cantidad igual de paciencia, perseverancia, conciencia, humildad, integridad, seguridad y confianza.

El principio más importante para la guerra espiritual es ponerse en contacto con la bondad básica propia, pues, como dijo el maestro tibetano Chögyam Trungpa, "A menos que logremos descubrir el terreno básico de bondad en nuestra propia vida, no podemos guardar la esperanza de mejorar las vidas de otros." Trate de conectarse con su bondad básica, y pídales a los ángeles que le ayuden.

Reflexión Angelical: **A medida que empiezo a amar y a apreciar la bondad que veo en mí, empiezo a ver la bondad en otros.**

EL SOL

Nota Angelical: "Como fuente espiritual y física de poder, el sol nos da ejemplo de la forma en que al baño efectivo de luz y vida esencial le sigue no la fatiga, sino la abundancia y la renovación perpetua."

Geoffrey Hodson

El sol sustenta la vida aquí en la tierra, y todo gira alrededor suyo. Por esto muchas veces el sol es el símbolo de Dios, la fuerza vital omnipresente de nuestro universo. Da a la tierra calidez, nutrición y luz; al igual que Dios, cuya luz y verdad disipan la oscuridad, el sol todo lo ilumina, llevándonos, cada mañana, de la oscuridad a la luz. A diferencia de la luna, que simboliza los principios de receptividad, pasividad, e intuición, el sol personifica la energía activa del universo. Así que en la mañana, si nos levantamos y saludamos al sol en actitud de homenaje, absorbiendo sus rayos revitalizadores y dándole gracias por darnos un nuevo día y un nuevo comienzo, quizás descubramos que todas nuestras relaciones están de repente imbuidas de calidez, luz y nueva vida.

Mire hacia el este y dele la bienvenida al sol en la mañana. Permita que los dorados rayos de amor penetren su ser y un momento de agradecimiento para que la energía del sol llene su alma. Imagine que los rayos del sol acompañan una multitud de ángeles hacia la tierra para iluminar su día.

Reflexión Angelical: Al romper el día le permito al sol iluminar mi vida con amor; al caer el sol mantengo encendido con brillo la luz del amor dentro de mi corazón.

LA RISA

Nota Angelical: **Nunca nos reímos solos; los ángeles siempre nos acompañan con risa divina.**

La risa es un idioma universal. Compartimos con toda la humanidad el regalo de la risa. También compartimos este regalo con los ángeles y con Dios. La risa hace cosquillas al alma y da masaje al corazón. La risa libera los canales emocionales, limpiándolos cuando reímos con tanta fuerza que se nos salen las lágrimas. La risa genera verdadera magia cuando nos integramos con la inteligencia divina que impregna el cosmos y comprendemos que por más absurda que se ponga la vida, todavía tenemos la capacidad de reír. Muchas veces cuando los ángeles están cerca, se alcanzan a oír alegres risas tenues. Cuando esto le suceda, únase con una buena carcajada y sienta que su corazón se abre.

No siempre es fácil reír. Necesitamos permanecer conscientes de la importancia de reírnos. Lo mejor de la risa es que nunca sabemos qué nos la provocará. Puede ocurrir en cualquier parte, en cualquier momento, y a veces cuando uno menos la espera. A veces los ángeles provocan nuestro sentido del humor en momentos serios y no podemos menos que reír. Esto cambia todo, y nos damos cuenta de que tenemos la opción de reír en lugar de lamentar. Siga siempre consciente de la importancia de la risa, y los ángeles se encargarán de que ría a menudo.

Reflexión Angelical: **Río, por lo tanto soy.**

Cooperar

Nota Angelical: "Cooperemos y así hagámosle trampa al diablo."

Manly P. May

Cooperar significa colaborar con los demás de una forma servicial y funcional hacia una meta común. Cooperar con la propia vida significa ser servicial hacia uno mismo y tener la mirada puesta en una forma de vida funcional y espiritual. Esto lo hacemos mejor en primera instancia colaborando con los ángeles en su mensaje de Dios. El mensaje que los ángeles nos transmiten acerca de la cooperación es que las personas no deben buscar tener poder sobre las demás ni tratar de controlar una situación de modo que resulte a su favor pero a costa de los demás. Muchas veces nos enteramos acerca de compañías que tienen metas espirituales y que están en problemas porque no encontraron otros que colaboraran con esta causa. Demasiadas compañías buscan controlar, no cooperar. Y demasiados controladores es mucho peor que demasiadas manos en la masa. La necesidad humana de controlar está erosionando la infraestructura de las operaciones de la vida.

Piense acerca de sus hábitos en relación con la cooperación. ¿Colabora con otros? ¿Se da cuenta de cuándo otros no son colaboradores? Pregúntese de qué forma usted puede ser más colaborador en una situación determinada. Muchas veces, cooperar significa recibir menos de lo que creemos merecer. La cooperación es una de las pocas fuentes de esperanza para el futuro de la humanidad. Para que el pronóstico de la vida humana sea positivo, debemos cooperar entre nosotros, con el cielo y con la naturaleza.

Reflexión Angelical: **Aprenderé a permitir que prevalezca el bien del grupo. Respetaré y cooperaré con el mensaje de los ángeles de amarnos los unos a los otros.**

ATRACCIÓN

Nota Angelical: **Los ángeles lo están acercando a usted al cielo.**

Sentirse atraído significa que uno es halado en una dirección determinada. Cuando nos sentimos atraídos hacia algo, es porque ese algo ha despertado nuestro interés. Podemos preguntarnos si la vida nos atrae o nos maneja. Si la vida nos maneja, queremos ocupar el volante y continuar solos. Por otro lado, si la vida nos atrae, permitimos que un poder superior y los ángeles nos halen en una determinada dirección, confiando en que es el camino correcto, y disfrutando los caminos secundarios.

Piense acerca de la atracción, como en una acción parecida a la inspiración de dibujar. ¿Cómo se relaciona esto con la atracción hacia la vida? ¿Cómo puede dibujar en su vida las características que quiere en ésta, así como los artistas plasman la belleza que ven? Explore la posibilidad de convertirse en un artista de la vida y en dibujar lo que realmente quiere de la vida.

Reflexión Angelical: **Estoy listo para dejar que los ángeles me lleven en la dirección del cielo.**

ALGO ESPECIAL

Nota Angelical: **No tenemos que *ser* especiales; ya *somos* especiales por el hecho de haber nacido como seres humanos.**

Ahora que hay un movimiento bien consolidado de concientización de los ángeles, muchas personas creen que han recibido un llamado de los ángeles para hacer cosas extraordinarias. Esto es cierto en parte. Cada uno de nosotros está llamado a hacer alguna cosa verdaderamente extraordinaria, y es ser nosotros mismos y vivir la vida que elegimos. A veces la vida parece tan común y la partida que nos toca parece ser precisamente la que no queríamos. En estas ocasiones es tentador fantasear con que somos muy diferentes y especiales, y no como esas personas corrientes que nos rodean. Cuando nos damos cuenta de que las cosas ordinarias acerca de nosotros son en realidad muy extraordinaria seremos capaces de asumir nuestro lugar especial en el universo y de hacer algo grandioso.

Fantasee acerca del gran papel que tiene para desempeñar en la tierra. Piense en cómo los ángeles lo han elegido a usted, al ser humano más especial e interesante que han encontrado, para hablar con usted y pedirle que les ayude a orientar al mundo. Imagine que su vida es más importante que las personas comunes a quienes los ángeles cuidan y orientan, pero a quienes rara vez hablan. Ahora bien, si de verdad quiere tomar medidas extremas, imagine que uno de los arcángeles ha venido hasta donde usted y le ha dicho que usted debe hacer algo importante. A estas alturas usted ya se dará cuenta de cuán absurdo es excederse en auto importancia. Los ángeles nos consideran especiales a todos. La vida es corta; conserve la perspectiva.

Reflexión Angelical: **No me enredaré en espejismos de que soy único hasta el punto de que esto me aleje de la experiencia de ser humano.**

ADICCIÓN AL ESTRÉS

Nota Angelical: **El estrés nos distrae de nuestro verdadero yo.**

Al igual que muchas otras cosas, el estrés puede convertirse en una adicción si nos acostumbramos a él. Los adictos al estrés no parecen saber, o recordar, cómo vivir sin un alto nivel de tensión para ayudarse a sentir que están vivos. Mientras que se quejan con frecuencia acerca de las carreras de su vida, parecen constantemente crear más estrés para sí mismos en la forma de adicción al trabajo, constantes fechas de entrega de proyectos, relaciones que los lesionan, presiones financieras y en general una exigencia desmedida y grave en el tiempo y energía. Cuando el estrés se convierte cada vez más en un aspecto fijo de nuestra vida, los ángeles nos sugieren que nos detengamos y demos una mirada detenida y escrutadora a por qué estamos creando infelicidad para nosotros, de qué tal vez estamos huyendo, y si de verdad queremos vivir en confusión, o si más bien queremos vivir en paz.

Si está bajo un gran estrés, ¿está dispuesto a analizar de qué forma tal vez usted lo esté generando? ¿Qué propósito le sirve? ¿A qué tendría que hacerle frente si todo el estrés finalmente desapareciera de su vida?

Reflexión Angelical: **Estudio el ejemplo de los ángeles, quienes son la esencia de la serenidad, no del estrés.**

ℬROMISTAS CÓSMICOS

Nota Angelical: **Es cuando somos capaces de reírnos de nuestra impotencia que descubrimos nuestro poder.**

Los bromistas cósmicos son una parte importante de la mitología en muchas culturas. Son los payasos, los que hacen los trucos, y los que perturban el orden, cuya función es recordarnos que nada es tan serio—ni siquiera nosotros mismos—que no pueda ser desinflado con una flecha certera de realismo divino. Las bromas del cosmos pueden aparecer en forma de humor, humillación o dolor; su severidad es proporcional al grado de apego que tengamos a la ilusión de nuestra propia importancia. Cuando nos descubramos sintiéndonos abrumados por la vida, demasiado aficionados a nuestras propias opiniones, o sobrecogidos por el deseo de controlar a todo el mundo y a todos los demás a nuestro alrededor, haríamos bien en ponernos los interiores de acero, pues con seguridad viene en camino una patada cósmica en el trasero que nos lanzará en brazos de los ángeles, los infinitamente amorosos y pacientes ángeles, a quienes les complacerá recordarnos que la risa es libertad.

¿Le ha hecho alguna broma el universo, de tipo práctico o impráctico, últimamente? ¿Si es así, qué le estaba comunicando y cómo respondió?

Reflexión Angelical: **Espero lo inesperado y nunca quedo defraudado.**

LA LLUVIA

Nota Angelical: "¿No es acaso un lindo día para estar en medio del aguacero?"

Fred Astaire y Ginger Rogers, Top Hat

La lluvia es uno de esos maravillosos sucesos de la naturaleza que apela a nuestra naturaleza salvaje. Las películas de Hollywood, a fin de cuentas, están llenas de escenas como aquella en la cual Fred Astaire y Ginger Rogers se enamoran en un aguacero o en las que Gene Kelly canta bajo la lluvia, contándole a todo el mundo que está enamorado mientras se moja hasta la médula. Quizás en nuestros días de infancia y atrevimiento no le temíamos a la lluvia. Pero a medida que crecemos y nos volvemos menos aventureros, tendemos a salir hacia la vida armados con espada y escudo en forma de paraguas y botas de caucho. ¿Se nos ha olvidado cuán liberador y revitalizador puede ser quitarse las capas de los años y bailar con la lluvia— hacer, de vez en cuando, algo totalmente alocado, tomar una postura libre del temor de revelarle al mundo quiénes somos, aceptar todos sus cambios de ánimo con júbilo total y sin obstáculos?

¿Cuándo fue la última vez que le dio rienda suelta a su lado primitivo? La próxima vez que llueva, haga algo fuera de lo ordinario. Un ejemplo: un conocido nuestro de sesenta años salió a correr en la lluvia en su ropa interior para cortar una rosa para su esposa. Haga lo que haga, quédese en la lluvia el tiempo suficiente para escapar de los aspectos rutinarios de la vida, ¡pero no lo suficiente para pescar una pulmonía!

Reflexión Angelical: **Tengo un fuerte sentido de asombro y aventura.**

$\mathcal{T}$ESTIMONIO MÍSTICO

Nota Angelical: **"Lo que más necesitan ahora las personas—más que el oxígeno—es verdadero testimonio místico."**

Andrew Harvey

Es divertido y emocionante encontrar las historias ocultas de nuestra vida y conectarnos con nuestro ser místico. Cuando descubrimos algo que nos resulta espiritualmente simbólico, empezamos a encontrar nuestras raíces espirituales. Cada uno de nosotros tiene un cofre de tesoros con sus propios misterios—como el misterio de por qué nos sentimos atraídos hacia ciertas personas, lugares o cosas. Para comprender nuestros misterios, debemos analizar nuestras obsesiones, tendencias, gustos, y los fragmentos de imágenes de los sueños que permanecen en nuestra mente para analizarlos en busca de claves que a lo mejor nos ayuden a esclarecer los aspectos más profundos de nuestra identidad. Cuando iniciamos el proceso de descubrir nuestras raíces espirituales, nuestras vidas se llenarán de experiencias místicas. Un testimonio es evidencia que apoya algo; nuestras experiencias místicas nos proporcionan un testimonio que ayuda a certificar nuestra conexión con lo Divino.

Sea misterioso, sea inacabado. Sorpréndase a sí mismo y a los demás. Permita que las experiencias místicas sean parte habitual de su vida. Pídales a los ángeles que le ayuden a lograr esclarecimiento sobre su vida interior. Diviértase con su propio misterio y recuerde que el relato nunca termina.

Reflexión Angelical: **Mi vida está llena de testimonio místico.**

Espacio

Nota Angelical: "Y que los vientos del cielo dancen entre vosotros . . ."

Kahlil Gibrán, El Profeta

Todos necesitamos nuestro espacio. Y todos necesitamos recordar que los demás necesitan el suyo. Pero a veces tenemos temor del espacio, confundiéndolo con aislamiento, soledad y distancia en lugar de darle la bienvenida como una oportunidad de reflexión y regeneración. Los ángeles piensan en el espacio—la libertad de estar donde se quiere estar y ser quien se quiere ser—como esencial para el crecimiento, la felicidad y la salud mental. Mientras que a veces puede parecernos un lujo en este mundo ajetreado, repleto, sobrecomprometido, el espacio es en realidad una necesidad, algo que tenemos que esforzarnos en crear y permitir si queremos ser sanos y equilibrados. Cada vez que sintamos los efectos de la presión y el estrés extremos, es hora de llamar a los ángeles para que nos ayuden a crear el espacio mental y físico para nosotros mismos y para ayudarnos a utilizar ese espacio para reconectarnos con nuestro centro de serenidad. Kahlil Gibrán simbolizaba el espacio entre amantes como el viento del cielo, porque es en medio del espacio infinito del cielo en donde nos unimos a lo Divino.

Si le cuesta aceptar la existencia de un espacio para sí mismo y para los demás, o si teme el espacio como un ejercicio en soledad y falta de propósito, pídales a los ángeles que le ayuden a visualizar una burbuja protectora a su alrededor. Que esta burbuja sea su espacio, su lugar para estar libre de preocupaciones y expectativas del mundo exterior. Relájese dentro de esta burbuja cálida y reconfortante; que su mente disminuya el ritmo, que sus pensamientos fluyan libremente, a sabiendas de que puede entrar o salir de la burbuja en cualquier momento.

Reflexión Angelical: Doy la bienvenida en mi vida a la tranquilizante libertad del espacio.

Obvio

Nota Angelical: **Es obvio que el sentido común no es tan común.**

Cuando algo es obvio, se entiende fácilmente, se reconoce rápidamente, y es muy visible. No importa qué tan obvias sean ciertas cosas, las pasamos por alto aun cuando están frente a nuestros ojos. Nos gusta complicar las cosas. Si las respuestas que estamos buscando son obvias y poco complicadas, hacemos caso omiso de ellas en busca de un significado más profundo. Si se siente herido es porque algo lo hirió. Si se siente cansado, necesita descansar. Si quiere tener un amigo, debe ser buen amigo. Si quiere a los ángeles en su vida, debe invitarlos.

Regrese al elemental sentido común cuando se sienta confundido, y busque lo obvio. No haga caso omiso de los sentimientos. No tiene que reaccionar en extremo ante nada, pero si se siente de cierta manera, seguramente existe una razón obvia por la cual esto es así. Si intuye que hay problemas, busque en los lugares obvios la presencia de la persona problemática. Pídales a los ángeles que le ayuden a percibir y aceptar lo obvio.

Reflexión Angelical: **Buscaré primero respuestas en lo obvio, luego, iré más allá de lo obvio para resolver otras preguntas.**

*T*RAGEDIA

Nota Angelical: **"Prepárese, entonces, para las oportunidades disfrazadas de pérdida."**

Ralph Blum, The Book of Runes (El libro de las runas)

Se dice que una vez cuando una mujer fue a ver al Buda y sollozaba por la pérdida de su hijo, exigiendo saber por qué había caído sobre ella tal infortunio, el Buda le respondió, "Ve a cada una de las casas de tu pueblo y encuéntrame una que no haya sido tocada por la muerte." Desde luego, que la mujer no la pudo encontrar; la muerte—la pérdida—es parte inevitable de la vida. Cuando hablamos de los ángeles, surge siempre el asunto de la tragedia. ¿Por qué habrían de ayudar a algunos y no a otros? ¿Por qué a una persona habría de salvarla su ángel de la guarda del peligro y otros mueren o pierden seres queridos? La respuesta se encuentra en la respuesta del Buda: tarde o temprano todos debemos enfrentarnos a la pérdida. Lo que determina la felicidad o la infelicidad de uno depende de cómo uno enfrenta la pérdida. Los ángeles no pueden impedir que ocurran las tragedias si nos corresponde enfrentarnos a ellas en el camino del alma. Pero sí nos pueden ayudar a ver que la tragedia enfocada como una "oportunidad disfrazada de pérdida," por más devastadora que sea, puede siempre llevar a una nueva vida.

Piense en las pérdidas que ha enfrentado en su vida. ¿Qué fue lo bueno que provino de ellas? ¿Lo que produce crecimiento? Si en este momento se enfrenta a una pérdida de algún tipo, permítase sentir el dolor. A la vez, trate de aceptar el hecho de que esta pérdida era necesaria para el crecimiento de su alma, y sepa que con los ángeles como compañeros amorosos, surgirá de la dificultad renovado de alguna forma

Reflexión Angelical: **Sé que la pérdida es parte de la vida. La aceptaré, aprenderé de ella, y seguiré creciendo.**

Salud Mental

Nota Angelical: **La mente es el lugar universal de adoración.**

Imagine un recinto sagrado en el cual vive Dios. Digamos que ese recinto está en su casa, y que depende de usted decidir quién entra a estar con Dios. La mente es ese recinto sagrado. Una mente es como un campo de fuerza que rodea el alma, el espíritu, y el cuerpo. Puesto que nos encontramos con Dios y con los ángeles dentro de este campo de fuerza, es importante que mantengamos espacio sagrado disponible en el cual darles la bienvenida a nuestros amigos divinos. Siempre debemos recordar que nuestra mente es inviolable y está protegida por los ángeles. Nuestros pensamientos son privados hasta que no los compartimos. No todo el mundo entenderá sus pensamientos y sentimientos espirituales más íntimos, de modo que muchas veces lo correcto es guardárselos para sí mismo y para los ángeles, y crear suficiente privacidad en su vida para tener tiempo y espacio para reflexionar sobre estos y para alimentarlos. De esta forma, el espacio sagrado de nuestra mente se convierte en nuestro refugio de recurso y sustento espiritual.

¿Tiene su habitación sagrada lista y disponible para utilizarla en cualquier momento que la necesite? ¿Se siente Dios a gusto allí? Este recinto es su lugar interior donde puede probar nuevas ideas, sanarse, relajarse, comunicarse con los ángeles, y abrir su alma a la inspiración divina.

Reflexión Angelical: **Mi mente es un santuario privado, un lugar de refugio contra las tormentas de la negatividad, y un lugar de encuentro para Dios y los ángeles.**

EL ÁNGEL DE LA OTRA PERSONA

Nota Angelical: **Cuando la puerta de la mente se cierra, siempre podemos pasar por la ventana abierta del alma.**

Cuando a uno le está costando trabajo comunicarse con alguien, puede ser sumamente útil hablar más bien con el ángel de esa persona. Lo que no logramos mediante palabras o razones puede muchas veces lograrse a través de la comunicación con el ser espiritual de la otra persona y no con el ser físico. En su libro *A Gift of Love* (Un regalo de amor), Ann Linthorst, metapsiquiatra, cuenta la historia de un padre que al parecer no lograba comunicarse con su hijo adicto a las drogas. "El padre empezó, según él lo contaba, a sostener 'largas charlas con el ángel del muchacho' y eventualmente el niño sanó y él pudo hablar directamente con él." Es asunto nuestro cómo elegimos percibir el ángel de la otra persona, podemos visualizar un ángel de la guarda real, o quizás simplemente nos comuniquemos con el puro ser espiritual de la otra persona. De cualquier forma, los ángeles nos aseguran que nuestro amor y nuestra preocupación serán escuchados y procesados en el nivel más profundo, el nivel en el cual se lleva a cabo el verdadero cambio.

Si la comunicación con alguien de su vida parece bloqueada, trate de conversar con el ángel de la otra persona. ¿Cuáles son sus necesidades? ¿Sus preocupaciones? ¿Qué es lo que más quiere que esa persona sepa? Comuníquele todo al ángel de la guarda de la otra persona, asegurándose de originar el mensaje en un lugar de amor más que en uno de furia o frustración. Hable con el ángel de esa persona siempre que sienta la necesidad, y confíe en que el mensaje llegará en su momento, a su manera.

Reflexión Angelical: Yo sé que los ángeles son los mensajeros divinos en cada sentido del término.

*I*NDIVIDUALISTA ESPIRITUAL

Nota Angelical: **Nunca se acomode demasiado a las respuestas o las afiliaciones.**

Los individualistas espirituales mantienen fresca la mente y agudo su interés en el panorama general de la vida al tener más preguntas que respuestas en cualquier determinado momento. Los individualistas espirituales son libres pensadores; no dependen de ninguna religión o filosofía que les diga qué está bien o mal. Más bien, perciben que hay verdades más profundas en todas las situaciones humanas, verdades que van más allá de bueno y malo. Los individualistas espirituales nunca tratarían de modificar convicciones, alterar las ideas, o privar a las personas de llegar a sus propias conclusiones. Buscan respeto mutuo en este terreno, y siguen adelante rápidamente si sienten el calor del dogma extremo. A fin de cuentas, se supone que el dogma sea algo que se acepta como una verdad que no se puede cuestionar y los individualistas espirituales buscan preguntas, no respuestas.

El individualista espiritual quiere conocer a Dios, no simplemente que le cuenten acerca de Dios. ¿Quiere de verdad experimentar a Dios en su propia vida, en sus caminos? Si la respuesta es sí, aprenda a conocer la voz del Dios Divino Interior. Puede aprender a conectarse con el Dios Interior para buscar sus propias respuestas y encontrar nuevas preguntas interesantes. Pídales a los ángeles que le ayuden a conocer a Dios y a disfrutar conocer a Dios como lo hacen ellos. ¿Cómo se puede de verdad confiar en Dios si no conoce a Dios por sí mismo?

Reflexión Angelical: **Soy un libre pensador que quiere conocer a Dios de una manera propia y verdadera.**

EL MATRIMONIO

Nota Angelical: "La culpa, querido Brutus, no está en nuestra estrellas, sino en nosotros."

Shakespeare, Julio César

El matrimonio es un estado al cual muchos aspiramos sin saber exactamente por qué. Quizás estamos buscando compañía, amor, o pasión. O puede ser que queramos una familia, un hogar y seguridad financiera. Pero muchas veces concebimos el matrimonio como una forma de satisfacer necesidades emocionales y físicas sin comprender del todo que la unión de dos personas conlleva un deber espiritual—con el propio yo, con el otro, y con aquellas nuevas almas que quizás traigamos al mundo. Para los ángeles, el matrimonio no es un contrato legal, no es una unión sexual legitimada, ni una casa y unos niños, sino una búsqueda compartida de verdades espirituales y un compromiso compartido con el crecimiento espiritual. Requiere hacernos responsables de nuestra propia felicidad o infelicidad; permitirle al otro el mismo derecho; y atesorar, no condenar, al otro por ser quien es. Cuando enfrentamos problemas, admitimos que la culpa, al igual que la solución, no está en la otra persona sino en nosotros mismos— nuestras convicciones, actitudes, y disposición o falta de disposición para remplazar la recriminación con la comprensión.

¿Cuáles son sus actitudes hacia el matrimonio? Si está casado, ¿está feliz? Si no, ¿de qué forma querría que las cosas cambiaran? Si está divorciado, ¿qué aprendió del matrimonio? Si quisiera estarlo o planea casarse, ¿qué espera del matrimonio? ¿Qué espera dar?

Reflexión Angelical: Sé que el matrimonio requiere crecimiento espiritual y comprensión.

LA SEMILLA

Nota Angelical: **"En este pequeño grano de trigo están contenidas todas las leyes del universo y las fuerzas de la naturaleza."**

Zaratustra

Una semilla no crece si tratamos de sembrarla en un tapete o en un piso de madera. Una semilla sembrada en la tierra, en el lugar que le corresponde, en contacto con la tierra, la lluvia y el aire, el sol y la luz de la luna, crecerá para convertirse en una planta útil. Al igual que la semilla, nosotros también necesitamos salir de nuestros entornos artificiales y salir al jardín, cerca de las fuerzas de la naturaleza, para aprender y expandir nuestro conocimiento del universo. La semilla crece para convertirse en planta, y la planta ofrece una abundancia de semillas para continuar el grandioso proceso de la vida. Al igual que la semilla, si estamos plantados en una forma natural para promover el crecimiento, también ofreceremos muchas semillas a la luz para ayudar a continuar el grandioso proceso, el poder indestructible de la vida.

¿Sale usted de su entorno artificial con la frecuencia necesaria para aprender de la naturaleza? Compre una semilla y siémbrela. Mientras crece, adquiera nuevas nociones sobre el proceso. Pídales a los ángeles y a los espíritus de la naturaleza que vigilen su semilla con usted y que le ayuden a convertirse en parte de proceso de crecimiento. Mientras más crezcan nuestros espíritus, más espacio necesitarán para expandirse, así que si es necesario salga al aire libre y florezca.

Reflexión Angelical: **Soy una semilla de luz.**

Angelical

Nota Angelical: **Nuestro ser verdadero es angelical.**

¿Realmente qué significa *angelical*? Muchas veces confundimos ser angelical con ser amable, lo cual generalmente significa comportarse de modo que todo el mundo se sienta cómodo. La amabilidad puede ser una cualidad angelical, pero también puede ser un substituto para la honestidad, una manera de evitar la confrontación, un intento de agradar a otros para poder recibir aprobación. Los ángeles no son "amables"; son amorosos pero son sinceros. Nunca nos llevarán por un camino de rosas; nos mantendrán enterados de la verdad, independientemente de cuán molesta nos parezca. Ser angelical significa, por encima de todo, ser fieles a nosotros mismos y estar dispuestos a decirles a otros la verdad. Nuestro ser verdadero sabe perfectamente cuáles son las situaciones en las que quiere estar y en cuáles no. Ser angelical no siempre es fácil. A veces significa enfrentarnos a situaciones incómodas y tener el valor y la disciplina de vivir en integridad personal, por difícil que esto sea. Pero bien vale la pena el esfuerzo, porque experimentaremos, a través de nuestros seres angelicales, la alegría de conocer—y permitirles a otros conocer y valorar—quiénes de verdad somos.

¿Espera que los ángeles sean amables con usted todo el tiempo? ¿Quiere que ellos actúen según sus propias reglas y no las del Creador? ¿Hay personas en su vida que lo enojan porque no son "amables"—aunque quizás sean sinceras? ¿Es usted "amable" cuando debería ser más sincero? ¿Cómo cambiaría su vida si se vuelve más fiel a sí mismo?

Reflexión Angelical: **A medida que crezco en mi verdad personal, permito que emerja mi verdadero ser angelical.**

CADA ROSTRO

Nota Angelical: **Una luna se refleja en cada estanque. En cada estanque la única luna.**

Proverbio Zen

Así como la luna se refleja en cada estanque, el único Dios se refleja en cada rostro. Todas las religiones que adoran a Dios, adoran al mismo Dios. ¿Tiene Dios un rostro diferente en cada religión? No, pero los humanos interpretamos a Dios a nuestra manera, lo cual puede llevarnos a concluir que diferentes religiones adoran cada una un Dios diferente. La mayoría de las religiones del mundo están basadas en enseñanzas morales destinadas a elevar el alma, y casi todas incluyen la creencia en los ángeles. Con todas las supuestas diferencias entre las creencias religiosas, las experiencias de Dios son muy semejantes, y Dios sigue siendo el mismo.

¿Qué tanto sabe acerca de las religiones del mundo? Es fácil inferir pedacitos de información hoy en día acerca de las religiones orientales, y muchas personas buscan ser eclécticas en sus lecturas y enseñanzas espirituales. Explore la diversidad de enseñanzas para comprender mejor las religiones de la humanidad y encontrará que aunque sus creencias pueden ser muy variadas, el Dios al que adoramos es el mismo.

Reflexión Angelical: **Sé que si miro más allá de la religión, veré en cada rostro al mismo Dios.**

EL TIEMPO

Nota Angelical: **Si no tuviéramos relojes, ¿qué horas serían?**

Damos por sentado el día de veinticuatro horas. Pero, ¿sabía usted que la plaga negra contribuyó al sentido del tiempo como ahora lo conocemos? Antes de la plaga negra, se consideraba que el tiempo era del dominio de Dios. La gente no vivía según el reloj sino que concebía el tiempo en términos de día y noche, las estaciones, la vida y la muerte, la eternidad. Pero cuando el peor episodio de la plaga azotó a Europa en el siglo catorce, cambiaron las actitudes hacia el tiempo. A medida que los trabajadores eran diezmados, las horas de trabajo se extendieron hacia la noche. De repente, los relojes y las campanas empezaron a marcar las horas, y las personas empezaron a vivir la vida, no según el tiempo de Dios, sino según el tiempo de los mercaderes, la medida que todavía utilizamos hoy. El tiempo, entonces, es un concepto arbitrario, que podemos crear o descrear. Mientras que quizás tengamos que vivir en el tiempo *físico*, podemos aumentar nuestra conciencia y nuestra experiencia del tiempo *psíquico*. Quienes han tenido experiencias místicas saben que el tiempo se suspende. Un sueño puede abarcar al parecer varias horas pero quizás tan sólo dure un par de minutos. Los ángeles nos invitan a explorar por encima y más allá de las fronteras tradicionales del tiempo y el espacio para apreciar la naturaleza no lineal y verdaderamente infinita del tiempo de Dios.

Trate de darse cuenta de cómo transcurre el tiempo en su vida. ¿Cuándo se le olvida que existe el tiempo? ¿Cuándo le parece que las horas son eternas? ¿Ha vivido momentos que parecen fuera del tiempo? Lleve un diario, y empezará a darse cuenta de cómo puede de verdad contraer y expandir el tiempo.

Reflexión Angelical: **Sé que el tiempo es infinito y que muchas realidades diferentes pueden existir en el mismo espacio y en el mismo momento.**

EL ÉXITO

Nota Angelical: **Solamente podemos fallar si fallamos en intentar.**

En nuestra sociedad, el éxito es sinónimo solamente de dos cosas: dinero y poder. Pero los ángeles miden el éxito mediante estándares totalmente diferentes. En primer lugar, para los ángeles, el dinero y el poder no tienen ningún valor en sí mismos. Si el dinero y el poder se utilizan para el bien de todos, entonces la persona que los tiene puede calificarse como exitosa—no por el hecho de tenerlos, sino por el sentido acompañante de gratitud, compasión, y generosidad. En segundo lugar, para los ángeles no existe el fracaso, porque todo lo que hacemos es parte de un proceso de descubrimiento. Podemos fallar en la vida—quedarnos cortos en cuanto a la medida de nuestra alma—solamente si no intentamos, exploramos, arriesgamos. Si vivimos según nuestros valores, hacemos lo que nos encanta y lo que nos inspira, y no tememos experimentar con la vida, somos un éxito automático, independientemente de cuánto dinero ganemos o qué tan alta sea la posición que hemos llegado a ocupar.

¿Se siente exitoso? ¿Por qué? ¿Cree que los ángeles lo considerarían exitoso por la misma razón? Empiece a pensar en el éxito en términos de sus propios valores. ¿Disfruta lo que hace y siente que está haciendo algún tipo de contribución al mundo? Si no ha logrado sus metas todavía, trabaje para aprender de su experiencia mientras que disfruta el proceso.

Reflexión Angelical: **Exploro, arriesgo, aprendo, tengo éxito.**

$\mathcal{T}$EMORES

Nota Angelical: **La vida no es tanto una cuestión de qué hemos hecho sino de qué no hemos hecho.**

En la película *Defending Your Life* (Defendiendo su vida), el personaje de Albert Brooks ha muerto y se encuentra en la situación de tener que defender su vida en la corte. En esta corte, tiene que responder por las veces en que permitió que sus temores le impidieran tomar riesgos que le habrían traído éxito y felicidad. La corte no decreta un castigo. Si el acusado se considera presa de demasiados temores, debe simplemente regresar a la tierra para intentarlo de nuevo. Puesto que los miedos rara vez tienen como su mayor atributo el sentido común, el único propósito que cumplen en nuestra vida es retarnos a superarlos. ¿Cómo va usted hasta ahora en este aspecto? ¿Es usted un aventurero, un explorador, un descubridor de la vida? ¿O más bien quisiera tener muchas cosas que explicarles a los ángeles si lo llevaran a la corte y le preguntaran por las ocasiones en que se resistió a arriesgarse y a liberarse de los grilletes de sus pequeños temores?

Piense en un miedo que tenga y pregúntese si le ha impedido hacer lo que su corazón lo está llevando a hacer. Quizás el miedo a volar le haya negado la aventura y la educación de viajar. El miedo al éxito puede estarlo frenando de dar lo mejor de sí. O el miedo de dejar que la gente sepa quién es usted de verdad puede impedirle desarrollar amistades profundas o encontrar una relación romántica. Sean cuales sean sus temores, piense en lo que podría ser su vida sin estos. Ahora empiece a dejarlos ir.

Reflexión Angelical: **No soy prisionero de mis temores. Me retan a vivir a plenitud, y acepto su reto.**

Ósmosis

Nota Angelical: **Asimile lo positivo.**

La ósmosis es un proceso de asimilación o absorción que ocurre gradual y naturalmente. Cuando podemos asimilar información por ósmosis puede tener que ver simplemente con estar en la presencia de un maestro de quien queremos aprender. La ósmosis empieza por la intención. Si tenemos la intención de aprender algo, empezamos a recoger información en muchos niveles diferentes. Supuestamente nuestra mente inconsciente siempre está despierta y aprendiendo, recogiendo señales y procesando información que se traduce en la forma en que nos comportamos y en las señales que enviamos. El proceso de ósmosis es una calle de doble vía; mientras que absorbemos información y sutilezas de otros, ellos están haciendo lo mismo con nosotros.

Es sabio tener conciencia del poder sutil de la ósmosis; entonces tendremos una conciencia mucho más clara de quién nos rodea y de lo que absorbemos sin estar totalmente conscientes de ello. Si mantenemos a los ángeles presentes a nuestro alrededor, mediante nuestro intento de vivir en la conciencia angelical, entonces por ósmosis estaremos todo el tiempo aprendiendo muchas cosas de los ángeles.

Reflexión Angelical: **Asimilaré y absorberé los impulsos divinos de los ángeles, y produciré para quienes me rodean energía angelical a través del proceso de ósmosis.**

EXPLICACIONES

Nota Angelical: "**¿Quién lo puede explicar? ¿Quién puede decirle por qué? Los tontos le dan razones; los sabios nunca lo intentan.**"

Rodgers y Hammerstein, South Pacific

¿En ocasiones siente que mientras más trata de explicarse, menos le entienden? ¿O muchas veces trata de explicar algo que no entiende acerca de la vida, con la esperanza de que deje de tener poder sobre usted? Por ejemplo, cuando la tragedia llega, quizás tratemos desesperadamente de producir una explicación. ¿Pero cómo podemos de verdad explicar la tragedia? ¿Y por qué tenemos que hacerlo? Pensamos que si explicamos lo desconocido, no tendremos nada que temer. Pero los ángeles entienden que algunas cosas nos son desconocidas por alguna razón y solamente al aceptar el misterio por lo que es podemos liberarnos para trascender el miedo. Con el tiempo sabremos todo lo que hay para saber, pero por el momento la sabiduría angelical nos dice que aceptemos lo que al parecer es inexplicable y sigamos hacia delante en nuestra búsqueda de iluminación.

Acepte el hecho de que a veces, quizás con frecuencia, a usted no lo entenderán. Acepte el hecho de que acá en la tierra hay cosas que quizás nunca entienda. Pídales a los ángeles que lo guíen para ir más allá de las explicaciones y hacia el vivir momento a momento.

Reflexión Angelical: **A través de reflexionar sobre lo que no entiendo y de aceptarlo, me acerco al verdadero significado de la vida.**

IRA Y ODIO

Nota Angelical: "La ira y el odio son los materiales de los cuales está hecho el infierno."

Thich Nhat Hanh

La ira es una energía que puede ser dispersada o canalizada hacia acciones positivas. El odio es ira que se ha dejado salir de control. ¿Alguna vez ha visto a alguien sufriendo la agonía del odio? ¿Ha notado cómo la cara de esa persona se distorsiona, su voz se intensifica, y otras personas presentes se sienten incómodas? Todos tenemos razones para estar enojados, hay muchas injusticias en el mundo y en nuestras vidas. Pero cuando nos entregamos al odio, hemos perdido el poder de razonar con nuestra ira y la posibilidad de transformarla en una fuerza constructiva. Los ángeles nos piden que no dejemos que se ponga el sol sobre nuestra ira. Nos animan a evitar la trampa mortal del odio reflexionando acerca de nuestra ira y actuando o bien para dispersarla o para expresarla de manera productiva o creativa.

Si la ira está ocupando más espacio en su conciencia que la paz y la aceptación, es hora de parar y pensar por qué se aferra a ella. Mírese en el espejo para ver qué efecto tiene la ira sobre sus facciones y cómo se les presenta a otros. Luego, háblele a su ira; pregúntele por qué permanece en su vida, y qué propósito sirve. Finalmente, pregúnteles a los ángeles cuál es la forma más adecuada y útil de liberar su ira y de seguir hacia delante en un estado de ser más centrado y compasivo.

Reflexión Angelical: Trabajo con mi ira, transformándola en una energía constructiva.

ESPÍRITUS DEL AGUA

Nota Angelical: "Todos los espíritus del agua nos pueden enseñar acerca de nuestros sentimientos. Al aprender a conectarnos con ellos, podemos conseguir grandes beneficios."

Ted Andrews

Iniciamos la vida en el agua. El agua es el elemento primario que mantiene en marcha el cuerpo. El agua representa purificación, emociones y misterio. Casi todos los humanos se sienten mejor cuando viven cerca de una fuente natural de agua. Los espíritus del agua son los ángeles guardianes de las fuentes naturales de agua y se les puede ver bailando en cascadas y montados sobre las olas del mar. Los espíritus del agua tienen muchos nombres, y están rodeados de muchos mitos. Incluyen las ondinas, los espíritus del agua, las hadas del agua, las ninfas, y, desde luego, las sirenas. Para poderlos ver es importante conocerlos. Quizás no los pueda ver con sus ojos, pero los verá con el ojo de la imaginación y sentirá sus espíritus una vez que esté listo para reconocer su presencia.

En su libro Enchantment of the Faerie Realm, *(El encanto del reino de las hadas), Ted Andrews sugiere muchas formas creativas de ponerse en contacto con los espíritus del agua. Una forma especialmente bella es ir a un estanque al amanecer o al caer de la tarde y lanzar botones de flores al estanque, luego, ver las ondas que se forman alrededor de las flores a medida que los espíritus del agua se congregan para disfrutar la flor. Encuentre un lago, estanque o arroyo cerca de donde usted vive y pase un tiempo de contemplación simplemente sentado cerca del agua. Anote pensamientos y sentimientos que se le presentan mientras se acostumbra al reino de los espíritus del agua.*

Reflexión Angelical: Sensibilizo mi mente y corazón con la esencia del agua dadora de vida y con los muchos espíritus guardianes que preservan su misterio.

CAMBIO DE ACEITE ESPIRITUAL

Nota Angelical: **No olvide cambiar el aceite antes de emprender viajes espirituales.**

A veces dudamos en hacer un cambio en nuestra vida porque tememos que desencadenará otra serie de cambios. Pero piense en cuántos cambios se le hacen al auto antes de comprar uno nuevo. Se cambia el aceite cuando está sucio, pues el aceite del motor hace que ruede sin problemas, y mantener limpio el aceite prolonga la vida del auto. Después de cambiar el aceite se puede ir a los mismos lugares con el auto; ¡no hay que cambiarle el comportamiento o conseguir auto nuevo! Mantenga fresco su propio aceite espiritual y cámbielo a menudo. De esta forma, puede mantener su vida rodando sin tropiezos y sin tener que cambiarla por una vida nueva.

Quizás es hora de cambiar el aceite de su vida. Cambiar el aceite podría representar cambiar de hábitos alimenticios, dejar de hacer algo que usted sabe que no es productivo, utilizar la energía creativa para disipar la depresión, traer conciencia angelical a todo lo que hace, o descubrir un nuevo sistema de pensamiento espiritual para explorar. Hacer cambios positivos en su vida no tiene que significar hacer cambios radicales en su comportamiento.

Reflexión Angelical: **Mantendré mi mente andando sin tropiezos mediante la acción de cambiar de aceite espiritual.**

Medicina Angelical

Nota Angelical: **Los ángeles llevan la medicina de la Creación Divina.**

La medicina de los ángeles es cualquier cosa que mejora nuestra paz mental y trae armonía al alma y al espíritu, fortaleciendo nuestra conexión con el Divino Creador. La medicina de los ángeles no se dispensa en píldoras o jarabes, y nunca será estudiada o desarrollada en un laboratorio. Más bien, es personal para cada uno—nuestra propia receta para el alivio de las dudas propias, la frustración, y otras formas de infelicidad. Cuando tomamos nuestros remedios angelicales, recibimos comprensión y poder personal. En ciertos sistemas de pensamiento de los indios nativos Americanos, se dice que cada criatura lleva consigo su propia medicina. Mediante patrones de pensamiento distintivos, por ejemplo, cada animal nos puede enviar mensajes que nos ayudan a lograr claridad. Así como acudimos a la medicina de un determinado animal, podemos acudir a la medicina de un determinado ángel para que nos preste ayuda y nos ayude a comprender. Recuerde que hay ángeles que representan cada una de las cualidades divinas y a ellos les agradará de sobra aportar esa cualidad a nuestra vida.

Diseñe su propio gabinete de medicina angelical. ¿Qué encontraría allí? ¿Qué necesita conseguir? ¿De qué se desharía porque ha caducado? Cree un maletín de medicina de los ángeles. Consiga un pequeño talego y llénelo de objetos que simbolizan su propia medicina angelical. Algunas ideas de lo que puede incluir: hermosos guijarros, una pluma, un corazón, dibujos pequeños, un proverbio, una petición de oración, artefactos ancestrales, medallas religiosas, flores, o cualquier cosa que sea de gran significado para usted.

Reflexión Angelical: **La medicina de los ángeles toca mi alma y sana mi espíritu.**

LIMPIAR LA CASA

Nota Angelical: **Los oficios de la casa son una actividad interior y exterior.**

Muchos de nosotros pasamos una buena cantidad de tiempo organizando y arreglando nuestro entorno físico mientras que se nos olvida hacer lo mismo con los espacios de vivienda emocional y mental. Necesitamos abordar regularmente los guardarropas y los lugares de almacenamiento de nuestras vidas para deshacernos de lo viejo y abrir espacio a lo nuevo. ¿Tenemos deudas viejas que debamos cancelar? ¿Personas con quienes debemos reconectarnos, o a quienes debamos dejar partir? ¿Proyectos que necesitan o ser completados o abandonados? ¿Creencias que ya no son relevantes a nuestra situación actual? Los ángeles saben que mientras más desorden acumulemos en nuestras vidas, más abrumados nos sentiremos y más difícil será organizar las cosas. Pero cuando nos tomamos el tiempo para limpiar la casa y liberarnos de viejas cargas, podemos experimentar la ligereza de ser que nos permite movernos, alegremente y sin esfuerzo como los ángeles, hacia nuevas metas y experiencias.

¿Será hora de hacer un poco de limpieza interior? Haga una lista de todas las cosas viejas a las que ha pensado enfrentarse algún día. ¿Qué puede conservar? ¿Qué debe ser completado? ¿Qué debe ser tirado a la basura? Invite a los ángeles a modo de brigada de limpieza, y pídales que le den sugerencias sobre la mejor manera de poner las cosas en orden.

Reflexión Angelical: **A medida que sigo confrontando y completando las cosas, experimento un maravilloso sentido de satisfacción y libertad.**

CONFERENCIAS ANGELICALES

Nota Angelical: **Los ángeles son nuestros consultores más valiosos.**

En el lugar de trabajo, las conferencias quizás son eventos esenciales, diseñados para diseminar información, generar ideas nuevas, ofrecer apoyo, y mantener a todo el mundo en buen camino. Los ángeles aprueban de las conferencias y les gusta ser invitados. Podemos hacer una conferencia de ángeles en cualquier momento, por cualquier razón. Las conferencias con los ángeles son útiles para ayudarnos a planear nuestras metas y descubrir las acciones que debemos tomar para alcanzarlas. O podemos llamar a una conferencia con los ángeles si tenemos problemas con las personas o con asuntos. Los ángeles actúan como nuestro equipo y nuestros consultores; podemos contar con ellos para que nos den consejos, y también podemos asignarles tareas que no podemos manejar nosotros mismos. No hay una manera establecida de hacer una conferencia de ángeles; la única norma es dejar que su imaginación se desboque y *divertirse con el proceso.* A fin de cuentas, no querrá arriesgarse a aburrir a los ángeles.

Haga una conferencia de ángeles. Invite a todo el que quiera, desde Dios como presidente, hasta los santos, los arcángeles, personas famosas del pasado o del presente a quienes usted admira—no hay ninguna restricción. Diviértase; sea creativo. Puede entonces invitar a ángeles específicos que tengan conocimientos especiales en los temas en los cuales necesita ayuda. Pídales que le hagan sugerencias y lo inspiren sobre las acciones apropiadas a tomar. No sea tímido; a los ángeles les encanta trabajar para usted. Cuide que la conferencia esté siempre llena de luz, belleza, gratitud y energía positiva. Anote nociones e ideas esclarecedoras que reciba y recuerde dar gracias a los ángeles por su tiempo y esfuerzo.

Reflexión Angelical: **Los ángeles siempre están disponibles para ayudarme a lograr claridad, propósito y poder en mi vida.**

Destreza

Nota Angelical: **La verdadera destreza comprende que ninguna cosa existe aislada de la otra.**

En los primeros años del siglo veinte, el movimiento de Artesanía en la arquitectura y diseño llevó esas dos disciplinas a nuevos planos de gracia y simetría. Los arquitectos de la escuela de Artesanía tenían la convicción de que una casa no existía aparte de todo el entorno sino en conjunción con este. De manera que aspiraban a la perfección tanto de forma como de función. Trabajando de cerca con los adinerados propietarios del futuro hogar, el arquitecto de esta tendencia era también diseñador de interiores, diseñador de jardines o planeador; muchas veces extendía el sutil tema central del diseño de la estructura de la casa hacia la decoración interior y hacia los jardines para crear un efecto de armonía y equilibrio en el cual incluso los objetos más diminutos desempeñaban un papel integral. La mera ubicación de una lámpara, por ejemplo—su forma y la luz y las sombras que arrojaba en un habitación, era tan importante como la planeación estructural de la casa misma. Como resultado, cuando el hogar Artesano era vendido y el dueño nuevo compraba los muebles, la magnificencia de la casa parecía desaparecer misteriosamente, pues sin la síntesis espléndida de objeto y espacio, estructura y alrededores, perdía el alma.

¿Se puede imaginar cómo sería el mundo si todos adoptáramos hacia la vida la actitud de los artesanos? ¿Cómo puede importar un poco de esta filosofía a su vida?

Reflexión Angelical: **Busco la armonía y la integridad en todo lo que hago.**

$\mathcal{P}$ORTE

Nota Angelical: **El porte es un efecto natural de vivir en la conciencia de los ángeles.**

El porte es una cualidad que se debe cultivar si se quiere tener más estabilidad y seguridad en la vida diaria. Un modo con buen porte emana dignidad y promueve la paz. Contrario a la creencia popular, el porte no es algo que se aprende en la escuela de actuación o buenas maneras. Más bien, el porte auténtico es el efecto colateral de una naturaleza interior equilibrada. Cuando nuestra naturaleza interior es equilibrada, no perdemos nunca la compostura. Más bien, conservamos la calma en la mente y en el modo, sea cual sea la situación. El porte también tiene otro significado: estar suspendido en un estado de aprestamiento para la acción. Cuando estamos listos, apostados con nuestro porte, estamos equilibrados tanto mental como físicamente, en paz pero completamente conscientes de nuestro entorno, capaces de razonar y responder con buen criterio, claridad, y rapidez de mente y cuerpo.

Al despertar en la mañana decida que conservará su porte a lo largo del día. Escriba una declaración afirmando que independientemente de la locura que lo rodee en el mundo, de la infelicidad, rabia e inestabilidad de las ilusiones externas, usted conservará la calma y permanecerá centrado y nunca perderá su porte. Pídales a los ángeles que le ayuden a recordar que cada vez que vea amenazado su porte debe regresar a su centro de serenidad y respirar profundamente. Cualquier acción que emprendemos cuando estamos serenos, con nuestro porte en su lugar, y cuando tenemos conciencia de los ángeles, será la acción correcta.

Reflexión Angelical: **Practicaré el arte del porte en mi vida cotidiana, a sabiendas de que un centro de serenidad mantiene a los ángeles cerca de mi corazón.**

ALCANCE

Nota Angelical: "Ah, que el hombre pretenda abarcar más de lo que puede contener, o si no, ¿para qué entonces un cielo?"

Robert Browning

Si parece que el mundo se cerrara en torno a usted, entonces puede ser el momento perfecto para ampliar su alcance. Su alcance es el rango de sus percepciones, pensamientos y acciones. Cuando uno amplía su alcance, el rango de oportunidades se expande. Algunos pensamos que tenemos una visión amplia de las cosas porque hemos adoptado una perspectiva espiritual, pero a menos que hagamos el esfuerzo por ver cosas nuevas y ajustarnos a información nueva a cada momento, nuestra perspectiva ampliada se encogerá de nuevo rápidamente. Ampliar la perspectiva significa optar por crecer, por aceptar cambios, y por encontrar información oculta. Los ángeles son maestros de la enseñanza cuando se trata de ampliar el rango de nuestras percepciones.

Existen instrumentos especiales para observar más de cerca las cosas. Por ejemplo, el microscopio permite ver de cerca los detalles más minúsculos, y el telescopio nos permite ver a lo lejos. Regálese un angeloscopio. Si necesita esclarecimiento en algo que es difícil de comprender, póngalo bajo el angeloscopio y logrará una visión más amplia, más grandiosa y más luminosa.

Reflexión Angelical: Mejoraré mi visión de la vida ampliando mi alcance.

INOCENCIA

Nota Angelical: **La inocencia siempre está a un paso.**

Nuestras almas permanecen en un estado de pura inocencia. ¿Por qué? Porque la inocencia nos permite liberarnos de convicciones rígidas y de formas de ser estancadas, lo cual inhibe el crecimiento del alma. La inocencia muchas veces no es premiada por una sociedad que otorga alto valor a la crítica y a la opinión puesto que tantas veces se confunde con ingenuidad, o incluso con estupidez. La verdadera inocencia, no obstante, es lo opuesto de la ingenuidad; uno debe ser extremadamente consciente y estar en paz con uno mismo para poder arriesgarse a estar libre de ideas preconcebidas, de juicios y de otros comportamientos dogmáticos que tantas veces utilizamos para definir o para asegurar nuestra identidad. ¿Qué nos impide permitirnos volvernos inocentes? ¿Temor a parecer tontos, o temor a actuar como niños y no como adultos? ¿Preocupaciones que nos agobian con tanto peso que nos sentimos culpables de liberar la mente sencillamente para disfrutar la vida un instante, un día, o el resto de la vida?

Imagínese a los ángeles dándole a su alma un baño, sumergiéndola en inocencia. Respire profundo y permita que un momento de inocencia llene su ser.

Reflexión Angelical: **Mi alma y mi espíritu son inocentes y libres.**

Maestros

Nota Angelical: **Los ángeles son sus ayudantes espirituales, y es importante utilizar su ayuda independientemente de cuál enseñanza espiritual esté investigando.**

Los estudiantes le pidieron alguna vez a un maestro Zen que les explicara la luna. Sin decir ni una palabra, señaló la luna con el dedo. Sorprendidos, sus estudiantes exclamaron, "¡Ah, la luna es un dedo!" Casi todos nosotros tenemos la tendencia a cometer el mismo error en relación con los ángeles. Los ángeles nos señalan a Dios; ellos no quieren que nos concentremos en ellos sino en la naturaleza de Dios. Muchos maestros espirituales y muchas corrientes espirituales también señalan a lo Divino, y es importante no confundir los maestros con el mensaje. Algunos maestros quizás quieran que usted los confunda con lo Divino, así que utilice el discernimiento. Hay maestros para cada nivel de conciencia que alcanzamos. Todas las enseñanzas pueden ser de valor, cuando se mira más allá del maestro y se busca la información.

Un estudiante pasivo rara vez cuestionará y se sentirá tranquilo cuando le dicen qué hacer y cómo aprender. Un estudiante activo mirará más allá de la información y encontrará nuevas facetas de aprendizaje. Los ángeles quieren que seamos más activos en aprender acerca de la vida y que recordemos que todos somos maestros los unos de los otros. Y los maestros también tienen que continuar su aprendizaje, pues "la mente no alimentada se devora a sí misma."

Reflexión Angelical: **Buscaré comprender la naturaleza de las cosas y encontrar la esencia de las enseñanzas espirituales.**

LOS ÁRBOLES

Nota Angelical: **Un árbol da libre y generosamente.**

Los árboles son símbolos mágicos y espirituales. El árbol de la vida y el árbol del conocimiento son puentes entre el cielo y la tierra, las ramas alcanzando hacia el cielo y las raíces buscando en lo profundo de la tierra. Sin los árboles, la vida en la tierra sería estéril e inhabitable. Los árboles filtran el aire; las raíces aseguran la capa superior del suelo en la cual sembramos los alimentos; utilizamos los árboles para construir nuestras casas; los árboles nos dan sombra del ardiente sol y nos sirven de pantallas contra el viento; quemamos los árboles para tener combustible de cocina y para que no nos dé frío; y muchos alimentos, medicamentos, e innumerables otros objetos útiles que damos por descontados provienen de los árboles. ¿Alguna vez se ha fijado en cómo los niños sienten una atracción natural por jugar en los árboles y alrededor de estos? ¿Tenía de niño un árbol preferido? Hágase el propósito de apreciar los árboles; de verdad enriquecerá su vida.

Los árboles tienen espíritus guardianes, y podemos aprender muchas cosas simplemente de sentarnos en silencio cerca de un árbol y de comunicarnos con su energía. Los espíritus de los árboles pueden tener su humano preferido, así como nosotros podemos elegir un árbol favorito. Encuentre un árbol que pueda disfrutar, y dedíquese a conocerlo. Para saludar a su árbol, párese un poco lejos de modo que pueda verlo completo y lleve la vista hasta la parte de arriba, admirando el espacio en que el cielo se une con la tierra. Luego, observe los detalles de su árbol, la belleza de sus ramas, la fortaleza de sus raíces. Los árboles nos pueden enseñar acerca de la fuerza, la dignidad, la paz, y el dar.

Reflexión Angelical: **Haré honor a los árboles y les agradeceré la fortaleza y la paz que traen a la vida humana.**

BURGUESÍA

Nota Angelical: "**Demasiadas personas gastan dinero que no se han ganado, para comprar cosas que no quieren, para impresionar a personas que no les caen bien.**"

Will Rogers

Algunas personas se vuelven esclavas uniéndose a la burguesía. Lo que ocurre es que se preocupan demasiado por las posesiones, y exigen respetabilidad por ser convencionales—por ser iguales a todos los demás y encajar en el entorno. Los esclavos trabajan por el bien de otros. Los esclavos burgueses trabajan para impresionar a otros o para estar al día con lo que los demás están haciendo de modo que no son libres para ser ellos mismos y para hacer lo que realmente quieren. Unirse a la burguesía es un desvío para evitar vivir la propia vida. Algunas personas ni siquiera se dan cuenta de que han caído en la trampa de lo convencional. Correr en una banda sin fin requiere tanto tiempo y energía, que se olvidan que pueden elegir salirse y moverse hacia delante.

No sea esclavo de las convenciones o de la forma como usted cree que deberían ser las cosas. Deje de tratar de encajar en una ilusión. Los ángeles le dan la bienvenida a la diversidad y a la individualidad. Libérese de cualquier asomo de que está atrapado en trampas burguesas y compre lo que usted quiere, no para impresionar a nadie— y gaste el dinero que es de verdad suyo.

Reflexión Angelical: **Los ángeles hacen honor a mi individualidad, y yo haré honor a los ángeles viviendo dentro de mis posibilidades y agradeciendo la oportunidad de ser auténticamente yo mismo.**

La Ansiedad

Nota Angelical: **Tenemos todo lo que necesitamos para controlar todo lo que necesitamos controlar.**

La ansiedad es realmente tan sólo una señal de alarma que nos insta con urgencia a aminorar la marcha, soltar y acudir a los ángeles. Experimentamos ansiedad solamente cuando nos sentimos fuera de control. Pero cuando nos damos cuenta de que, con la excepción de nuestras propias acciones y respuestas, no podemos ni necesitamos controlar muchas otras cosas, damos el primer paso hacia la paz interior. Los ángeles son destructores de ansiedades; podemos llamarlos siempre que los necesitemos, aun para las peticiones más pequeñas y especialmente para los pequeños temores. Así que cuando se empiece a sentir descontrolado y en pánico, no se limite a hacer caso omiso del problema y a hacerse el resistente. Más bien, reconozca que se siente ansioso y entréguese a los ángeles, a sabiendas de que ellos restaurarán su equilibrio interior. Lo único que tiene que hacer es confiar en ellos cuando le dicen *¡que todo saldrá bien!*

Si siente que la ansiedad se apodera de usted, haga inmediatamente una pausa. Acuéstese si puede o siéntese cómodamente y empiece a respirar profundamente (preferentemente por la nariz) permitiendo que el aire entre con suavidad hasta su abdomen. A medida que respira, imagine que los ángeles lo bañan de relajante luz dorada. Siga respirando y sintiendo cómo el calor de esta luz impregna su ser. Empiece a repetir en su mente: "Todo saldrá bien." Continúe repitiendo esto, y permítase sentirse tranquilizado por el abrazo protector de los ángeles.

Reflexión Angelical: **La próxima vez que empiece a entrar en pánico me entregaré a los ángeles, permitiéndome ser protegido por su amor y orientado por su sabiduría.**

COMPOSTURA

Nota Angelical: **Nos mantenemos en buenas condiciones de funcionamiento cuando equilibramos nuestra vida.**

Cuando las cosas están en buen estado es porque funcionan bien, y cuando están descompuestas es que no funcionan bien. Tenemos muchas cosas que aprender sobre el equilibrio. El equilibrio en nuestra mente, cuerpo y espíritu nos mantendrá en buen funcionamiento, y esa compostura se logra sabiendo cómo establecer límites. No es fácil, pero es importante. Existe solamente una forma en que otra persona puede de verdad herirnos y molestarnos, y es si sobrepasa los límites, física y mentalmente, sin ser provocados.

¿Usted establece límites fácilmente, o se encuentra eventualmente incómodo en ciertas relaciones sin saber por qué? Esta incomodidad proviene de olvidarnos de reconocer nuestros propios límites y fallamos en impedir que esa persona los pisotee. Establecer límites no es fácil para aquellos que harían cualquier cosa para evitar el conflicto. Quizás usted piense que establecer límites es poco amable. Establecer límites es de hecho lo más amable que se puede hacer por uno mismo y por los demás.

Reflexión Angelical: **Respeto mis propios límites y los límites de otros; vivo con la belleza de la paz interior.**

EL CUERPO

Nota Angelical: **Somos la santa trinidad de cuerpo, mente y espíritu.**

En la búsqueda de verdad espiritual, muchas veces nos encontramos viviendo en un plano más mental que físico. Como resultado, empezamos a descuidar el ser físico. Mientras que podemos sentir que la meta de una búsqueda espiritual es trascender la dimensión física, y aunque sabemos que el cuerpo es meramente un ropaje del que nos despojamos cuando abandonamos la tierra, no podemos estar en verdadero alineamiento con el cielo hasta que no nos alineamos con nosotros mismos. Si tenemos mala salud, estamos fatigados o demasiado tensos, no podemos ser canales puros de una conciencia superior. Los ángeles quieren que cuidemos tanto nuestro cuerpo como nuestro espíritu, porque es a través de lo físico como nos ponemos en contacto con el aspecto más elevado de nuestro ser. Cuando nutrimos correcta y amorosamente nuestro cuerpo, aumentamos la energía física y mental, lo cual a su vez da combustible a nuestro poder creativo y a nuestra capacidad de entusiasmo y alegría, abriéndonos hacia todas las maravillas del plano angelical.

¿Cómo se relaciona con su cuerpo? ¿Lo trata de manera amorosa, o lo descuida? ¿Se siente orgulloso o avergonzado de éste? Empiece a mirarse en el espejo y a ver como lo ven los ángeles, con total amor, aprecio y respeto. Luego, traduzca este amor, aprecio y respeto en acciones cotidianas que honren su cuerpo y lo hagan sentirse cómodo como ser físico.

Reflexión Angelical: **A medida que absorbo la energía amorosa y liberadora de los ángeles, me vuelvo más amoroso, comprensivo y cariñoso con mi cuerpo.**

PENSAMIENTO DIVERGENTE

Nota Angelical: No tema nunca desviarse de la norma.

Para resolver problemas se pueden utilizar dos clases de formas de pensar. El pensamiento convergente busca una respuesta correcta. El pensamiento divergente, por contraste, se enfoca en muchas respuestas y posibilidades. Ambas clases tienen el lugar que les corresponde. El pensamiento convergente es importante si tiene que seguir indicaciones concretas, como darle arranque al motor de un auto o utilizar un aparato eléctrico. No obstante, la mayor parte de los problemas humanos son demasiado complejos para ser administrados con el pensamiento convergente. El pensamiento divergente nos lanza en cualquier dirección que queramos, permitiéndonos elaborar preguntas nuevas que debemos hacernos. Al pensar de manera divergente, encontramos emocionantes formas nuevas de hacer las cosas.

En muchas aulas, el pensamiento divergente no ha sido valorado porque muchas personas no se sienten cómodas sino con preguntas que cuentan con una sola respuesta correcta. El pensamiento convergente limita la forma en que las personas utilizan los recursos. El pensamiento divergente lleva a la ingeniosidad y a la recursividad. Los ángeles le ayudarán a pensar de una manera más divergente, porque animan la creatividad y les encanta ayudarle a descubrir nuevas posibilidades. La próxima vez que se encuentre con un problema, utilice sus recursos y piense de manera divergente.

Reflexión Angelical: Permitiré que mi pensamiento se aventure por caminos menos recorridos.

Adulación

Nota Angelical: **"Mientras más amamos a nuestros amigos, menos los adulamos."**

Moliere

Puesto que todos deseamos ser aceptados y apreciados, fácilmente sucumbimos a la tentación de la adulación. Pero hay una gran diferencia entre la adulación y los cumplidos. La adulación es en última instancia el elogio insincero, un intento que hace el adulador para ganar algo del adulado. Un cumplido, no obstante, es una expresión auténtica de admiración o de aprecio que fluye naturalmente del corazón y de las percepciones de quien lo ofrece. A los ángeles no les impresiona en absoluto la adulación. Nos recuerdan que siempre y cuando nos sintamos bien con nosotros mismos y trabajemos en vivir la integridad, seremos capaces de distinguir entre la adulación y los cumplidos y no sentiremos la necesidad de adular a otros para pescar aprobación y provecho material. Ni tampoco seremos susceptibles a la envidia y los celos que nos impiden hacer cumplidos, pues el amor propio sincero naturalmente genera amor y aprecio por los demás.

Si le cuesta distinguir entre la adulación y los cumplidos, note la forma en que usted reacciona físicamente a cada uno. Cuando nos están adulando, muchas veces percibimos una perturbación en el plexo solar, un instintivo encogimiento de la zona que nos hace sentir incómodos. Cuando nos están haciendo cumplidos, tendemos a sentir calidez en la misma zona, un torrente de energía agradable. Adquiera conciencia de los motivos que hay detrás de la adulación, y actúe acorde con esto.

Reflexión Angelical: **Me siento valioso y aceptado sin adular ni ser adulado.**

MADUREZ

Nota Angelical: **Todos estamos diseñados para mejorar con la edad.**

A través de la madurez aprendemos a utilizar la mente y a llegar a nuestra sensatez, pero la madurez tiene una connotación severa. Evoca en la mente una imagen de adultos que se comportan con sensatez pero no se divierten. Madurar es de hecho un proceso maravilloso y natural por el cual desarrollamos inteligencia, capacidad de raciocinio, y una mente abierta. Con la conciencia de los ángeles, la madurez no significa que tenemos que abandonar tras de nosotros nuestra naturaleza infantil. Más bien, le adicionamos sabiduría al niño interior y aprendemos a integrar a nuestra mente adulta el sentido de sorpresa de los niños. Los ángeles nos enseñan a apreciar la paradoja de la vida, a disfrutar metáforas e ironías, y por encima de todo a encontrar el humor en todo esto.

Si últimamente ha estado tomando demasiado en serio la madurez, aligérese un poco y diviértase. Ser sensato no significa ser solemne y circunspecto. La forma natural de madurar es permitirle a la mente más apertura. La manera antinatural es volverse más rígido y terco en la forma de hacer las cosas. ¿De qué forma está madurando usted? Pídales a los ángeles que le ayuden a madurar de la manera natural. Ellos le ayudarán a agregarle un poco de sazón a su vida.

Reflexión Angelical: **Permitiré que un sentido natural de madurez abra mi mente y me devuelva el sentido.**

OS JUECES

Nota Angelical: "**No juzguéis y no seréis juzgados porque con el juicio con que juzguéis, seréis juzgados; y con la medida con que midiereis se os medirá.**"

Mateo 7:1,2

Cada juez menor acá en la tierra tiene su propia serie de ideas y opiniones por las cuales mide el progreso del resto del mundo. Esto es, desde luego, un ejercicio en futilidad; el mundo no se puede medir según los estándares de ningún juez del mundo porque entonces no sería justo con los otros jueces, cada uno de los cuales tiene su propia fórmula para la perfección. Los ángeles saben que lo correcto y lo incorrecto no son asuntos en blanco y negro. ¿Qué tal si en el corazón de una persona aparece como correcto lo que a otra le parece incorrecto? La gente que suele juzgar nunca es realmente feliz porque necesita sentirse superior a los demás para poder sentirse valiosa. Los ángeles no son jueces; son nuestros colaboradores espirituales. No se sientan todo el día en una banca para decidir si alguien merece su ayuda. Sencillamente actúan desde el lugar más elevado, independientemente de lo que haya ocurrido en la vida de esa persona.

Siempre que se encuentre juzgando a otro, empiece a ver las diferencias y las variaciones en lugar del blanco y negro, correcto e incorrecto. Abandone los ideales que utiliza para juzgar, y respete el derecho de otras personas a tener sus propios puntos de vista. O, si otros sencillamente al parecer están actuando de forma estúpida, no juzgue—permítales vivir su propio proceso, en su momento.

Reflexión Angelical: Me permito a mí mismo y a los demás el derecho a ser y estar en el momento que sea en el camino que nos corresponde en la vida.

$\mathcal{P}$ERSEGUIR

Nota Angelical: **Hacemos huir cualquier cosa que perseguimos.**

Los gatos son buenos ejemplos de la futilidad de la persecución. Cuando tratamos de obligar al gato a sentarse sobre nuestras rodillas, lucha hasta que se libera. Cuando queremos que entre a la casa, se hace el difícil. Pero si nos sentamos y nos ocupamos en algo que no lo requiere, araña la puerta para entrar y nos ruega sentarse en las rodillas. Así es con los ángeles. Si los perseguimos y les exigimos que se nos aparezcan, nos observan desde la distancia. Cuando empezamos a utilizar nuestra energía para vivir nuestra vida en lugar de perseguir cosas que están fuera de nuestro alcance, los ángeles se nos aparecerán todo el tiempo, y estaremos tan inmersos en vivir que los consideraremos parte natural del escenario.

Si atrapamos lo que estamos persiguiendo, no ha venido a nosotros libremente. A veces perseguimos sin darnos cuenta. Por ejemplo, quizás persigamos a nuestras parejas tratando de cambiar su comportamiento, y mientras más los perseguimos y tratamos de cambiarlos, más pronunciado se vuelve su comportamiento. Analice un aspecto frustrante de su vida. ¿Está persiguiendo algo? Si es así, abandone la persecución y participe en otra cosa. Los resultados le sorprenderán.

Reflexión Angelical: **Extenderé una invitación abierta a quienes amo para que vengan a mi cuando lo elijan.**

$\mathcal{D}$ISPONIBLE

Nota Angelical: **Para estar disponible para los ángeles, lo único que necesitamos es una mente abierta y un corazón confiado.**

Muchas cosas que están disponibles sin costo alguno pueden darnos una sensación de paz interior. Una sonrisa siempre está disponible; aunque no siempre sintamos deseos de sonreír, cuando lo hacemos la mente recibe una señal de que algo positivo está ocurriendo. Nuestra imaginación está disponible para nosotros veinticuatro horas al día. El espacio está disponible para interrumpir lo que estamos haciendo, cerrar los ojos e inhalar profundamente para limpiarnos mediante la respiración. El sentido del humor siempre está disponible para poner las cosas en perspectiva y darle un impulso a nuestro sistema inmune. Y, desde luego, los ángeles siempre están disponibles para darnos sustento espiritual. Pero para que las cosas buenas estén disponibles para nosotros, también nosotros debemos estar disponibles para recibirlas. Si quiere ver la salida del sol, debe levantarse temprano y ponerse en el lugar indicado para verla. Si albergamos ideas preconcebidas rígidas acerca de cómo tienen que ser las cosas antes de estar satisfechos con nuestra vida, a lo mejor no estemos disponibles para las cosas que añoramos si se nos presentan de forma diferente. Para estar verdaderamente disponibles tenemos que abandonar todas las ideas preconcebidas de lo que constituye la felicidad y dejar que los ángeles escriban las definiciones. Entonces quizás encontremos alegría en los lugares más inesperados.

¿Para qué ha estado disponible últimamente? ¿Qué siente que está disponible para usted? ¿Qué cosas podría hacer para estar más disponible para los ángeles?

Reflexión Angelical: **Cuando estoy disponible, mi puerta interior siempre está abierta para recibir a los huéspedes del espíritu, portadores de los regalos que estoy buscando.**

LA PRÁCTICA

Nota Angelical: "Dígame, y olvidaré. Muéstreme y quizás recuerde. Pero hágame participar y comprenderé."

Proverbio chino

Cualquier cosa que valga la pena de hacerse merece practicarse. Si quiere disfrutar haciendo lo que le encanta, tendrá que sacar tiempo para practicar. La práctica es maravillosa para liberarse y explorar nuevas formas de hacer las cosas. Si usted practica significa que usted se concede la oportunidad de sumergirse en una actividad hasta que logre hacerlo bien, sea lo que sea que esto signifique para usted. Aprendemos mejor al participar en algo, conociéndolo por dentro y por fuera. Cuando practicamos nuestro arte, nos sentimos más cómodos con nuestros talentos y ponemos más energía en hacer que en pensar en hacer. La práctica nos permite ser uno con lo Divino y estar inmersos en la vida.

Una práctica espiritual es algo que incorporamos a nuestra vida de manera regular para ayudarnos a vivir pensando siempre en lo Divino. Cuando elegimos aprender algo, no podemos esperar dominarlo de la noche a la mañana. Cuando elegimos utilizar nuestro libre albedrío en pro de la buena voluntad de lo Divino, no podemos esperar un cambio instantáneo. Hacer el bien requiere esfuerzo, y mientras más practicamos, más naturalmente y sin esfuerzo podremos vivir una buena vida.

Reflexión Angelical: **Practicaré involucrarme en la vida, el amor y la risa.**

Apego

Nota Angelical: **Cuando estamos demasiado apegados a las cosas de la tierra, no estamos libres para elevarnos con los ángeles.**

Prácticamente en todas las filosofías espirituales, el apego es sinónimo de sufrimiento. Cuando estamos apegados a algo o alguien, inevitablemente experimentamos dolor porque, tarde o temprano vamos a tener que entregar todas nuestras posesiones terrenales. De todos modos eran prestadas. Las personas nos dejan, bien sea porque mueren o porque siguen adelante. Las adquisiciones materiales se desgastan o se pierden, nos las roban, son destruidas, o quedan atrás cuando nosotros seguimos adelante. Siempre y cuando nos apeguemos a relaciones o a cosas, nos arriesgamos a convertirnos en prisioneros debido o al engaño o a la aprehensión. Creemos equivocadamente que son nuestras para siempre, o vivimos en la sombra del miedo de que las perderemos. Lo contrario del apego, entonces, no es solamente desapego sino libertad. Cuando podemos apreciar los regalos que nos han sido prestados en la tierra, experimentamos la libertad del espíritu que nos permite reconocer y recibir el siguiente regalo que nos espera. Porque cuando algo se pierde en nuestra vida, es tan sólo para abrirle espacio a algo mejor que lo remplazará.

¿Existe alguna cosa, objeto o relación, en su vida, sin la cual usted siente que no puede vivir? Practique soltar esas cosas que nos son más queridas. Imagine que han salido de su vida. ¿Qué las reemplazaría?

Reflexión Angelical: **Así como me siento agradecido por el verano de plenitud, así mismo estoy agradecido por el invierno del renacer.**

GENEROSAS OFRENDAS

Nota Angelical: **La vida nos ofrece la oportunidad de amar profundamente. Ofrezcámosle a la vida algo a cambio.**

Hacer una ofrenda cuando recibimos algo es una manera de demostrar gratitud. Los ofrecimientos de dinero son tradicionales en reuniones religiosas, y ciertas culturas de Indios Americanos ofrecen tabaco a la tierra si necesitan tomar algo de ella. Por ejemplo, si cortan un árbol, ofrecen tabaco en honor del espíritu del árbol que les proporcionará la madera. Cuando concientemente ofrecemos algo a cambio, apreciamos lo que recibimos. Nunca somos dueños de la tierra; la tomamos prestada y ella nos provee. No somos dueños de enseñanzas espirituales; las tomamos prestadas y ganamos mucho de su sustento espiritual. No se supone que los ofrecimientos sean ostentosos; el acto de ofrecer es un ritual silencioso del que nadie tiene que enterarse sino usted y los ángeles.

Una posible ofrenda a los ángeles es rodearse de belleza y actuar con belleza. Si tiene un santuario o un lugar espiritual por excelencia, ofrézcale flores a lo Divino. Las ofrendas no son sacrificios que se supone atraigan algo a nuestra vida. Una ofrenda es simplemente una nota de agradecimiento al universo. Deténgase antes de tomar algo de la naturaleza, y haga un ritual de ofrendar algo a cambio. Sea creativo y diviértase con sus ofrendas.

Reflexión Angelical: **Me siento agradecido por la generosa cosecha de bondad que el universo me proporciona. Ofrendaré mi aprecio por todo lo que recibo.**

La Naturaleza

Nota Angelical:

"Árbol en mi ventana, árbol ventanal
    desciende el bastidor cuando llega la noche;
Pero que nunca una cortina se cierre
Entre tú y yo."

Robert Frost

Nos hemos distanciado de nuestros antepasados, no solamente en tiempo y en espacio sino también en conciencia, porque a diferencia de ellos ya no comprendemos ni respetamos la naturaleza ni sus muchos poderes. Pero los ángeles saben que al separarnos de la naturaleza, hemos negado nuestra misma fuente. Descuidando nuestra salud física, emocional y espiritual a la vez que tratamos desesperadamente de mantener el ritmo en un mundo que todo el tiempo nos gana la carrera, nos hemos encontrado a merced de la tecnología que creamos para servirnos. Cuando nos reconectamos con la naturaleza, no obstante, nos volvemos conscientes de la verdadera fuente de nuestra serenidad y paz. La tierra es lo que nos nutre, el aire que nos rejuvenece, el agua que nos limpia y la quietud que nos calma—todo esto es lo que hemos olvidado, y lo que los ángeles quieren que recordemos si hemos de experimentar en nuestras vidas la integridad y el equilibrio.

Dedique más tiempo a reconectarse con la naturaleza en su vida. Cuando salga a caminar, afine todos sus sentidos al paisaje, los sonidos, los aromas y las texturas que lo rodean. Sienta la sólida fuerza de los árboles, la exuberancia de la tierra, la suavidad del pasto, la frescura del aire. Mire todo en la naturaleza con mirada reverente, y sienta cómo se revitaliza.

Reflexión Angelical: **Siento y me regocijo en mi conexión con la fuerza universal de la vida.**

DEFECTOS

Nota Angelical: **No somos máquinas; somos espíritu y luz.**

Utilizamos las palabras más extrañas para describir la naturaleza humana. Por ejemplo, a nuestras imperfecciones y fallas las llamamos *defectos.* Un defecto es la falta de algo necesario o deseable. Los seres humanos no somos defectuosos; no somos máquinas en que una parte necesaria o una opción deseable, como el aire acondicionado o la dirección hidráulica, se omitieron. Somos exactamente lo que necesitamos para llevar la vida que estamos viviendo. Nuestros supuestos defectos y fallas realmente proporcionan los ingredientes para ser interesantes. Los que llamamos defectos de personalidad seguramente fomentan nuestro crecimiento y conciencia propia. Si nos falta algo necesario, seguramente lo podemos encontrar oculto en nuestra psiquis. Si reconocemos algo o lo deseamos, está disponible para nosotros. Las preguntas que debemos hacernos son: ¿Lo queremos? ¿Nos ayudará?

Necesitamos dejar de denominar defectos a todos nuestros problemas o fallas. Cuando tachamos algo nos alienamos de esto, y dejamos de analizarlo para comprenderlo mejor. ¿Es usted defectuoso? Si su respuesta es sí, deténgase a pensar realmente por qué se siente de esta forma. Busque algo positivo acerca de sus presuntos defectos, y sepa que con los ángeles en su vida, la imperfección significa "justo lo necesario."

Reflexión Angelical: **Estoy totalmente listo para convertir mis defectos en fuerza vital.**

Atención

Nota Angelical: **La calidad de la atención que usted atrae depende de la calidad que usted entrega.**

Todos tenemos una necesidad básica de atención, sea esta positiva o negativa. Algunas personas buscan atención tratando de controlar a las personas a su alrededor; otros la buscan tratando de escandalizar o agitar el mundo para ser notados. Muchas veces buscamos atención a través de cargos públicos o buscando que se reconozcan nuestros talentos y dones. Sea cual sea la forma en que buscamos atención, un hecho perdura: cuando dejamos que nuestro ego controle el aspecto más elevado de nuestro ser, nos sentimos separados de los ángeles. Los ángeles no premian los logros terrenales mediante los cuales el ego anhela un reconocimiento. Sin embargo, cuando nuestros corazones nos llevan a sentir gratitud o a dar amor incondicional al mundo, los ángeles nos bañarán de atención.

Hay un viejo chiste que cuenta de una mujer que era tan avara que no enviaba a los hijos a la escuela para que no tuvieran que "prestar" atención. ¿Qué tan generoso es usted para prestar atención a las necesidades de los demás? ¿Acapara atención para usted mismo? ¿Siente que el mundo le presta suficiente atención? La próxima vez que sienta que necesita atención, trate de ofrecerla sin esperar nada a cambio, con alegría e interés genuino. Empezará a actuar como un imán, atrayendo hacia sí atención positiva.

Reflexión Angelical: **Cuando presto atención muy cuidadosa a la búsqueda de una alta calidad de vida, tengo conciencia de que los ángeles me prestan atención cuidadosa a mí.**

Contacto

Nota Angelical: **Todos los humanos necesitamos que nos toquen; nadie está por encima de esto y nadie está exento.**

El contacto es una forma de comunicar calidez con nuestros cuerpos. Durante el siglo diecinueve, se descubrió que los niños podían morir de una enfermedad llamada *marasmus,* una palabra griega que significa "extinción." Esto finalmente dejó de suceder cuando el doctor Henry Chapin notó que los bebés que morían habían vivido en ambientes estériles, descartó los gérmenes como la causa de muerte y se dio cuenta de que estos bebés nunca habían sido alzados ni abrazados. Encontró una solución sencilla. Trajo mujeres para que abrazaran a los bebés, les hablaran y los acariciaran, y la tasa de mortalidad por *marasmus* se esfumó rápidamente. Muchas veces fantaseamos con que los ángeles a veces envidian a los humanos pues una ventaja que tenemos por encima de los ángeles es que podemos físicamente tocar y abrazar a quienes amamos.

Es importante encontrar formas de comunicar calidez con el cuerpo. Desde luego, que no podemos andar por ahí tocando a todos los que nos encontramos, pero sí necesitamos establecer una forma de tocar y ser tocados. Piense en su vida y pregúntese si necesita más calor físico de manera cotidiana. Si se encuentra solo y sin posibilidades de acercarse a otro ser humano, procure conseguir un gatito o un cachorro y demuéstrele mucho cariño y atención mediante caricias.

Reflexión Angelical: **Sé que el aspecto más especial de ser humano es la capacidad que tengo de tocar a alguien.**

LLAMADA DESPERTADORA

Nota Angelical: "Ha dormido millones y millones de años. ¿Por qué no despertarse esta mañana?"

Kabir, The Kabir Book

Según varias filosofías espirituales, la realidad según la percibimos es una ilusión. Aunque pensamos que estamos despiertos, los humanos estamos esencialmente dormidos, soñando el sueño que es la vida. Cuando nos despertemos habremos logrado la conciencia—o, en este contexto, la iluminación. Una vez que despertamos, abandonamos nuestra sensación de estar separados, nuestra dependencia del ego, en pro de la feliz realización de que somos uno con el universo y con Dios. Comprendemos que nuestra alma es parte del infinito, que nuestros apegos terrenales son apenas fragmentos del sueño de la vida, y que mientras más nos permitamos comunicarnos con Dios a través de la oración y la meditación, más trascenderemos el sufrimiento y el temor a la muerte. Los ángeles quieren que seamos iluminados—llenos de la luz de una conciencia superior. Quieren que despertemos al amor incondicional del Creador que fluye a través de nosotros, nutriendo la vida de aquellos humanos quienes, también al ser parte del Creador, son parte de nosotros mismos.

Cuando se despierte mañana por la mañana, invierta por lo menos diez minutos en respirar profundamente y en meditar sobre el sentimiento de ser amado única y totalmente por lo que usted es. Entonces dedique otros pocos minutos a meditar en la imagen de este amor que fluye de usted en un torrente hacia todos y hacia todo lo que lo rodea.

Reflexión Angelical: Estoy despierto al poder que tengo como instrumento de amor incondicional para transformar mi medio y mi vida.

Espíritu libre

Nota Angelical: **Para ser un espíritu libre, libere el espíritu.**

Cuando pensamos en inconformistas, en un espíritu libre, pensamos en aquellos raros individuos que de alguna forma se las han arreglado para vivir según sus propias reglas y no las de la sociedad. Los percibimos como despreocupadamente desinhibidos, cercanos a la locura. Son maravillosos personajes de novelas y producciones cinematográficas porque se atreven a ir a donde los demás apenas soñamos con llegar—hacia los peligrosos y atractivos planos de la emoción, la pasión y la rebelión. En realidad, sin embargo, los espíritus libres son simplemente personas que les han permitido a sus espíritus explorar la vida. Los ángeles nos animan a concederles a nuestros espíritus una Declaración de Independencia—del miedo, la infelicidad, la crítica, y las expectativas de los demás. A fin de cuentas, al igual que el resto, nuestros espíritus tienen el derecho a la vida, la libertad y la búsqueda de la felicidad. Cuando hacemos honor al espíritu—al soplo de vida—dentro de nosotros, estamos honrando el aspecto verdadero, y por tanto divino, de nuestro ser.

¿Cómo ha tratado a su espíritu? ¿Lo tiene atrapado en una cárcel de miedo o ha permitido que lo quebranten de tristeza y desesperación? ¿O le ha permitido elevarse, explorando las muchas dichas y posibilidades de la vida y encontrando alborozo en ellas?

Reflexión Angelical: **Mi espíritu es libre, mi camino ligero.**

$\mathcal{V}$ISIÓN

Nota Angelical: **Desde arriba, los ángeles siempre ven el panorama completo.**

Visión tiene varios y diversos significados. Uno se refiere a la vista. Otra es una meta, un sueño, una imagen de cómo queremos que sean las cosas. Y aun una tercera tiene que ver con una experiencia mística, una visión de algo más allá de los sentidos comunes. La definición de los ángeles de la visión incorpora todos estos significados en una gran extensión de percepción. Cuando adquirimos visión angelical, vemos con claridad—hacia el interior y más allá de los presentes límites de tiempo y espacio. Abrimos lo que los místicos denominan el tercer ojo, el ojo de la vista total. Percibimos muchos niveles diferentes de realidades, y utilizamos la información para crear lo que todavía no es pero aun puede ser y será. Los ángeles quieren ayudarnos a mejorar nuestra visión. Quieren que estemos abiertos, no cerrados, a todas la posibilidades y que tengamos en lo profundo de nuestra conciencia una visión de lo que queremos lograr permitiéndole a esa visión crecer y desarrollarse a su ritmo, a su manera. Podemos entonces ver el panorama general en lugar de quedarnos atascados en una de las piezas del rompecabezas.

¿Tiene una visión, un sueño de algo que quiere crear o lograr? Si no, anote una lista de interferencias—preocupaciones o dudas—que pueden estar impidiéndole ver el cuadro completo. Vuélvase flexible acerca de su vista panorámica personal, e imagine que la está viendo como la ven los ángeles, desde arriba. ¿De qué forma han contribuido las acciones y las experiencias pasadas a las circunstancias presentes? ¿Qué ve en su futuro?

Reflexión Angelical: **Me aferro siempre a mi visión, pero nunca la limito.**

Comunidad Angelical

Nota Angelical: **Apoye a su comunidad local de ángeles y los ángeles lo apoyarán.**

Por definición, una comunidad es un grupo de personas con intereses comunes, camaradería, u orígenes, que viven en la misma localidad bajo el mismo gobierno. Muchas veces oímos a la gente lamentarse de que extrañan un sentido de comunidad y camaradería en estos días de prisas. Los ángeles dicen, "Si echa de menos el sentido de comunidad, entonces cree su propia comunidad de ángeles." Una comunidad de ángeles es un grupo de personas que viven en conciencia angelical y que se apoyan mutuamente bajo el divino gobierno de los ángeles. Recuerde que una comunidad angelical es un estado de la mente, y que no es necesario reclutar a las personas que pertenecen a ésta, tan sólo hay que apoyarlas silenciosamente.

Encuentre personas y lugares en su comunidad local que le dan una sensación de bienvenida, y apóyelos. Si en una cierta estación de gasolina la gente es amistosa, servicial y le ofrecen una palabra amable cuando se marcha, designe ese lugar como su estación de gasolina de la comunidad angelical. Busque supermercados, librerías, y otros establecimientos que promueven la buena voluntad, y desígnelos como parte de su comunidad. Conozca a las personas que trabajan allí y muestre un interés en ellas. Si sus precios son un poco más altos, invierta lo poco adicional. La retribución de los ángeles vale lo que usted pague.

Reflexión Angelical: **Haré el esfuerzo adicional por los ángeles y por aquellos en mi comunidad que promueven la buena voluntad.**

MAGNETISMO

Nota Angelical: **Somos mucho más poderosos de lo que pensamos.**

Quizás a menudo nos sintamos víctimas de las circunstancias o beneficiarios de la suerte, pero en realidad no es simplemente que las cosas nos sucedan. Producimos los eventos de nuestra vida. Aunque quizás no seamos concientes de ello, somos imanes que atraemos personas y situaciones mediante la poderosa fuerza energética del pensamiento y los sistemas de creencias. Así que cuando deseamos algo, nuestros pensamientos y creencias acerca de esto ponen los sucesos literalmente en movimiento. Si creemos que podemos tener algo, y tener ese algo sirve al mejor interés nuestro y ajeno, la parte más elevada de nuestro ser—la parte de nuestra psiquis que está en comunicación con los ángeles—empezará a crearlo para nosotros. Enviaremos una energía que conecta con la energía correspondiente en el universo, atrayendo hacia nosotros a las personas, circunstancias, y oportunidades que nos ayudarán a lograr nuestras metas.

Piense en algo que quiera. Si piensa que es apropiado para usted y que a nadie le hará daño que usted lo tenga, practique algo de magnetización. Póngase en estado de relajamiento, cierre los ojos y visualícese como un imán poderoso, enviando fuertes rayos de energía magnética positiva. Adopte una actitud de optimismo relajado. Visualice lo que quiere, crea que puede tenerlo, y confíe en que le llegará. Vea cómo la energía magnética sale de usted hacia el universo, conectándose con aquello que quiere, y trayéndolo hacia usted. Haga este ejercicio una o dos veces al día, y mire a ver qué sucede.

Reflexión Angelical: **Soy un imán de energía positiva, atraigo hacia mi vida las cosas que más me convienen.**

LA TEORÍA

Nota Angelical: **Los ángeles tienen una teoría acerca de los humanos—que estos tienen un buen corazón.**

Una teoría es una forma de explicar algo que no ha sido puesto a prueba y que en realidad no puede ser probado. Tener sus propias teorías acerca de las cosas puede ser divertido y útil, siempre y cuando no se apegue demasiado a sus teorías. Hay muchos misterios de la vida que no se pueden explicar, pero podemos formular nuestras propias teorías acerca de ellos. Podemos tomar trozos de información que encontramos en libros y trozos de enseñanzas y analizar las teorías que tienen sentido para nosotros. Las teorías pueden ser abstractas, lo cual quiere decir que no necesita basarlas en la existencia concreta. Con esto en mente, diviértase con sus propias teorías y vaya hacia delante para explorar los misterios de la vida.

Algunas de sus teorías pueden ayudarles a otros a entender las cosas de la misma forma en que le ayudan a usted. Antes de poder compartir sus teorías con los demás, primero tiene que formularlas. Una teoría que vale la pena tener en mente es que todos somos libres de tener nuestras propias teorías. Las teorías son personales y sin embargo es divertido compartirlas, especialmente si mantiene una mente abierta. No se moleste si alguien no se convence de sus teorías o si alguien quiere cambiarlas o agregarles algo. Las teorías siempre están sujetas al cambio.

Reflexión Angelical: **Tengo la teoría de que los ángeles están ahora con nosotros para ayudar a que prosperen en la tierra la esperanza, el amor, la luz y la paz a través de la belleza de la humanidad.**

QUE ASÍ SEA

Nota Angelical: "En tiempos difíciles . . . la Madre María se acerca a mi / con palabras de sabiduría, 'que así sea, que así sea.'"

Paul McCartney, "Let it be."

Cuando nos enfrentamos a una frustración acerca de la cual, por el momento, no se puede hacer nada, ¿puede usted ser paciente y confiado? ¿O se agita y se preocupa a muerte por la situación? Es fácil dejar "que así sea" solamente cuando tenemos confianza completa en nuestra propia integridad y en la integridad del universo. Cuando confiamos en nuestra propia integridad, podemos hacer exactamente lo que sentimos como correcto para nosotros sin apegarnos a lo que otros piensen. Cuando confiamos en la integridad del universo, podemos prescindir de nuestra necesidad de controlar el resultado de todas las situaciones y esperar serenamente la llegada del esclarecimiento y la orientación. Hay un maravilloso relato acerca de un maestro Zen que fue injustamente acusado de haber embarazado a una muchacha joven. La única respuesta que dio fue, "¿De veras?" Fue desterrado de su pueblo como símbolo de vergüenza. Algún tiempo después los habitantes del pueblo regresaron a su maestro a pedirle disculpas, diciéndole que la muchacha había confesado su mentira. El maestro sonrió y respondió, "¿De veras?"

Si alguien está pensando o diciendo cosas negativas acerca de usted, recuerde que mientras menos atención le preste al problema, menos energía tendrá éste. No trate de defenderse; deje que los ángeles lo defiendan y sencillamente deje que así sea, sabiendo que ahora les damos a los ángeles el espacio para construir el mejor resultado.

Reflexión Angelical: A veces la paciencia y la confianza son mis mejores defensas.

CAPACIDAD SOCIAL

Nota Angelical: **Aquellos a quienes admiramos poseen características admirables.**

Créalo o no, la seguridad laboral depende más del grado de capacidad social de la gente que de sus conocimientos técnicos, habilidades laborales, o eficiencia. Ciertos estudios han revelado que incluso en el caso de empleos en la industria y en ingeniería, la falta de capacidad social es responsable del 60 a 80 por ciento de los despidos, comparado con el 20 a 40 por ciento debido a la falta de destreza técnica. Una buena personalidad, sumada a la capacidad de dirigir a otros con calidez y respeto son los ingredientes máximos de la historia de éxito. No nacimos con habilidades sociales perfectas; es un comportamiento aprendido, y nuestras personalidades se van refinando a medida que maduramos. Si cree que podría utilizar un curso de actualización en capacidad social, nunca es tarde para aprender una mejor forma de interactuar con las personas.

¿Qué hace que una persona sea socialmente competente y consciente de los ángeles? La generosidad de espíritu, que de verdad nos importen las personas que nos rodean, estar auténticamente interesado y fascinado por los demás, saber oír, practicar la amabilidad, y por encima de todo desear genuinamente entenderse con los demás y hacerlos felices. Si uno de veras quiere algo, descubrirá la forma de lograrlo. Así que si su personalidad necesita ayuda y refinamiento angelical, pídales a los ángeles que lo orienten. Son verdaderos genios sociales.

Reflexión Angelical: **Sé que mostrar respeto por los demás y tratarlos con calidez siempre me llevará más lejos que el conocimiento técnico y la eficiencia.**

Inquietudes

Nota Angelical: **Escuche sus inquietudes, pues la vida se inicia como una inquietud interior.**

A veces el destino nos anuncia su presencia dentro de nosotros en forma de una inquietud—un tenue aleteo, como el sonido lejano del movimiento de las alas de los ángeles, que nos invita a seguirlo dondequiera que nos lleve. Quizás de tiempo en tiempo sintamos un ligero tirón en el corazón para cambiar de carrera, regresar a estudiar, embarcarnos en una búsqueda espiritual, o simplemente probar algo que siempre habíamos soñado—o que nunca nos habíamos atrevido a soñar con hacer. Por un momento podemos escuchar estos ligeros susurros, que se van acumulando con emoción dentro de nosotros. Pero generalmente los dejamos ahogar por la voz atronadora del sentido común, que suele informarnos, en términos perentorios, que somos presa de la insensatez y que nos falta sentido práctico. Sin embargo, si tenemos el valor de dejar que crezcan estas pequeñas semillas de posibilidades y que echen raíces dentro de nosotros, de explorarlas un poco, quizás al menos descubramos su propósito. Pueden simplemente ser fantasías—o pueden ser los punteros hacia la dirección que debemos tomar. Los ángeles quieren que le prestemos más atención a aquello que se agita dentro de nosotros, pues podría ser el comienzo de una nueva vida.

Siempre que sienta la inquietud de moverse en una cierta dirección, deténgase y preste atención. ¿Cómo se siente esto dentro de usted? ¿Qué sensaciones de emoción o anhelo despierta en usted? Lleve un diario o un archivo con estas señales interiores y dése cuenta de cuál de ellas es más persistente y más fuerte.

Reflexión Angelical: **Me tomo el tiempo para ir en la dirección en la cual se agita mi corazón.**

ATRACTIVO

Nota Angelical: **Las personas más hermosas son aquellas que ven la belleza en otras.**

Con demasiada frecuencia añoramos ser atractivos sin darnos cuenta de que esto ya está allí, dentro de nosotros, esperando pacientemente que lo dejemos salir. El atractivo es un don angelical que recibimos, sin esperar contraprestación, en el momento en que entramos a este mundo. Todos, independientemente del tamaño o el color, recibimos este regalo. En nuestra cultura, el atractivo se confunde demasiado a menudo con magnetismo sexual. Pero el verdadero atractivo, dicen los ángeles, no tiene nada que ver con la apariencia física. Es más bien un estado mental, una actitud, una actitud de ser que todos podemos asumir, en cualquier momento, en cualquier parte. Quienes son verdaderamente atractivos tienen un brillo especial, un amor a la vida que es contagioso. Y las personas y los ángeles instintivamente gravitan hacia los amantes de la vida. De modo que siempre y cuando irradiemos calidez, alegría, humor y esperanza, siempre seremos atractivos. Nunca dejaremos de atraer a las personas hacia nosotros, de tibiar sus almas con nuestro fuego interior.

¿A quién conoce que personifique, para usted, el verdadero espíritu de la atracción? ¿Cuáles son sus cualidades más atractivas? ¿Cómo cambiaría su vida el ponerse más en contacto con su propio atractivo?

Reflexión Angelical: **Siempre y cuando yo sea capaz de sentir alegría, hacer reír a los demás y a mí mismo, y de irradiar verdadero cariño, seré siempre un imán de amor.**

Modus operandi

Nota Angelical: **Todos tenemos un sistema operativo a través del cual procesamos nuestras experiencias de los ángeles.**

Los humanos tenemos diferentes sistemas de procesamiento, y es útil estar al tanto de las diferencias para poderlas respetar, tanto en nosotros como en los demás. Algunas personas procesan información más que todo de una manera visual; una persona visual quiere ver y explorar mediante la vista. Otras personas tienen una forma auditiva de recibir la vida; oyen cosas que otros no notan y son muy sensibles al ruido. El contacto puede ser la herramienta clave de aprendizaje para otras personas; lo que pueden tocar es lo real para ellos. Usted entenderá mejor a los ángeles si toma conciencia de su propio modus operandi.

Familiarícese con la forma en que usted mejor recibe la información y luego, explore sus propios sentidos. Visualmente, los ángeles muchas veces aparecen en destellos de luz o en brillantes círculos de luz. De forma audible, se puede percibir cuando los ángeles cantan, ríen, o le envían silenciosos mensajes de inspiración. A través del tacto, los ángeles pueden producirle una sensación de cosquilleo cuando andan cerca, o puede sentir una mano amorosa y gentil sobre su hombro. Las esencias que emiten los ángeles cuando están cerca son la versión angelical de la rosa o el jazmín. Es importante que utilicemos cada uno de nuestros sentidos para expandir nuestra relación con los ángeles.

Reflexión Angelical: **Empezaré a darme cuenta de mi sentido de los ángeles.**

ALTA ESTIMA

Nota Angelical: **Defender opiniones de alta estima gasta energía valiosa.**

Tenerse a sí mismo y sus habilidades en alta estima puede causarle problemas. Por ejemplo, si está demasiado seguro de sus talentos, puede olvidarse de ampliarse y expandirse para alcanzar nuevas alturas. Tenerse en alta estima puede impedirle disfrutar los talentos y dones de otros o conocer lo que cada persona tiene para ofrecer. Una opinión es una evaluación o juicio. No existe ninguna razón por la cual no pueda gustar de lo que hace y conceptuar que es excelente, pero si se apega a su evaluación, puede hacerse un mal y atascarse en el orgullo. El orgullo es una trampa, y la única forma de salir de éste es la humildad. Se hará acreedor a la alta estima cuando prescinda de opiniones arrogantes.

Las opiniones pueden ser peligrosas, especialmente cuando están precedidas por un juicio alto o bajo. Es bueno darse cuenta exactamente qué son las opiniones y luchar por liberarse de ellas en cuanto a sí mismo y a los demás. Las opiniones estancadas hieden. Abra la ventana y permita que las opiniones salgan y que entre la frescura de un nuevo aspecto.

Reflexión Angelical: **Mi verdadera estima de mí mismo no tiene nada que ver con opiniones, solamente con la verdad interior.**

Deudas

Nota Angelical: **Las deudas son una oportunidad de darnos cuenta de nuestro verdadero poder.**

¿Cómo manejamos las deudas? ¿Las pagamos inmediatamente o las aplazamos? ¿Hacemos caso omiso de ellas? ¿Vivimos temiéndolas? Los ángeles nos recuerdan que cualquier deuda que hayamos creado en nuestra vida debe ser pagada—no bajo la sombra del miedo, no obstante, sino en espíritu de agradecimiento. Para poder manejar efectivamente las deudas, debemos primero reconocer que la deuda existe y que no desaparecerá por el hecho de que cerremos los ojos. La próxima vez debemos desasociarnos de la deuda, dándonos cuenta de que nosotros no somos lo mismo que el dinero adeudado y que somos valiosos y merecedores aunque debamos. Finalmente, debemos adoptar un espíritu de agradecimiento. Dar gracias por las deudas puede parecer imposible, pero es de hecho el paso más crucial. Cuando empezamos a pagar, en forma regular, a todos a quienes les debemos, *a la vez que les agradecemos su generosidad,* nos liberaremos de las deudas de una forma pacífica y alegre, independientemente de cuánto podamos pagar en cada contado.

Si usted debe, anote lo que debe y a quién. Ahora, independientemente de lo difícil o ridículo que parezca, agradézcale estas deudas al universo y a sus acreedores por su bondad. Diga en voz alta, "Ahora estoy pagando todas mis deudas con calma, agradecimiento, y buena fe," y pídales a los ángeles que lo orienten para lograr esta valiosa tarea.

Reflexión Angelical: **Tan pronto saludo alegremente mis deudas, ya están en el proceso de resolverse.**

Asombro

Nota Angelical: ¡Los ángeles son verdaderamente asombrosos!

El asombro es una combinación de maravilla, reverencia, temor y pavor. Es a veces un sentimiento para-dójico; maravillarnos nos acerca a la fuente de nuestro asombro, pero la reverencia y el temor nos hacen retroceder. El asombro es una emoción por largo tiempo asociada con los ángeles. En tiempos antiguos, los ángeles eran considerados soldados celestiales que defendían a las naciones, pronun-ciaban poderosos mensajes como el anuncio del ángel Gabriel a María, y se pronunciaban a veces con la necesaria fuerza para exigir que se hiciera la voluntad divina y no la humana. Aunque este aspecto de los ángeles no ha cambiado, el interés ac-tual de los ángeles los dota de un enfoque más amable y gentil en su trato con los seres humanos. Aunque los án-geles ciertamente no desean producir temor, sí quieren que retrocedamos y honremos su increíble poder. Nece-sitamos seguir asombrados ante ellos para poder mante-ner un adecuado y respetuoso equilibrio entre la tierra y el cielo.

Reflexione acerca de qué es lo que hace que los ángeles sean tan interesantes y asombrosos. A menudo se les describe como seres muy grandes; gozan de un increíble poder capaz de de-tener la fuerza de cualquier invención humana; no son de este mundo; y ellos practican indiferencia divina ante los humanos. Está muy bien ver a los ángeles como nuestros ami-gos y ayudantes, pero nunca quieren ellos que perdamos el respeto y el asombro ante su eventual misión: que se haga la voluntad de Dios.

Reflexión Angelical: Me asombra la devoción completa de los ángeles hacia Dios.

LAS FLORES

Nota Angelical: **Las flores son proyectos artísticos que hacen los ángeles para la galería divina de Dios.**

Si quiere tener una experiencia angelical a pedido, aprenda a apreciar plenamente las flores. Las flores son lo más cercano al cielo en la tierra, con la posible excepción de un recién nacido. No entenderá cuán celestiales son las flores a menos que las viva con los ángeles en mente. Las flores son creaciones divinas; su valor se extiende más allá de su increíble belleza. La fragancia de ciertas flores puede restaurar el equilibrio en nuestro ser y cada clase de flor tiene su propia huella energética, que habla a nuestra alma. Las flores imprimen un sentido de gratitud en nuestro corazón. Mirar un campo de flores o un colorido jardín de flores puede elevar el espíritu a alturas celestiales.

Aprender a apreciar plenamente las flores es sencillo. Siembre algunas en su jardín. Compre flores cortadas para iluminar su hogar. Encuentre un jardín de flores, elija una flor de su gusto, luego, contémplela al menos dos o tres minutos. Mientras que está afuera apreciando las flores, recuerde que los ángeles están con usted para profundizar en esta experiencia.

Reflexión Angelical: **Agradezco el mensaje de amor que vive dentro de cada flor.**

LA BELLEZA

Nota Angelical: **La belleza es el reflejo de Dios.**

Uno de los regalos más valiosos que nos dan los ángeles es la capacidad de percibir la belleza con una conciencia incrementada de modo que se convierta en vitamina para nuestra alma. Con este don de percepción angelical, observar una flor se convierte en un suceso de primera magnitud. No solamente vemos la belleza de sus colores; sentimos la belleza en nuestros corazones y nos alegramos en la gratitud que corre por nuestra alma. Cuando dejamos entrar los ángeles en nuestra vida, la belleza se convierte en un verdadero estimulante. Las resonancias más profundas de música bella se vuelven parte de nosotros. Las grandes obras del arte o de la literatura nos hablan en un nivel tanto de apreciación como de inspiración. También hay un lado práctico en la importancia de la belleza. Las personas se comportan mejor estando en un entorno de belleza. Un vecindario donde los ocupantes se toman el tiempo para sembrar flores y para que sus casas irradien belleza, adquiere mayor valor, en términos monetarios y espirituales. La belleza es a la vez curativa y restaurativa; donde hay belleza, hay curación, y donde hay curación hay vida renovada. Todos podemos responder a la belleza, pero es aún mejor si podemos crearla. Es entonces cuando actuamos como verdaderos mensajeros angelicales en la tierra, sembrando las semillas de una conciencia más elevada.

Con sus últimos centavos, ¿se compraría pan para el cuerpo, o jacintos para el alma? Empiece a notar la belleza a su alrededor, y lleve un registro diario de lo que ve y experimenta.

Reflexión Angelical: **La belleza es la leche materna con la cual lo Divino alimenta mi alma. Y así como mi alma es nutrida, también serán satisfechas otras necesidades.**

O PTIMISTA

Nota Angelical: **El lado bueno de las cosas es donde están los ángeles.**

El optimismo consiste en mirar las situaciones de forma positiva y optimista. El misticismo requiere una búsqueda contemplativa de unión con lo Divino. Si se unen, se tiene el "optimista." El optimista es la persona que busca la iluminación con una actitud de feliz expectativa, creando en la tierra un ambiente positivo en el cual lo Divino pueda florecer. Los ángeles nos animan a volvernos optimistas—a adoptar una actitud de esperanza, humor, confianza, y expectativa de corazón ligero para trascender lo ordinario y convertir lo extraordinario en una parte natural de nuestra vida. El optimista invita a Dios y a los ángeles a la vida cotidiana en cada nivel. Ya que él o ella creen en lo mejor de ambos mundos, los optimistas percibirán lo mejor y experimentarán lo mejor que tanto el cielo como la tierra tienen para ofrecer.

Si usted quiere convertirse en optimista, crea en el poder de desear y tener esperanza; interprete todo como un caso de suerte; reconozca el sufrimiento pero no se sumerja en él; acepte las experiencias místicas y esté abierto a éstas; destierre la superstición; y recuerde infundirle a su peregrinaje espiritual más que suficiente diversión, juego y humor.

Reflexión Angelical: **Miro el lado positivo, no con ingenuidad, sino con gratitud, expectativa y confianza.**

Mundo sin final

Nota Angelical: El mundo, según los ángeles, nunca terminará siempre que haya almas humanas que amamos.

¿Estamos nosotros, ciudadanos de este hermoso planeta, viviendo el fin del mundo? Todo depende de cuál es el mundo al que nos referimos. Si es el mundo de la codicia, el odio, la duda, la pena, y la fealdad, ese mundo no ha hecho otra cosa diferente a terminarse desde que empezó. Cada vez que la civilización ha elegido permitir que florezcan los aspectos codiciosos y negativos, ha surgido la destrucción para corregir el desequilibrio. Mire lo que ha sobrevivido de las civilizaciones pasadas, piense en lo que se rescató de los escombros. El arte, la filosofía, la música, la belleza, el amor—todos los aspectos esclarecedores sobreviven y todavía son una parte vibrante del mundo sin fin, el mundo que los ángeles ayudan a gobernar. La luz no puede ser destruida. La luz permanecerá, y si decidimos ser parte de la luz permaneceremos como guardianes de la luz para siempre.

Cuando a Carlos Santana le preguntaron si pensaba que el mundo se estaba tornando verdaderamente horrible, dijo, "Realmente creo que las cosas están mal para las personas que creen que sin ellas el mundo no puede continuar. Para ellas, el mundo está terminando. Pienso que para las personas que se despiertan en la mañana y a duras penas pueden esperar para hacer algo en beneficio de otro—para ellas el mundo apenas está empezando." Pregúntese a cuál de estos mundos quiere pertenecer.

Reflexión Angelical: Se que por más oscuro que parezca el mundo terrenal, la hermosa luz del mundo de los ángeles siempre brilla en mi corazón.

LA DULZURA

Nota Angelical: **"¡Cuánta dulzura!"**

Algunas personas desestiman a los ángeles, pensando que son todo dulzura y luz. A lo mejor los ángeles sí son todo dulzura y luz, a lo mejor endulzan nuestra vida. ¿Qué es exactamente *dulzura*? Algunas de las definiciones de dulce son: agradable a los sentidos, fragante, melodioso, fresco, amable, y no amargo. Cualquier cosa dulce requiere un equilibrio. Cuando algo es demasiado dulce decimos que es empalagoso. Los edulcorantes artificiales dejan un mal sabor en la boca, así como el que intenten ganarnos con halagos insinceros nos sabe mal. La dulzura natural es la mejor, y los ángeles son naturalmente dulces.

¿Es usted naturalmente dulce? ¿Se siente naturalmente amoroso y dulce hacia las personas? Para poder ser naturalmente dulce debe deshacerse de su amargura, la cual se origina en el rencor, y el rencor se origina en depender demasiado de los demás para demasiadas cosas. Si necesita en su vida un poco de dulzura natural, pídales a los ángeles que vengan y lo bendigan con dulzura y luz.

Reflexión Angelical: **Soy un ingrediente naturalmente dulce en el proceso de la vida.**

ESTADO CREATIVO

Nota Angelical: "¿De dónde viene, quién lo sabe? Mis cuadros se pintan solos. No recuerdo pensar mucho dentro de mí adónde iré enseguida."

Jimmy Cagney

Un mito popular sostiene que el mundo está dividido en dos clases de personas, las creativas y las no creativas. Pero a aquellos que decimos con añoranza, "Quisiera ser una persona creativa," los ángeles nos responden "¡Lo eres!" Todo el mundo puede ponerse en estado creativo, lo cual simplemente implica un nivel superior de energía que proviene de hacer lo que en verdad nos gusta hacer. Según la observación de Jimmy Cagney, el estado creativo definitivamente no es un estado de pensar o planear. Para poder entrar en este estado, uno no tiene que hacer nada aparte de permitírselo. A medida que quedamos absortos en lo que nos absorbe, tenemos conciencia tan solo del momento. Se nos olvida juzgar, preocuparnos; más bien, concentramos toda nuestra energía en la actividad que nos está produciendo alegría. Los ángeles nos animan a entrar en estado creativo todas las veces que podamos, porque es en ese estado que somos más receptivos a la orientación y la inspiración.

Si le cuesta trabajo visualizarse como una persona creativa, piense en algo que de verdad le gusta hacer y cómo se siente cuando se embarca a fondo en esa actividad. Conéctese con el flujo superior de energía que experimenta; sienta que se eleva, tal vez entrando a un plano nuevo de conciencia. Percátese de que este es el estado creativo y que está disponible para usted en cualquier momento.

Reflexión Angelical: El estado creativo es mi estado natural.

Auto tratamiento

Nota Angelical: **Dése gusto con una vida maravillosa.**

Cómo nos tratamos a nosotros mismos indica cómo tratamos a los demás. Crear límites saludables en nuestras relaciones es un aporte positivo a nuestro bienestar, y si nosotros lo hacemos, agradeceremos que otros lo hagan. No obstante, si no creamos límites sanos, nos molestará que otros lo hagan. Si vemos que otros cuidan la evolución de su alma cuando nosotros no lo estamos haciendo, pensaremos que son egocéntricos en lugar de sentir que están bien centrados en sí mismos. Si nos tratamos con compasión y amabilidad, entonces trataremos a los demás también de esta forma. Todo es muy simple y sin embargo muy importante. Estamos en la tierra para cuidarnos primero; sólo entonces podremos verdaderamente cuidar el bienestar de otros.

¿Le resulta fácil ser amable consigo mismo y con los demás? ¿Le gusta ver que otros establezcan límites sanos? ¿Trata a sus amigos de manera diferente a como trata a su familia? Empiece a pensar en todas las formas de tratarse a usted mismo y a los demás. Piense en la forma en que usted trata a los ángeles y en que ellos lo tratan a usted.

Reflexión Angelical: **Me trataré con amabilidad y así podré cuidar a otros.**

DESTERRAR EL MIEDO

Nota Angelical: **El miedo pertenece al futuro; nosotros pertenecemos al presente.**

El miedo es quizás el mayor reto que encontramos para crecer, pues es la barrera más efectiva contra la vida en estado de paz y alegría que le es natural al alma. Por fortuna, puesto que el miedo pertenece al plano de la mente y no al del alma, puede ser superado a través del cambio de nuestros pensamientos y percepciones. Hay que recordar primordialmente que el miedo siempre es una proyección, no una realidad. Tiene que ver con algo que quizás suceda pero que aun no ha ocurrido. Entonces podemos pedirles a los ángeles que nos protejan, manteniéndonos centrados en el momento y afianzados a la realidad. Nos ayudarán a remplazar el miedo con la fe en el amor omnipresente de Dios y en nuestros propios recursos interiores, y entonces tendremos la fortaleza para enfrentarnos a lo peor y el ingenio para crear lo mejor.

¿Hay algún temor que pese sobre usted e incluso domine su vida? Si éste es el caso, viva el miedo en su imaginación. ¿Qué es lo peor que puede suceder si lo que usted teme llega a suceder? Sea creativo; quite todos los frenos y represéntelo con todo. Experimente su peor terror. Luego, tome aire y, al exhalar, deje ir todo el miedo. Visualice cómo el temor sale de su cuerpo y de su vida, y sepa que suceda lo que suceda está protegido por el amor divino.

Reflexión Angelical: **No espero vivir sin miedo, pero lucho por aprender a vivir sin éste.**

CREAR CAMBIOS

Nota Angelical: **El cambio siempre conlleva al menos un premio—el crecimiento.**

¿Por qué nos atascamos en viejos patrones improductivos? Generalmente porque son conocidos y por lo tanto nos resultan cómodos. En otras palabras, quizás nos hayamos acostumbrado a estar cómodos con nuestra incomodidad. Cuando nos sentimos presas de la rutina, no es solamente hora de un cambio, es hora de que generemos ese cambio. Necesitamos observar los comportamientos que nos llevaron a ese punto y que nos frenan de ir hacia donde queremos ir. Tenemos que ser sinceros con nosotros mismos: ¿estamos en realidad cómodos con nuestra incomodidad? ¿Tememos los riesgos que siempre acompañan al cambio? Necesitamos visualizar claramente las vidas que quisiéramos crear para nosotros mismos, y necesitamos creer que podemos tener esa vida y que nos corresponde tenerla. En este punto los ángeles pueden darnos un empujón para salir del hábito de la comodidad incómoda y emprender el camino de la verdadera alegría.

Si siente que está atascado en algún aspecto de su vida, ¿por qué sigue haciendo girar las ruedas? ¿Es acaso más fácil para usted aceptar la idea de lo conocido en lugar de aventurarse a lo desconocido? ¿Qué es lo peor que podría ocurrirle si saliera del riel conocido? ¿Lo mejor?

Reflexión Angelical: **Creo con seguridad y entusiasmo los cambios necesarios en mi vida.**

Magnanimidad

Nota Angelical: **Solamente los contentos son magnánimos.**

Sabiduría china

Una persona magnánima es de conducta noble, nunca mezquina, está por encima de la venganza, tiene la mente en metas altas, el corazón grande, sabe perdonar y es profundamente contenta. Cuando estamos contentos, no nos molestamos a nosotros mismos y esto nos deja espacio para interesarnos en los demás de manera positiva y magnánima. De modo que si queremos ser más magnánimos en la vida, tenemos que estar más contentos dentro de nuestra alma. Si de verdad queremos practicar el pensamiento elevado y exaltado, lo único que tenemos que hacer es una cita con los médicos del alma, los ángeles, quienes son natural y totalmente magnánimos. Nos ayudarán a deshacernos de la amargura y el desencanto de modo que podamos dirigir nuestra concentración de la venganza al perdón. Cuando permitimos que en nuestra vida florezca una actitud contenta, los ángeles entran con gusto a darnos instrucciones en el arte de la vida magnánima.

Dígales a los ángeles que está listo para practicar el arte de vivir de manera magnánima. Luego, preste atención a las señales de advertencia cada vez que permita que su mente se pierda por los socavones de agravios triviales. Quizás escuche una vocecita que le pregunta si de verdad quiere ser dominado por pensamientos negativos. Puesto que ya no podrá responder que sí, empezará a descubrir formas de deshacerse de sentimientos de rabia, resentimiento y descontento, y podrá emprender el camino hacia la vida magnánima.

Reflexión Angelical: **Permitiré que los ángeles me traigan contento y abriré mi corazón al espíritu de magnanimidad.**

El arte

Nota Angelical: **El arte es un camino hacia el centro de uno mismo.**

El arte se parece mucho a Dios: mientras más buscamos definirlo, más nos evade. Los ángeles no buscan definir el arte; tampoco se adhieren a la creencia de que para poder producir arte uno debe ser artista. Para los ángeles, el arte no es una disciplina sino una experiencia, no un bien sino una esencia, no un fin sino un medio. Es un intento de entender y de interpretar la vida, de conectarnos con nuestra propia alma, y de conectar nuestra propia alma con la inteligencia divina. Como tal, el arte es por encima de todo un proceso interactivo; una obra de arte cobra vida solamente cuando es vista, escuchada y sentida, lo cual significa que todos somos cocreadores en el proceso artístico. Y de la misma forma, cuando creamos algo por puro amor al proceso, no al ego, todos somos artistas que nos deleitamos con la alegría trascendental de la creación. Quizás Franz Kafka lo expresó de la mejor forma: "Martillar para armar una mesa de forma que este martillar signifique para uno todo y a la vez nada . . . de eso en realidad se trata el arte. Y la vida."

¿Usted se considera artista? ¿Alguna vez ha querido ser artista? Cree sus propias definiciones de arte según se aplica y se relaciona con usted. Empiece a verse como artista en todo lo que hace y que tiene significado para usted.

Reflexión Angelical: **El arte es una experiencia incluyente, no excluyente, que enriquece constantemente nuestra vida.**

Anhelar vida

Nota Angelical: **Nunca asuma que las personas quieren morir. Más bien, asuma que a lo mejor no saben cómo vivir.**

En el intento por explicar los comportamientos auto destructivos en los humanos, Sigmund Freud desarrolló la teoría de que casi todas las personas albergan un deseo de muerte. Si hubiera tenido una inclinación más espiritual que intelectual, tal vez habría observado que lo que las personas tienen es un profundo anhelo de llevar una vida llena de significado, espiritualidad y amor. Pero cuando no reconocemos nuestra necesidad instintiva de amor y de significado, nuestro anhelo natural muchas veces se dirige hacia el deseo de apagar todo sentimiento porque los sentimientos se han vuelto dolorosos o deficientes. Por lo tanto, muchos buscamos consuelo en otras fuentes, algunas de las cuales más bien drenan la energía espiritual en lugar de reponerla. Algunas personas pueden excusar una adicción contraria a la vida, como el cigarrillo, diciendo que se trata tan sólo de su natural instinto de muerte. Esto los confunde y deprime hasta tal punto que se dan por vencidos en desesperación, y continúan el comportamiento destructivo creyendo equivocadamente que los comportamientos son naturales cuando en realidad lo que es natural para nosotros es buscar la felicidad, la luz y la verdad. Creer en un instinto de muerte y elegir no cambiarlo hace que los ángeles trabajen tiempo adicional. Preferirían jugar y no trabajar—con humanos que están guiados por un instinto de vida.

¿Tiene algún comportamiento que entra en la categoría de un deseo inconsciente de muerte? ¿Cómo le ayudarían los ángeles a alterar su comportamiento?

Reflexión Angelical: **Aceptaré mi anhelo de vida.**

Memoria

Nota Angelical: **Recuerde quién es usted.**

La mayor parte de las funciones de nuestra mente dependen de la memoria. Los sentimientos, la razón, las percepciones, los juicios y la conciencia del ser están todos relacionados con la memoria. La memoria es más permanente que la materia. La memoria de una célula se prolonga más allá de la vida de la célula misma, razón por la cual los hábitos pueden ser tan difíciles de cambiar; nuestras células recuerdan cómo era la vida antes. Memoria es una palabra que viene del latín *memorari*, "tener en cuenta." Los bancos de nuestra memoria son los lugares donde almacenamos la información que hemos percibido como importante. Se dice que la memoria de todas nuestras vidas (pasadas y presentes) está almacenada en nuestra mente inconsciente. Si prestamos suficiente atención con la mente, quizás recordemos nuestras experiencias anteriores con ángeles cuando los velos eran más transparentes, o aun antes cuando todavía estábamos en el cielo.

¿Tiene recuerdos que lo persiguen? Si es así, pídales a los ángeles que le ayuden a organizarlos y a alcanzar una comprensión más profunda. ¿Hay algo que quisiera recordar pero que se desaparece cada vez que lo intenta? Si es así, entre en un estado más profundo de conciencia y medite sobre ese recuerdo. Preste más atención con su mente al poder de la memoria en todo lo que usted hace.

Reflexión Angelical: **Recuerdo el amor.**

ℬUEN DÍA

Nota Angelical: **Para crear el día perfecto, debemos planear no solamente nuestras actividades sino nuestras actitudes.**

Al final del día, generalmente reflexionamos sobre cómo fue el día que termina. Pero ¿cuántos de nosotros reflexiona de antemano en qué clase de día quiere tener? Con los ángeles como ayudantes, podemos virtualmente asegurarnos de que cada día sea un buen día—en el sentido de que lo percibimos como tal. La noche antes, podemos hacer un mapa mental del día siguiente, nos visualizamos levantándonos llenos de alegría y seguridad, sintiéndonos saludables y llenos de energía, enfrentándonos a nuestros deberes con serenidad y eficiencia. Al despertar, podemos respirar profundo unas cuantas veces, saludar el día en gratitud, darles la bienvenida a las nuevas experiencias que nos aguardan, sean las que sean, y empezar inmediatamente a emitir la energía alegre y relajada que hará de las próximas veinticuatro horas una experiencia positiva.

Antes de dormirse, pídales a los ángeles que le envíen la energía perfecta para su día perfecto. Luego, tome un papel y escriba sobre el día que viene como si ya hubiera ocurrido. Su agenda angelical del día puede ser algo así: "Me desperté a las 6:30 sintiéndome maravillosamente bien, agradecido de estar vivo, y emocionado con el día nuevo. Me duché, saludé al sol, y desayuné relajadamente algo energizante. Me fue divinamente en mi recorrido hacia el trabajo, durante el cual me permití tiempo suficiente para dar una caminada de quince minutos antes de entrar a la oficina ... Mis proyectos salieron muy bien y mi reunión con _____ fue todavía mejor de lo que esperaba ..." Sea creativo y disfrute las siguientes veinticuatro horas.

Reflexión Angelical: **Tengo control total sobre la calidad de mi día.**

ESTADOS DE ÁNIMO

Nota Angelical: **Nuestros estados de ánimo son como el viento—un momento soplan con furia, al siguiente soplan con suavidad, pero siempre se mudan.**

Nuestros estados de ánimo pueden ser uno de los mayores recursos, pues nos revelan muchas facetas interesantes de nuestra personalidad. Gracias a los estados de ánimo, nos ahorramos la vergüenza de ser totalmente predecibles y aburridos. Podemos incluso sorprendernos a nosotros mismos por las diversas tonalidades y colores que adquieren nuestras emociones en respuesta a los diferentes estímulos. Los ángeles nos animan a trabajar con nuestros estados de ánimo mientras que a la vez nos desprendemos de ellos. Puesto que son una poderosa forma de energía, nuestro estado de ánimo puede dar combustible a la creatividad. Pero no debemos convertirnos en sus víctimas, pues son en última instancia tan sólo fases pasajeras de nuestra personalidad, no aspectos perdurables de la esencia de nuestra naturaleza.

Tome conciencia de sus diversos estados de ánimo y de cómo responde a las diversas situaciones. Utilice creativamente sus estados de ánimo. Bien sea que esté de "buen ánimo" o de "mal ánimo", trate de expresarse a través de la emoción que siente en el momento y ver si puede lograr como resultado una mayor paz y claridad.

Reflexión Angelical: **Permito que mis emociones me enseñen acerca de mí mismo sin encerrarme en ellas.**

LOS SENSIBLES

Nota Angelical: **Los sensibles tienen el poder de perdurar, si se cuidan bien.**

Ser sensible significa ser capaz de recibir impresiones y percibir matices rápidamente. Una persona sensible responde a los sentimientos de los demás y es consciente de estos. Los humanos vienen en diversos grados de sensibilidad, y aquellos con una alta dosis los llamamos *sensibles*. E. M. Forster describe una "aristocracia de los sensibles" en *Two Cheers for Democracy:* "Sus miembros se encuentran en todas las naciones y clases y a lo largo de los años, y existe un entendimiento secreto entre ellos cuando se encuentran. Representan la verdadera tradición humana, la victoria permanente de nuestra singular raza sobre la crueldad y el caos . . . Son sensibles tanto por los demás como por sí mismos, son considerados sin ser exigentes, su coraje no consta de fanfarronería sino del poder de persistir, y saben aceptar una broma."

Ser sensible tiene su costo. El ruido y las ofensas de la vida pueden hacer que los sensibles se vuelvan susceptibles, se ofendan rápidamente, se irriten con facilidad y lleguen a sentir que la vida es una serie de bombardeos. Si usted es sensible, debe cuidarse. En primer lugar, alinéese del todo con los ángeles, luego, haga cosas cotidianas para mantenerse mentalmente sano: duerma bien, aléjese de personas vociferantes y burdas, camine largo rato en el parque, y dedique un poco de tiempo de tranquilidad cada día a disfrutar su sensibilidad y sus amigos sensibles.

Reflexión Angelical: **Al cuidar mi naturaleza sensible, me convierto en una parte de la victoria permanente sobre la crueldad y el caos.**

SE VE BIEN EN EL PAPEL

Nota Angelical: Deje de perseguir el papel.

Algunas personas lucen espléndidas en papel. Tienen impresionantes grados académicos, premios codiciados, e inversiones inteligentes, pero todo existe en un pedazo de papel y nunca realmente les confiere una sensación de valor interior. Los logros y los grados sirven de maravilla para admirarlos, pero, ¿qué es lo que vale todo ese papel realmente si usted no se entiende con las personas y no se beneficia de las abundantes retribuciones que otorgan las relaciones amorosas y llenas de significado? Cada ser humano tiene un valor más allá de sus impresionantes papeles. Si se siente desposeído porque no tiene ningún papel que certifique sus credenciales, siempre tiene la opción de ir a visitar al Mago de Oz.

Piense en el verdadero valor de la vida, el valor que usted lleva en su corazón. Si descubre que siente que algo le falta, pídales a los ángeles que lo orienten hacia los logros que le conferirán una sensación de valor. Busque inversiones que tienen un valor perdurable más allá del papel. Piense en cómo se sentiría si tuviera que ser testigo del momento en que los ángeles queman todos sus valiosos papeles y le piden que siga adelante sin estos.

Reflexión Angelical: La sensación de amor y logro que llevo en mi corazón durará más tiempo que cualquier cosa que digan los papeles.

Mandala

Nota Angelical: **Todo lo que hay en el cielo y la tierra es una unidad.**

La palabra hindú *mandala* significa "círculo mágico." El círculo representa a Dios, "el Único." Dentro hay diagramas que ilustran la unidad del cielo y la tierra. Una mandala china típica consta de un círculo alrededor de dos peces unidos, símbolos del yin/yang—masculino/femenino—cielo/tierra. Otro diseño mandálico conocido es un círculo alrededor de los triángulos que se intersectan en la estrella de seis puntas, el símbolo cristiano de la encarnación. Las mandalas han sido tradicionalmente entendidas como una representación de la realidad interior, y cuando se utilizan para la meditación o contemplación, puede ayudar a revelar dimensiones más profundas de la psiquis. No obstante, la mandala no se limita al misticismo oriental; ha sido un símbolo importante en todas las culturas. Carl Jung dedicó gran parte de su vida al estudio de la mandala y sus poderes únicos de curación. Podemos crear nuestras propias mandalas y al hacerlo podemos descubrir una poderosa herramienta para abrir el inconsciente, restaurando equilibrio interior, y potenciando la percepción psíquica.

Dibuje un círculo, y adentro de éste designe cuatro puntos principales, que representan las cuatro direcciones, cuatro estaciones y cuatro elementos. Ahora elija una imagen o símbolo que lo represente a usted en este momento, y coloque esa imagen en el centro del círculo. Convierta su mandala en una compañera diaria. Contémplela, válgase de ella para meditar, reflexione sobre ésta y derive energía creativa y espiritual de ella.

Reflexión Angelical: **Formo parte del círculo mágico de la vida.**

HA LLEGADO SU PRÍNCIPE

Nota Angelical: **La felicidad no llegará sobre un blanco corcel, en alguna vaga fecha futura, para rescatarnos de nuestras ilusiones.**

Hace unos años apareció una espléndida caricatura. En ella, una mujer estaba sentada sobre una roca, soñando con el hombre de sus sueños. "Mi príncipe llegará algún día," susurra feliz. Un hombre en un corcel blanco se acerca a sus espaldas y anuncia, "Acá estoy."

"Y será alto, y apuesto y encantador," continúa, ajena a su visitante.

"¿Señora?" repite el príncipe. "Soy yo, el príncipe encantador."

"Y tendrá un gran sentido del humor y será un gran amante . . ."

"¡Escúcheme!" le ruega el príncipe encantador. "¡Ya estoy acá!"

"Y me tomará en sus brazos y me llevará y viviremos felices por siempre jamás."

En ese momento el príncipe se encoge de hombros derrotado, se da vuelta y se aleja. En el cuadro final de la caricatura, la mujer todavía está mirando al espacio, suspirando, "Sí, un día mi príncipe llegará."

¿Está demasiado ocupado viviendo en el futuro para darse cuenta de la felicidad y las oportunidades que existen en el presente?

Reflexión Angelical: **Debido a que poseo las herramientas mentales y espirituales para crear felicidad futura, ya tengo todo lo que necesito para crear felicidad en el presente.**

Enfoque

Nota Angelical: **Una vida, como una cámara, no puede producir resultados nítidos sin enfocar.**

Todos pasamos por períodos en que al parecer no podemos lograr nada significativo. En estos períodos de frustración debemos desarrollar precisamente la cualidad que al parecer está faltando—un sentido de enfoque. Cuando estamos enfocados tenemos una meta, y no nos permitimos distraernos por actividades o por personas que se interponen. Tenemos adecuadamente organizadas las prioridades en cuanto a tiempo y energía e independientemente de los obstáculos o desánimo que encontremos, la meta se mantiene enfocada en la mira. ¿Cómo se hace para enfocar? Los ángeles nos proponen empezar por pequeñas cosas. Cuando podemos enfocar con éxito metas diarias más pequeñas y las logramos, podemos dirigir la atención a proyectos y actividades de mayor envergadura que les dan a nuestras vidas significado y propósito y alientan nuestra pasión e intereses. Puesto que a los ángeles les encanta vernos cortejar la vida con el fervor de un amante a su amada, pueden ayudarnos a ir tras aquello que nos da alegría y da realce a nuestras vidas y a las vidas de otros.

En una hoja de papel, trace dos columnas. Si hay partes de su vida en las cuales quisiera estar más enfocado—por ejemplo carrera, relaciones personales, ponerse en forma—anótelas en la columna de la izquierda. En la columna de la derecha anote las acciones que se le ocurre puedan ayudarlo a enfocar. Ahora pídales a los ángeles que le regalen la concentración y la claridad de visión que necesita para alcanzar sus metas.

Reflexión Angelical: **Me concentro en mi dicha y propósito.**

EL VERANO

Nota Angelical: **"En la mitad del invierno por fin descubrí que hay en mí un verano invencible."**

Albert Camus

El verano es un tiempo de maduración, de dar fruto. Todas las energías del universo ahora favorecen la abundancia: los días son largos y cálidos, las noches ricas con la fragancia de la tierra. La semilla que fue sembrada en la primavera llega a término en el verano; el calor del sol alterna con la suavidad de la lluvia para conducir a la tierra al ápice de su plenitud. El verano es también tiempo de relajamiento y aprecio; es la estación tradicional de vacaciones, cuando dejamos de lado nuestros deberes y preocupaciones para abrirle espacio al descanso y el rejuvenecimiento. Al final del verano probamos la satisfacción de los frutos de nuestras labores, pues aquello en lo cual vertimos nuestra energía y fe también puede ahora ser realizado.

Si hay algo en su vida que ha entrado en la estación de verano, asegúrese de permitirse deleitarse plenamente en ello y saber que se lo ha ganado. Si todavía espera que algo importante llegue a dar fruto, los ángeles lo animan a tener paciencia, llenarse de ánimo, y recordar que una estación siempre da paso a la siguiente.

Reflexión Angelical: **Me permito regocijarme en la estación de la abundancia.**

Mundo patas arriba

Nota Angelical: **El mundo quizás no goce de salud mental, pero existe un orden en el desorden.**

Cierto excéntrico del siglo diecinueve, habiendo decidido que el mundo estaba patasarriba, estipuló en su testamento que lo enterraran de cabeza, de modo que en su muerte tuviera a fin la satisfacción de estar del lado correcto. Si bien la mayoría no iría tan lejos para hacer un pronunciamiento, seguramente en secreto aplaudimos su audacia, pues, ¿quién, entre nosotros, no ha sentido en más de una ocasión que el mundo se parece a la reunión de tomar el té del personaje del Sombrero Loco en *Alicia en el País de las Maravillas?* Hay tantas cosas que no tienen sentido, demasiadas injusticias, demasiados actos de violencia indiscriminada, demasiados avisos de laxantes, y demasiadas autopistas como para que creamos por un momento que es así como deben ser las cosas. Los ángeles saben que, si bien el mundo no es un Jardín del Edén, no es necesario que todos andemos de cabeza para estar bien posicionados. Podemos conservar la serenidad, la espiritualidad si recordamos que por cada acto de locura siempre hay una bella acción correspondiente. De hecho, mientras estemos a cargo de los deberes en la tierra, ése es nuestro trabajo— ser anclajes de sensibilidad, oasis de alegría, indicaciones de esperanza en un paraíso imperfecto.

Cuando la locura del mundo lo aturda, puede ser hora de gozar de una aventura antiseriedad. Absténgase de ver o leer noticias en todo el día y dése cuenta de que, para este momento en particular, el único antídoto a la locura es dedicarse a la búsqueda de la felicidad y la diversión.

Reflexión Angelical: **Tomo lo mejor del mundo tal como es.**

EL DINERO

Nota Angelical: **El dinero es nuestro ayudante, no nuestro amo.**

Los mitos acerca del dinero afectan directamente cómo lo percibimos y cómo nos relacionamos con éste. A continuación algunos que quizás reconozca: el dinero no crece en los árboles. El dinero no compra la felicidad ni el amor. El dinero es malvado. Pero la verdad del asunto es que el dinero, en sí mismo, no es sino un papel. Si quiere comprobar esto, sencillamente lánceles un billete a un par de gatos y observe cuánto tiempo tardan en matarlo y comérselo. Los ángeles nos advierten que debemos recordar que el único poder que tiene el dinero es el poder que le otorgamos nosotros. Cuando comprendemos que somos la fuente de poder externa al dinero; que podemos crear la cantidad que queremos tener y dirigir su flujo en nuestras vidas; que somos nosotros quienes determinamos si debe ser utilizado para la felicidad o para la ganancia egoísta, entonces el dinero pierde su poder sobre nosotros.

Tómese un tiempo para reflexionar sobre sus percepciones y convicciones en cuanto al dinero. ¿Le tiene miedo? ¿Lo obsesiona? ¿Tiene envidia de quienes lo tienen? ¿Le es indiferente? Si quiere que en su vida fluya más dinero, empiece a verlo como una herramienta de felicidad, crecimiento y satisfacción. Dele la bienvenida con amor, no adhiera a este ningún poder, y pídales a los ángeles que generen la energía necesaria para traerle más.

Reflexión Angelical: **Cuando se trata de dinero, siempre tengo la cantidad precisa que creo que debo tener y que me corresponde.**

LA CRÍTICA

Nota Angelical: "Las obras de arte son de una infinita soledad, y ninguna manera de enfocarlas es más inútil que la crítica. Solamente el amor puede tocarlas y abarcarlas y hacerles justicia."

Rainer Maria Rilke, Cartas a un joven poeta

Los críticos ocupan un lugar destacado en nuestra sociedad. Les pagamos a los críticos profesionales una gran cantidad de dinero a cambio de sus opiniones, y muchas veces les prestamos a los críticos no profesionales de nuestra vida demasiada atención. ¿Cuántas veces hemos permitido que nuestro amor propio y nuestra ambición sean aplastados por la crítica? ¿Cuántas veces hemos escuchado a los críticos en lugar de escuchar a nuestro corazón? ¿Y cuántas veces hemos criticado a otros en un intento, consciente o no, por darle un impulso a nuestro sentido de superioridad? Aunque la crítica pueda parecer, al igual que hacer cumplir la ley, un oficio necesario que mantiene a raya las fuerzas de la mediocridad y la egolatría, demasiadas veces se utiliza para inflar el ego del crítico a cuentas del objeto de la crítica. Existe una gran diferencia entre la opinión y la verdad. Los ángeles, a fin de cuentas, no son críticos; son guías, que nos muestran, mediante nuestros errores, cómo ser lo mejor que podemos ser.

¿Cómo lo afecta en general la crítica? Si descubre que tiende a ser excesivamente crítico; si se deja influir o herir demasiado por la crítica; o si se resiste demasiado a ella, trate de reevaluar el significado de la crítica en su vida—el papel que ha desempeñado en su pasado, los sentimientos con los que se conecta ahora.

Reflexión Angelical: Procuro en mis relaciones con los demás y siempre que sea posible, sustituir la crítica por un interés genuino y por un juicio amoroso.

LA COMUNICACIÓN

Nota Angelical: **En la comunicación, la meta no es hablar sino comprender y ser comprendido.**

Tendemos a confundir el significado de comunicarnos con hablar. Pero en realidad la verdadera comunicación consiste en perfeccionar el arte de escuchar. Cuando nos comunicamos con la naturaleza, con Dios o con los ángeles, escuchamos los sentimientos, los pensamientos y las ideas que recibimos a través de la meditación, la contemplación y la interacción silenciosa con las fuerzas no verbales del universo. Deberíamos hacer mayor uso de estas habilidades reflexivas en nuestra comunicación con los demás. Cuando las personas nos hablan, en lugar de oír lo que queremos oír o de responder inmediatamente a lo que nos parece haber oído, deberíamos primero escuchar con cuidado qué es de verdad lo que nos están diciendo. A medida que escuchamos, podemos verificar con ellos, repitiendo lo que nos han dicho y preguntándoles si los entendimos correctamente. Deberíamos también observar las importantes señales no verbales, como el tono de voz, los movimientos de los ojos, y el lenguaje corporal. Al desarrollar nuestras habilidades de escuchar, aprendemos acerca de la verdadera comprensión.

Observe sus patrones de comunicación. ¿Se permite realmente escuchar lo que otro le está diciendo, o habla mucho en vez de escuchar? ¿Se anticipa a la respuesta del otro, o se pone rápidamente a la defensiva? Trate de comunicarse como lo hacen los ángeles—con conciencia, compasión, amor y comprensión—y observe cómo sus relaciones empiezan a cambiar.

Reflexión Angelical: **Hablo desde el corazón y escucho con el alma.**

LOS VÍNCULOS

Nota Angelical: **Permita que sus vínculos se sostengan con el pegamento del amor, no con el cemento de la dependencia.**

Un vínculo es un eslabón especial que nos une con otro ser humano de forma profunda y significativa. Muchas veces oímos el término en relación con el proceso que se lleva a cabo entre una madre o un padre y su hijo. La amistad es un proceso de vinculación en el cual dos personas se unen en una relación de apoyo. Los vínculos perdurables y amorosos son lo que hace interesante la vida. Es importante que mantengamos nuestros vínculos libres del pegote de la dependencia. Solamente podemos hacer esto cuando nos sentimos bien acerca de lo que somos y cuando estamos dispuestos a permitir que otros se sientan bien con lo que son. Nuestra grandeza depende de nuestra integridad. En nuestros vínculos debemos conservar la integridad y la originalidad y permitir amplio espacio para que los ángeles nos ayuden a evitar perder parte de nosotros en manos de otro.

Piense en los vínculos comunes de su relación. ¿Se basan en el amor, la libertad y el respeto? ¿Si tiene hijos, se siente bien dejándolos ser lo que ellos quieren ser? ¿Se siente tranquilo de permitir que su compañero o compañera de la vida sea auténtico y tenga sus propias amistades? ¿Cuál es su relación con grupos? Si necesita ayuda para establecer vínculos, hágalo primero con los ángeles para encontrar su verdadero vínculo con lo Divino. Entonces sabrá qué es lo correcto y verdadero en cada relación que usted desarrolla.

Reflexión Angelical: **Los ángeles me proporcionan el eslabón faltante que me vincula en verdad y belleza a otras almas de igual luz.**

Las palabras

Nota Angelical: **Las palabras son los ladrillos con los que se construyen los pensamientos.**

Las palabras son herramientas poderosas que utilizamos de diversas formas interesantes. Este libro es una colección de palabras dispuestas para entregar información sobre la vida con la conciencia de los ángeles. No obstante, no podemos decirle con palabras cómo vivir puesto que vivir requiere acción y experiencia. Las palabras pueden condicionar nuestras experiencias, ya que tienen la capacidad de programar la mente de una determinada forma. Es por eso que es importante tener conciencia de lo que declaramos. Por ejemplo, muchas personas lanzan por ahí frases como, "Eso me mata," o "Me voy a enfermar." ¿Cree realmente que quieren enfermar o morir a causa de algo insignificante? Seguramente no, así que es mejor no repetir declaraciones que podrían programarlo para un desenlace indeseado.

Tome mayor conciencia acerca de las palabras que elige. Cuando se descuide y diga algo que reconozca como una programación negativa, diga "cancelar" o "borrar" inmediatamente. Nunca hace daño tomarse un día libre o incluso una hora, de las palabras. No lea nada, no escuche la radio, ni mire la televisión, no responda al teléfono, y pídales a los ángeles los oídos para escuchar y los ojos para ver lo que está creando con el poder de las palabras.

Reflexión Angelical: **No permitiré que el poder de las palabras me programe la mente para tener problemas innecesarios; afirmaré que la vida vale la pena vivirse.**

MANTRA

Nota Angelical: "Seguí alabándolo a Él a diario por medio de la mantra Gayatri . . . Y ahora Él habita dentro de mi alma e inspira todos mis pensamientos."

Maharishi Devendranath Tagore

Un mantra es un mecanismo para centrarse. Puede ser una frase sagrada o alguna forma de sonido que nos sintoniza con nuestras vibraciones interiores—esa frecuencia pura a través de la cual nos comunicamos con la energía divina. Las mantras han sido de tiempo atrás una parte integral de la meditación oriental. Su función primordial es proporcionar un punto focal para la mente y el cuerpo de modo que la respiración y la conciencia estén dirigidas hacia un centro fijo y no se distraigan. Las tradiciones religiosas hacen gran énfasis en el significado de los mantra, que puede ser cualquier cosa desde una simple palabra, como la muy conocida *Om* ("El nombre oculto de Dios") hasta una oración completa. En la contemplación cristiana, la oración de Jesús ha sido utilizada como mantra. Cuando un mantra se utiliza de esta forma se incrusta en la psiquis y en el alma a través de la repetición, y eventualmente se convierte en una oración viviente—una parte activa de su ser.

Tome un concepto que tenga significado, como el amor, o una oración corta y siéntese a meditar, repitiéndola a medida que respira profunda y rítmicamente. Si desea comprometerse más con el uso de su mantra como una herramienta espiritual profunda, hable con alguna persona que tenga experiencia y lea sobre los mantras. El mantra y el maestro indicado se le presentarán.

Reflexión Angelical: Elevo mi conciencia para unirme al canto de los puros tonos celestiales.

CREAR UNA ACTITUD

Nota Angelical: **Podemos alterar lo que vemos alterando la forma como lo vemos.**

A veces, si una situación nos produce frustración o infelicidad, necesitamos revisar nuestras percepciones de esta. Los ángeles están disponibles en este tipo de ocasiones para ayudarnos a crear una actitud. Crear una actitud inevitablemente cambia la situación al cambiar la forma como la vemos. Crear una actitud puede ser un proceso que disfrutemos; los ángeles sugieren, por ejemplo, que participemos en un juego que podamos jugar con nosotros mismos en cualquier momento, en cualquier lugar. El objeto del juego es remplazar una actitud negativa con una actitud angelical, y luego, ver cómo nuestras experiencias se modifican según esto. Las actitudes negativas de mayor peso a la hora de entorpecer nuestra felicidad y nuestro progreso son la preocupación, el temor, el odio, la desesperación, el egoísmo, la ingratitud, y la falta de humor. Cuando adoptamos más bien los contrarios angelicales de confianza, paz, amor, esperanza, generosidad, gratitud y ligereza de corazón, los ángeles nos garantizan que nos encontraremos cada vez más incapaces de ser infelices de cara a toda la alegría que hemos creado.

Si algo lo entristece, cree la actitud angelical apropiada para contrarrestar los efectos negativos. En lugar de odiar a su irritante compañero de trabajo, por ejemplo, puede elegir la actitud de ¡agradecer que usted no tiene que ser él!

Reflexión Angelical: **Creo las actitudes que me conceden la libertad de empoderarme a mí mismo.**

LOS COMETAS

Nota Angelical: Hoy acá, mañana no, jamás olvidado.

Algunas personas son como cometas. Pasan por nuestra vida como fogonazo de emoción intensa, de amor y de asombro. Luego, se marchan, para no verlas más, aunque pensamos en ellas a menudo. Las personas que son como cometas no pueden ser retenidas o controladas. Necesitan seguir adelante, para iluminar otro cielo. Tristemente, algunas personas cometa mueren muy jóvenes, y las extrañamos y sentimos un profundo duelo por su ausencia. Pero los ángeles saben que cada persona cometa que ha partido de la tierra se marcha en medio de una explosión de luz que permanece para el bien de quienes quedan atrás. Un cometa nunca querría que lloráramos por su desaparición. Así que las personas cometa quieren que recordemos la alegría que nos dejaron y que permitamos que el amor que les tuvimos siga creciendo, bendiciendo a otros en su camino.

¿Alguna vez en su vida ha sido tocado por personas cometa? ¿Les permitió marcharse libremente con luz y amor, o las lloró y sufrió por su pérdida demasiado tiempo? Las personas cometa nos enseñan la forma más elevada del amor y la aceptación incondicional. La próxima vez que piense en sus personas cometa, llore un poco si es necesario. Luego, sonría y envíeles una explosión de amor. Esto les dará un combustible adicional para brillar con mayor intensidad dondequiera que estén, y reflejarán esa luz otra vez hacia su corazón.

Reflexión Angelical: **En mi corazón yo sé que el amor sigue creciendo a través de las barreras del tiempo y el espacio.**

AMANECER

Nota Angelical: **Siempre está amaneciendo un nuevo día.**

El amanecer es la primera luz del día, el momento en que damos la bienvenida a la gradual aparición del sol. El amanecer es un comienzo, una oportunidad de reiniciar todo con una nueva corriente de luz. Al amanecer, el mundo empieza a aclararse. Con los ángeles en nuestra vida hemos tomado una decisión, en algún nivel de nuestra conciencia, de volvernos más luminosos en nuestra vida y por lo tanto ofrecer más luz al planeta. Permita que los ángeles amanezcan en usted. Empiece a hacerse más ligero, y brillará con la intensidad de la primera luz del alba.

La próxima vez que tenga un problema, duerma primero y pídales a los ángeles que en la mañana le den una nueva perspectiva. Dése por vencido y suéltese para que sus respuestas amanezcan en usted. Aligérese.

Reflexión Angelical: **Yo sé que pase lo que pase en mi pequeño mundo, el sol siempre saldrá mañana.**

OS SUEÑOS

Nota Angelical: **Los sueños tienen poco que ver con la lógica y todo que ver con la felicidad interior.**

Utilizamos el término *sueño* para describir las imágenes que se nos presentan cuando estamos dormidos, así como nuestros más profundos deseos y esperanzas. De cierta forma esto significa que si tenemos un sueño, es irreal y solamente útil para la parte de nosotros que está dormida. Pero los ángeles saben que los sueños—tanto lo que se sueña despierto como dormido—no son irreales, son tan solo aspectos *irrealizados* de nuestro ser. Los sueños que tenemos cuando estamos dormidos son los canales por los cuales los ángeles nos pueden enviar mensajes que nos ayudan a esclarecer la vida que llevamos cuando estamos despiertos. Los sueños que tenemos para nuestra vida también son la forma en que los ángeles le hablan a nuestra alma, animándonos a atrevernos a visualizar y luchar por nuestras más altas aspiraciones. El estado de sueño es un estado de total apertura a la información que no puede ser procesada mediante el intelecto. Es un estado mágico, místico y milagroso en el cual los pensamientos pueden convertirse en ideas y las ideas en soluciones. No tema nunca soñar, porque es a través de los sueños que despertamos nuestra realidad interior—la más importante.

Piense en cuando era más joven y haga una lista de todos los sueños que recuerda haber tenido. ¿Alguno se ha hecho realidad? Si usted es una de las almas afortunadas que se quedó con su sueño y lo está viviendo, pídales a los ángeles que sigan enviándole ideas para ayudarlo a expandir y renovar su sueño. Si tiene un sueño que no ha cumplido, esté abierto a las sugerencias e inspiraciones angelicales y sepa que si su deseo es lo suficientemente fuerte, logrará su sueño.

Reflexión Angelical: **Haré honor a mis sueños e iré en busca de mis aspiraciones.**

PREPARACIÓN

Nota Angelical: **Esté preparado para el mejor de los resultados.**

La preparación es una actividad que desarrollamos todos los días. Preparamos la cena, nos preparamos para salir de la casa, y nos preparamos para manejar situaciones. Prepararse significa estar listo y dispuesto a seguir hacia adelante. La preparación puede ser a la vez positiva y negativa. Por ejemplo, si le dicen que viene una tormenta, y se prepara para sentir miedo y ansiedad, entonces usted crea el miedo. Cuando se prepara para enfrentar la tormenta con valor y con las provisiones necesarias, entonces mejora sus probabilidades de sobrevivir victorioso y valeroso la tormenta. Los ángeles siempre están disponibles para ayudarnos a prepararnos para lo mejor en la vida.

Las afirmaciones positivas son útiles en el proceso de preparación. Pídales a los ángeles que lo ayuden a encontrar afirmaciones que lo preparan para todas las situaciones a las que se enfrenta. Una afirmación es un pronunciamiento que declara la verdad, así que declare la verdad que usted quiere que suceda, y estará más preparado para enfrentarse a la vida.

Reflexión Angelical: **Estoy preparado para lo mejor y listo para la aventura.**

FELICIDAD

Nota Angelical: **La felicidad sin razón es la máxima libertad.**

Contrario a lo que a veces puede parecernos, las circunstancias no determinan nuestra felicidad. Sólo nosotros controlamos nuestra capacidad de ser felices o infelices, a través de nuestras reacciones y actitudes hacia nuestras circunstancias. Quienes son verdaderamente felices no son corchos a merced de las olas de las circunstancias; son los capitanes de sus propios barcos. Si estamos descontentos con una determinada situación, podemos luchar por encontrar formas de liberarnos de esta. O, si la situación presente no puede cambiarse, podemos aprender a aceptarla y estar felices de todos modos. Si queremos ciertas cosas que sabemos que nos darán satisfacción, como un compañero amoroso o buena salud o una carrera o un trabajo creativo, podemos trabajar en su búsqueda, formulando metas y visualizándolas y explorando los pasos que tenemos que dar para hacerlas realidad. Pero aun mientras estamos en el proceso de alcanzar esas metas, podemos ser felices eligiendo responder a la vida con humor en lugar de preocupación, curiosidad en lugar de duda, amor en lugar de temor, y esperanza en lugar de desesperación.

Los ángeles son entrenadores de la felicidad, con un programa de entrenamiento que es la esencia del placer, no del dolor. Si quiere inscribirse en el programa de la felicidad, lo único que tiene que hacer es estar dispuesto a (1) vivir en el ahora y estar despierto hacia nuevas experiencias; (2) concebir los sucesos como algo interesante e instructivo en lugar de bueno o malo; (3) aceptar a las personas como son, sin expectativas; (4) abandonar el sufrimiento y la preocupación; (5) ser generoso en su amor.

Reflexión Angelical: **La felicidad no solamente está a mi alcance; ya está en mis manos.**

IVO

Nota Angelical: **El estado de estar vivo es mucho más que inhalar y exhalar.**

¿Cuándo fue la última vez que se sintió vivo? No solamente muchas de nuestras actividades adormecen nuestros sentidos, sino que pueden en realidad hacer que olvidemos en qué consiste la sensación de estar vivos. Para los ángeles estar vivo es estar conectado—a nuestros cuerpos, nuestra alma, nuestro espíritu, a la naturaleza, a los demás y al misterio divino que vive en cada soplo de aire que tomamos. Sentirse vivo es como pasar una corriente de electricidad que nos mantiene vibrando a toda marcha. Es una sensación tan poderosa, de hecho, que a veces nos amenaza. Si estamos demasiado inmersos en la rutina, si estamos infelices o deprimidos en nuestra carrera o nuestras relaciones, si estamos bajo una gran tensión, tendemos a retirar el enchufe y a desconectarnos de nuestra sensación de estar vivos, participando en actividades que nos ayudan a escapar de la energía inquieta y atrapada que yace dentro. Los ángeles nos piden con urgencia que hagamos lo que necesitamos hacer para reconectarnos con nuestro sentido de vitalidad de modo que podamos crear para nosotros mismos la clase de vida que se supone que tengamos.

Recuerde las ocasiones en el pasado en las que se ha sentido más vital y vivo. ¿Cuáles eran las circunstancias? ¿Cómo era de verdad esa sensación de vitalidad? Si necesita reiniciar la vitalidad de nuevo en su vida, haga una lista de todas las actividades que lo hacen sentirse feliz, entusiasta, lleno de energía y emocionado ante la vida, y empiece a hacerlas lo más a menudo que pueda.

Reflexión Angelical: **Doy la bienvenida a la vitalidad en mi vida.**

HOGAR

Nota Angelical: **Haga lo que haga o por más lejos que viaje, siempre puede regresar a casa.**

Un verdadero hogar es un lugar de aceptación, un lugar donde usted sabe que la luz siempre está encendida para darle la bienvenida. Algunos de nosotros tenemos la fortuna de haber crecido en un lugar así; otros no hemos conocido nunca un verdadero hogar. Pero sea que tengamos o no tengamos un lugar físico que podamos llamar hogar, el hogar de los ángeles siempre está abierto para nosotros. Es nuestro para refugiarnos allí de las fatigas del mundo y para regresar a él por lejos que nos hayamos ido. Así como el hijo pródigo fue recibido con los brazos abiertos después de su extravío, siempre podemos sentirnos bienvenidos al amoroso hogar de los ángeles, y la bienvenida siempre es un poco más dulce cuando regresamos de alguna de nuestras impulsivas aventuras, más sabios gracias a nuestros errores y más listos para amar. Así que en la medida en que vamos recorriendo nuestro camino, sabemos que los ángeles siempre están presentes, para apoyar nuestra necesidad de correr riesgos, de explorar y de vivir nuevas experiencias, y para proporcionarnos un lugar de descanso para el alma y el corazón.

Siempre que se sienta lejos de su hogar, haga una pausa para meditar. Póngase en una posición completamente relajada, cierre los ojos, respire profundo, y visualice, con toda la claridad posible, a los ángeles dándole la bienvenida al hogar de ellos— que también es el suyo. Visualice todos los detalles, exteriores e interiores de este hogar. Cree el hogar ideal para usted, vea en él a los ángeles, y sepa que es suyo para regresar a él cuando desee, en meditación, siempre que necesite orientación, consuelo o descanso.

Reflexión Angelical: **En el hogar de los ángeles las puertas nunca están cerradas con llave y la luz del amor siempre está encendida para mí.**

$\mathcal{I}$MPRESIONAR

Nota Angelical: **Usted no puede convencer a otros cuánto vale porque usted no tiene precio.**

En esta época materialista oímos mucho sobre la importancia de "impresionar." Se nos dice que salgamos a la conquista, que cantemos nuestras propias alabanzas, para ganar ascensos y ganarnos a las personas gracias a un impresionante despliegue de seguridad y auto afirmación. Mucho se puede decir a favor de apreciarse a uno mismo y de aprovechar al máximo las propias capacidades. Pero convencer a otros de cuánto vale es otro cuento. No somos bienes que se compran; no tenemos que convencer a nadie—menos aun a los ángeles—de nuestro valor. Lo único que tenemos que hacer es ser nosotros mismos, de la mejor manera que podamos.

¿Siente, en su trabajo o en una relación, que tiene que convencer a los demás de su valor para que la gente lo note y lo aprecie? Si es así, diviértase un poco con este concepto. En un trozo de papel o cartón escriba, "Se vende" y péguele una foto suya. Haga una lista de sus cualidades más destacables, y hágalo sin timidez. "¡Ver para creer! ¡La persona de los sueños! ¡Vivaz, graciosa, compasiva, llena de amor! Alta energía, bajo mantenimiento . . . El cuerpo necesita un poco de arreglo, pero en buena condición general . . ." Ésa es la idea. Ahora póngase precio, pegue el cartel en el refrigerador, y ¡aprecie la ridiculez de todo!

Reflexión Angelical: **No tengo que demostrar mi valor a los demás para poder conocerlo y honrarlo yo mismo.**

$\mathcal{B}$ÚSQUEDA DE VISIÓN

Nota Angelical: "Tuve que desvincularme por completo de lo físico. No necesitaba a las personas, ni alimentos, ni interrupciones. Necesitaba una prueba positiva de mi propósito en la vida. Necesitaba una Búsqueda de Visión."

Mary Summer Rain, Spirit Song

La búsqueda de visión de los Indios Americanos es un ritual especialmente poderoso a través del cual uno adquiere, mediante el sacrificio, esclarecimiento sobre el propio destino. La búsqueda de visión es la peregrinación de la soledad máxima. Quien busca, primero purifica su cuerpo y mente a través de baños para sudar y luego, se marcha a un lugar aislado, para estar allí días y noches, como Jesús en el desierto, ayunando, enfrentándose a espíritus buenos y malos y recibiendo instrucciones de los emisarios animales del plano sobrenatural mediante sueños y visiones. Si elegimos hacerlo, también podemos comunicarnos con la inteligencia divina para adquirir claridad en cuanto a nuestro propósito. Si bien no es necesario que nos sometamos a tan arduos rituales de la búsqueda tradicional de visión, sí necesitamos apartar un tiempo para estar solos, para ser uno con los ritmos y sonidos de la naturaleza, y para permitir que el gran misterio se nos revele de cualquier forma que elija hacerlo.

Si siente que quisiera ahondar en el conocimiento de su propósito en la tierra, quizás quiera leer más acerca de este concepto y practicar la búsqueda de visión. Luego, diseñe su propia búsqueda de visión y, si gusta, invoque a los ángeles como guías y mensajeros.

Reflexión Angelical: Me coloco frente al cielo, totalmente vulnerable y totalmente en paz, listo para recibir el regalo de mi propósito.

¿Por qué no?

Nota Angelical: **Cada éxito empieza con "¿por qué no?"**

De todas las ideas y sueños que concebimos, ¿cuántos no se llevan a término? Nueve, o quizás diez, veces de diez cancelamos nuestra inspiración con todas las razones sobre por qué no funcionará en la realidad. Los ángeles quieren que nos deshagamos de las excusas que hacen abortar el proceso creativo y que las remplacemos con una pregunta sencilla: "¿Por qué no?" Entonces nueve, quizás diez, veces de diez descubramos que nada en realidad nos detiene por lo menos de explorar nuestros sueños y deseos. Entonces podemos evaluar de manera realista cuáles no solamente son posibles sino que merecen nuestra lucha.

¿Qué le gustaría hacer que cree que no puede? ¿Cuáles son sus razones para no poder cumplir su deseo? Trate de diferenciar entre razones y excusas—objeciones que parecen realistas, y objeciones que pueden más bien originarse en el temor al rechazo o al fracaso, o al éxito. Si le gustaría investigar una inspiración, haga al menos una cosa al día para explorarla más.

Reflexión Angelical: **Adopto una actitud realista en cuanto a mis ideas y no temo explorar las que encienden en mí el espíritu de creatividad.**

$\mathscr{P}$EREGRINAJE

Nota Angelical: "Cuando va de peregrinaje, usted inicia el recorrido donde está y empieza a caminar hacia un lugar de gran santidad con la esperanza de regresar de éste renovado, enriquecido y santificado."

Frederick Franck, Art as a Way

Los peregrinajes de antes implicaban un corte radical con la vida cotidiana. El peregrino—en el sentido estricto de la palabra—era un alma valiente que estaba dispuesta a prescindir de todas las cosas mundanas cotidianas para emprender una jornada espiritual a la vez peligrosa y liberadora. De hecho, mientras más peligroso el camino, más liberador es, porque es en el espasmo del verdadero peligro que generalmente nos vemos obligados a deshacernos de nuestros apegos a lo que antes nos parecía importante para poder descubrir lo que es verdaderamente importante. Pero no tenemos que viajar más allá de nosotros mismos, nuestro territorio, para ir de peregrinaje. Puesto que la vida misma es un peregrinaje hacia la muerte—que puede significar o la interrupción o la trascendencia de nuestro ser físico—los ángeles nos consideran peregrinos a todos. Nuestro viaje interior—nuestra búsqueda de significado, lugar, propósito, paz—son nuestros peregrinajes, y nuestro camino es la forma de expresión que toma nuestra vida.

Si usted fuera un peregrino, ¿adónde se dirigiría? Piense en sus metas espirituales y creativas, y visualice su vida como un camino hacia éstas. ¿Qué necesita llevar con usted en este peregrinaje? ¿Qué necesita dejar atrás? ¿Qué podría distraerlo de su meta?

Reflexión Angelical: **Mis acciones diarias y mis reflexiones me mantienen centrado en mis metas espirituales, no distraído de éstas.**

CALIDEZ

Nota Angelical: **Un corazón cálido es un corazón compasivo.**

Usted sabe qué es sentir cariño hacia alguien. Es un sentimiento agradable y natural porque somos criaturas de sangre caliente. Cuando lo sentimos sonreímos por dentro. La calidez es una señal de que estamos a favor y no en contra de alguien. La calidez muchas veces es un instinto visceral, o sea que lo sentimos hacia algunos y no hacia otros, y que no siempre tenemos una explicación lógica de por qué esto es así. Cuando irradiamos calidez, enviamos una señal de que somos amistosos y amables. Un sentimiento cálido que no depende de una acción o condición es el comienzo de la verdadera compasión.

¿Existe alguien hacia quien debería sentir simpatía? ¿Sentimientos que podría poner sobre el fuego para deshacerse del frío? Imagínese a alguien que le genera una respuesta fría, y atraiga hacia sí un sentimiento de paz. Luego, permita que sus sentimientos y la imagen de esta persona se vayan tibiando lenta pero constantemente. Sienta que la calidez irradia desde su corazón hacia el corazón de la otra persona. Deje las palabras por fuera y sienta la calidez.

Reflexión Angelical: **Soy una criatura de sangre caliente que irradia calidez y amabilidad, sin esfuerzo, directamente desde el corazón.**

RESISTENCIA

Nota Angelical:

"Agua en la montaña
La imagen de la OBSTRUCCIÓN
Así el hombre superior dirige su atención a sí mismo
Y moldea su carácter."

El I Ching

Cuando encontramos resistencia en nuestras vidas, puede ser una señal de que no estamos en el camino indicado. Si sentimos que estamos haciendo demasiado esfuerzo para que algo funcione, puede ser una señal de detenernos, tomar aire a profundidad, y liberarnos de nuestro apego al resultado. Los ángeles quieren que seamos conscientes de que cuando algo nos conviene, cuando se supone que suceda, las cosas tienden a ocupar su lugar y a marchar sin tropiezos por sí mismas. Esto no significa que no deberíamos trabajar por las cosas, que no tengamos que esforzarnos. La clave es poder diferenciar entre el esfuerzo y el desgaste, entre el uso de energía y el desperdicio de energía. En la segunda situación, los ángeles nos animan a soltar y a mirar hacia el interior, haciendo contrapeso a la resistencia, no mediante más esfuerzo, sino mediante la introspección y la comprensión.

Si algo que usted quiere no llega, por más esfuerzo que le invierta, y por más estrategias astutas que haya desarrollado, pregúntese si no se estará golpeando la cabeza contra las paredes. ¿Qué ocurrirá si usted suelta, se concentra en lo que funciona en su vida, y deja que las cosas lleguen en su momento?

Reflexión Angelical: Cuando las cosas no marchan a mi manera, confío en el ritmo del universo.

Soltar el Pasado

Nota Angelical: **No podemos cambiar el pasado, pero podemos cambiar su efecto sobre el presente.**

Aunque intelectualmente creamos que el pasado es pasado, para muchos de nosotros está demasiado presente. Quizás nos estemos apegando a creencias o experiencias de la infancia que ya no son relevantes a nuestra vida o a nuestro destino. Quizás tengamos viejas heridas, viejos temores que inhiben nuestra capacidad de ir hacia delante, que nos impiden vivir alegre y aventureramente. El resultado es que actuamos desde un lugar inconsciente y no desde lo consciente, perpetuando viejos patrones que ya no son benéficos para nuestro crecimiento—si es que alguna vez lo fueron. Los ángeles nos recuerdan que no somos prisioneros del pasado, esclavos de los recuerdos. Somos libres en cualquier momento para tomar conciencia de nuestros patrones de comportamiento y sistemas de creencias, y de retener aquellos que contribuyen a nuestro sentido de vitalidad y satisfacción y descartar aquellos que pertenecen a otro lugar y a otro tiempo.

¿Están algunas experiencias de su pasado impidiendo ahora su progreso? Si es así, tome conciencia de cómo estos recuerdos lo están afectando, y comprenda que es usted quien los controla y no al contrario.

Reflexión Angelical: **Sé que como ser humano no soy una conclusión fija sino una respuesta siempre cambiante a la vida.**

Hacer lo que le gusta

Nota Angelical: **Quienes hacen lo que les encanta hacer están concientes de su propósito en la tierra.**

Demasiados de nosotros hemos sido educados para creer que el trabajo no es algo para ser disfrutado, mucho menos amado. El trabajo sirve para pagarnos un sueldo, no para emocionarnos, llenarnos de energía o satisfacernos. Los ángeles, no obstante, saben que lo contrario es cierto. No solamente podemos ganarnos la vida haciendo lo que nos encanta; nos debemos a nosotros mismos ir tras ese fin. Cuando nos encontramos en trabajos que nos disgustan, que nos frustran, nos entristecen o de cualquier otra forma nos agotan, el alma nos está diciendo que estamos en el lugar equivocado. Por contraste, cuando hacemos lo que nos encanta, sentimos alegría y entusiasmo y eso es lo que irradiamos, mejorando, no solamente nuestra propia vida sino también el ambiente. Los ángeles quieren que sepamos que nuestro acto de amor puede ser nuestro acto de vida, y que ellos responderán instantáneamente a nuestras peticiones de ayuda y orientación para alinear el alma con la fuente de ingreso.

¿Cree usted que puede ganarse la vida haciendo lo que le encanta hacer? Si quiere creer esto, haga una lista de los trabajos que ha disfrutado y los que no ha disfrutado. Trate de encontrar las características distintivas de cada categoría. Cuando haya descubierto cuáles trabajos lo hacen feliz y por qué, invéntese el trabajo perfecto para usted, utilizando todos los elementos positivos que ha puesto en la lista. Ahora visualícese en este trabajo, crea que lo tendrá, y pídales a los ángeles que le envíen la energía y las oportunidades que necesita para crearlo.

Reflexión Angelical: **Cuando hago lo que me encanta, creo el tipo de ambiente en el cual florece la abundancia.**

CURIOSIDAD

Nota Angelical: La curiosidad puede haber matado al gato. Por otro lado, puede ser que el gato consiguió una espléndida cena.

Cuando niños, estamos motivados casi en su totalidad por la curiosidad. Nuestro asombro ante el mundo, nuestro deseo de saber los porqué y los cómo de todo lo que nos rodea, impulsa la búsqueda del conocimiento, la capacidad de soñar e imaginar y la emoción ante la vida. A medida que crecemos, no obstante, muchos perdemos la conexión con nuestra curiosidad natural. Buscamos seguridad en lo que conocemos; nos definimos según nuestras creencias y opiniones; nos estancamos en lo familiar. Los ángeles saben que la curiosidad es el soplo de vida, que puede de hecho mantenernos con vida. Muchos científicos y artistas, por ejemplo, viven mucho más tiempo del promedio y son activos y productivos hasta los ochenta y los noventa sencillamente porque conservan la curiosidad acerca de los porqué y los cómo de la vida y siguen buscando misterios para explorar.

¿Qué tan curioso es usted acerca de la vida? ¿Disfruta de explorar nuevos lugares, nuevas ideas? ¿Tiende a aceptar las cosas como son o trata de descubrir por qué y cómo sucedieron? Piense en lo que emociona y provoca su curiosidad y trate de aportar a su vida más de este componente.

Reflexión Angelical: Mientras más curioso soy, más vivo estoy.

Significado

Nota Angelical: "No se lo puede llevar" es un dicho que se refiere solamente a la riqueza y adquisiciones materiales. Puede llevarse, y de hecho se llevará, las riquezas del espíritu.

Por encima de todo, casi todos buscamos significado para nuestra vida. A veces, no obstante, ni siquiera nos damos cuenta de que andamos en la búsqueda de un significado; solamente sabemos que en algún lugar en lo profundo de nosotros un vacío nos corroe, un espacio vacío que anhela ser llenado con algo que le dé calidez al corazón y a nuestras vidas un sentido de feliz propósito. Los ángeles nos recuerdan con delicadeza que la única forma de llenar realmente ese vacío es desarrollando valores espirituales personales. Cuando les pedimos a los ángeles algo en particular, quizás no nos traigan lo que pensamos que queremos. Pero nos traerán algo lleno de significado. El amor, la paz, la alegría, la felicidad, la creatividad, y el humor son regalos que nos dan libremente los ángeles para aportar significado a nuestra vida. Con regalos así, también recibimos un nuevo poder de percepción para ayudarnos a detectar qué cosas son insignificantes para nuestro crecimiento y conciencia.

Haga de cuenta que su casa está en llamas y que solamente tiene tiempo para salvar las cinco cosas que significan más para usted. ¿Cuáles serían éstas? ¿Por qué las eligió? Piense en algunas de las cosas que hace que no son especialmente buenas para usted. Pregúntese si, el motivo subyacente a estas acciones es la necesidad de encontrar significado en su vida, de satisfacer un espacio vacío en su alma.

Reflexión Angelical: Los ángeles saben que los únicos regalos perdurables son aquellos del espíritu humano. Siempre y cuando tenga amor, alegría, luz y paz interior, mi vida estará llena de significado.

CULPA

Nota Angelical: **La culpa inhibe el crecimiento.**

Cuando experimentamos sentimientos de culpa, los ángeles quieren que sólo digamos "¡No!" ¿Por qué? Porque la culpa inhibe el crecimiento. La culpa es como un pozo de lodo; tan pronto entramos en él empezamos a hundirnos. Lamentar lo que hemos hecho o no hemos hecho tan sólo nos hace sentir mucho más desesperados y mucho menos capaces de sentir alegría y de irradiar a otros alegría. Está bien—no somos perfectos. Hemos cometido errores, hemos hecho daño a otros. Pero en lugar de sentirnos culpables, lo cual conduce únicamente a la parálisis de uno mismo, los ángeles nos piden con delicadeza que tomemos conciencia: de nuestras acciones y motivaciones, de lo que podemos aprender de las experiencias, y de cómo podemos ir más allá de la culpa hacia la aceptación de nosotros mismos de modo que podamos nuevamente empezar a vivir.

Haga una lista de todas las cosas por las cuales siente culpa. Pregúntese de qué forma la culpa lo ha hecho más fuerte, más feliz, más productivo o mejor persona. Si no puede concebir una respuesta, tome la resolución de soltar ahora mismo toda la culpa de su vida y reemplazarla con amor propio y conciencia de sí mismo.

Reflexión Angelical: **La conciencia, no la culpa, me ayudan a crecer.**

𝒫ROSPERIDAD

Nota Angelical: **La prosperidad no es dinero.**

Confundimos demasiadas veces la prosperidad con el dinero. El dinero es una herramienta; la prosperidad, no obstante, es un estado de conciencia. Una persona con mucho dinero puede no sentirse próspera, mientras que alguien que tiene mucho menos dinero quizás se considere muy próspero. *Prosperidad* significa en realidad "buena fortuna," "florecimiento," y "éxito," ninguno de los cuales—por lo menos en el diccionario de los ángeles—requiere dinero para lograrse. Para los ángeles, la verdadera prosperidad es la satisfacción de sentirse seguro, pleno y amado. Estas tres necesidades básicas siempre están en el centro de nuestro deseo de tener dinero. En realidad, sin embargo, son totalmente independientes de nuestras finanzas. Independientemente de cuánto dinero creamos necesitar para poder tener lo que deseamos, siempre podemos descubrir aspectos de nuestra vida en los cuales ya nos sentimos seguros, plenos y amados. Esto no quiere decir que el dinero posiblemente no nos ayude a sentirnos todavía más prósperos. Pero es solamente cuando ya tenemos el sentido de prosperidad dentro de nosotros que seremos capaces de generar el dinero y utilizarlo para su propósito más alto—en nuestra vida y en la vida de los demás.

Hágase una revisión de prosperidad. ¿Cuáles son las necesidades más profundas subyacentes a su deseo de tener dinero? Ahora piense en algunos aspectos de su vida en los cuales ya usted se siente poderoso, seguro, y merecedor. Piense en actividades divertidas que ya puede hacer, aun sin todo el dinero que se sueña. Conéctese con el sentimiento de prosperidad que existe dentro de sí, y empiece a irradiar hacia afuera.

Reflexión Angelical: **No necesito más dinero para sentirme más próspero.**

Serenidad

Nota Angelical: **"De la misma forma en que un solo fósforo ilumina la oscuridad, un vistazo a la serenidad cambia la forma en que percibimos todos los aspectos de nuestra existencia."**

Joseph V. Bailey

La serenidad es una mezcla de aceptación, gratitud, disposición, profunda paz, y tranquilidad. Proviene de muy dentro de nosotros una vez que hemos abandonado la idea de que tenemos control sobre nuestra vida. La serenidad siempre ha estado dentro de nosotros, aun cuando estamos en desarreglo por el fragor de la vida. Nuestra alma está esperando en calma y tranquilidad, enviando señales a la mente de que no necesita estar perturbada. No siempre recibimos las señales con toda claridad, porque muchas veces estamos demasiado ocupados tratando de arreglar una situación o de cambiarla. Las señales de serenidad se vuelven muy claras cuando dedicamos un tiempo a calmarnos y a escuchar la voz interior, que es sabia.

Cuando estamos tranquilos y serenos aprendemos a vivir verdaderamente en sabiduría. Para aprender cómo tener serenidad en nuestras vidas, debemos practicar constantemente, calmando la tormenta en la mente. Esto lo podemos hacer meditando con regularidad y sencillamente prestando atención a los lugares en los cuales otros han encontrado serenidad. Piense en las cosas que puede hacer que le traerán serenidad, y adquiera el hábito de hacerlas regularmente.

Reflexión Angelical: **Mi vida flota sobre un mar de tranquilidad; mi cuerpo es el bote, mi mente la vela y mi alma el agua.**

Atracción por el color

Nota Angelical: **Los ángeles muchas veces se expresan a través del color.**

Los colores son vibraciones de luz, descompuesta en diferentes longitudes de onda. En el nivel vibratorio refinado del plano angelical, el color se vuelve como la música, expresando muchas dimensiones de pensamiento y sentimiento en una combinación infinita de tonos. Como seres de luz, los ángeles también son seres de color, y pueden llegar a nosotros a través de diferentes colores que encienden algo en nuestro inconsciente. Ciertos colores, por ejemplo, se asocian tradicionalmente con las emociones y calidades emocionales: el rojo simboliza la pasión y la fuerza vital; el rosa, amor incondicional; el azul, paz y curación; el violeta, la intuición y el conocimiento interior; el amarillo, la fe, la inteligencia y la alegría; el verde la naturaleza y la restauración interior; y así sucesivamente. Los ángeles nos sugieren que tomemos conciencia de las ocasiones en las que nos sentimos inexplicablemente atraídos a ciertos colores o sentimos que resaltan nuestra belleza y vibración, pues estos colores comunican a nuestra mente mensajes importantes acerca de las emociones con las cuales debemos conectarnos y las cualidades que debemos desarrollar.

Haga una lista de algunos de sus colores favoritos y cómo lo hacen sentir. ¿Cuáles son "sus" colores—las tonalidades que complementan su colorido natural y que dan luz a su rostro? Estudie los significados asociados a estos colores, y reflexione sobre su posible relación con su vida y sus búsquedas específicas.

Reflexión Angelical: **Me atraen los colores que resaltan mi belleza interior y reflejan mis metas espirituales.**

𝒫ALABRAS MÁGICAS

Nota Angelical: **No hay problema.**

Las palabras mágicas son aquellas que todo lo mejoran. Por ejemplo, cuando un niño riega la leche sobre la mesa, las palabras mágicas que hay que decir son, "No pasa nada." Así el niño sabe inmediatamente que no hizo nada malo y que la situación es manejable. Podemos utilizar las palabras mágicas *no pasa nada* en nuestra propia vida cuando nos encontramos con un suceso accidental. Proclamar estas palabras puede empezar a aligerar la situación. Otras palabras mágicas que se pueden utilizar en situaciones enojosas son "No hay problema" y "Yo lo puedo arreglar." Si quiere divertirse con una situación, las palabras mágicas son "Qué interesante."

La próxima vez que se encuentre con una situación que pone a prueba su paciencia, diga las palabras mágicas una y otra vez hasta cuando sienta que una ligereza y un cierto humor cubren como una manta su reacción. Imagine a los ángeles diciéndole palabras mágicas cuando necesita oírlas. Al irse a dormir por la noche, pídales a los ángeles que le susurren al oído, "No pasa nada, no hay problema, todo está bien y usted es amado."

Reflexión Angelical: **Aceptaré que todo está bien y que la vida es interesante, por decir lo menos.**

*I*NSPIRACIÓN/RESPIRACIÓN

Nota Angelical: **A medida que aprendemos a respirar, recibimos inspiración.**

La palabra *inspiración* tiene una interesante triple connotación. Si bien es más comúnmente definida como el momento de iluminación creativa o espiritual, su origen latín quiere decir "tomar aire." E *inspirar* también quiere decir animar a otros. Existe, entonces, un componente físico así como mental y espiritual en la inspiración. Cuando practicamos la respiración profunda, estamos "inspirando"—tomando aire en los lugares más profundos, entrenándolo para que fluya por el cuerpo, desde el diafragma hasta el abdomen a los pulmones, y hasta ser expulsado por las fosas nasales. A medida que nuestro cuerpo se limpia, la sangre se recarga, nuestro ser se calma y se serena, los bloqueos mentales empiezan a disolverse y nuestros chakras—los diversos centros energéticos en nuestro cuerpo—se abren, permitiéndonos tener un mejor acceso a la energía divina que ilumina nuestro ser creativo y espiritual. Y, a medida que recibimos esta inspiración, irradiamos a otros este soplo de vida. Como lo expresaba el maestro del yoga, Paramahansa Yogananda, "Cuando uno se sensibiliza a la mente infinita durante la meditación, la inspiración, el poder y la energía creativa fluyen en usted y la plenitud divina se extiende de usted a todos los seres."

Tome conciencia de cómo respira, y tómese el tiempo para hacer un poco de meditación de respiración profunda todos los días. Dése cuenta de cómo su energía mental y física empieza a cambiar cuando fluye más oxígeno por su cuerpo. Lleve un registro de las correspondientes inspiraciones y descubrimientos creativos.

Reflexión Angelical: **El soplo de amor divino y de inspiración divina circula en mi.**

BENDICIONES OCULTAS

Nota Angelical: **Una bendición es un favor especial concedido por Dios.**

Los ángeles son la mayor parte de las veces presencias invisibles en nuestra vida y por lo tanto quizás no sepamos de verdad nunca todas las formas en que ellos interactúan con nuestro destino. Siempre tenemos la libertad de especular, y buscar indicios de su presencia es una forma divertida de mantener la conciencia angelical en flujo y vida. La próxima vez que se encuentre impaciente acerca de algo, como estar atascado detrás de un auto lento, imagine que los ángeles lo están salvando de un peligro que hay adelante. Tenga presente que, cuando los ángeles están en su vida, usted está en el lugar correcto en el tiempo indicado. Tenga siempre abiertos los ojos, los oídos, y el corazón para detectar las bendiciones ocultas de los ángeles.

Las bendiciones de los ángeles no son solamente una forma de salvarnos del peligro. Las bendiciones son también la forma en que los ángeles promueven la felicidad en nuestra vida y contribuyen a nuestro bienestar. Haga un esfuerzo por contar sus bendiciones ocultas y exprese gratitud cuando las descubra. Conserve un sentido de asombro en cuanto a usted mismo, y no tema reconocer ningún signo de que los ángeles están cerca. Si usted está preocupado de que otros no le crean, entonces no les cuente. Una bendición oculta para usted puede ser un problema para otro.

Reflexión Angelical: **Contaré mis bendiciones ocultas y agradeceré las diversas formas en que los ángeles aportan a mi vida.**

Natural

Nota Angelical: **Todos tenemos una forma natural de ser que fluye con el curso de la naturaleza.**

Cuando actuamos a partir de nuestro estado natural de ser, no tenemos afectaciones. Una afectación es un comportamiento que se hace para efectos de exhibición, de fingimiento. No proviene de un lugar auténtico y no es necesario para nuestra vida, aunque pensemos que lo es. Cuando cultivamos afectaciones, generalmente es porque tenemos miedo de mostrarnos como de verdad somos. Nos sentimos inseguros de nuestro valor interior, y creemos que para ser aceptados debemos presentar ante el mundo una cara diferente a la propia. Los ángeles no tienen nada de artificial. Son el recurso natural más valioso para los humanos pues promueven las cualidades sagradas del amor, la compasión, la verdad, y la autenticidad que nos ponen en sintonía con el Creador. Es natural recibir estas cualidades y cultivarlas en nuestra vida. Es natural ser felices y estar satisfechos con nuestro verdadero ser. Demasiado a menudo tomamos rutas poco naturales a lo largo de la vida y las cualidades hermosas que los ángeles promueven parecen eludirnos. Pero cuando tomamos conciencia de lo que para nosotros es verdaderamente natural, podemos permitirles a los ángeles que nos ayuden a vivir naturalmente. Los ángeles son ingredientes naturales de nuestra vida cuando estamos en paz en cuerpo, mente y alma.

Piense en una afectación o aditivo artificial que pueda haber adoptado en sus viajes por el mundo. Cuando se sienta listo para presentarse al mundo sin afectaciones, acuda a los ángeles para que le ayuden a descubrir y a deleitarse con su propia naturaleza—con la forma naturalmente maravillosa de ser.

Reflexión Angelical: **Permito que las cualidades naturales del cielo prevalezcan en mi vida.**

CONOCER

Nota Angelical: **Los ángeles nos conocen sin tener que creer en nuestra existencia.**

¿Cree en los ángeles? Los ángeles preferirían que los *conociera* y que no pierda su tiempo tratando de creer en ellos. Creer cierra la puerta; conocer la deja abierta, permitiendo que entren libremente el cambio y más conocimiento. La otra cara de la creencia es la duda; la creencia no puede existir sin ésta. Pero cuando conocemos algo en nuestro corazón, confiamos, y ése es el antídoto a la duda. Cuando conocemos a los ángeles en nuestro corazón, trascendemos los sistemas humanos de creencia. No necesita comprobarle su conocimiento a nadie; es suyo para guardarlo y atesorarlo. Y cuando ese conocimiento tiene que ver con los ángeles, su vida será prueba a favor del cielo.

Piense en la creencia que tiene y pregúntese de dónde provino. ¿Qué información lo mantiene pegado a esa creencia? Empiece a tomar menos en serio sus creencias y disfrute la ligereza de conocer las cosas en su corazón.

Reflexión Angelical: **Mi corazón descansa pacíficamente en conocer a los ángeles desde el lugar más profundo y seguro de mi ser.**

Sabat

Nota Angelical: La actividad carece de sentido si estamos demasiado ocupados para Dios y para los ángeles.

En la tradición judía del Sabat, se suponía que el séptimo día estuviera dedicado únicamente a deleitarse en la creación. No se permitía ningún tipo de trabajo, ni siquiera cocinar. Pero hoy en día el Sabat es o ignorado como una tradición pasada de moda que ya no encaja en esta existencia de alta velocidad de nuestro siglo, o se confunde con ir a la iglesia para cumplir con el precepto de unas cuantas horas de religión. Para los ángeles, no obstante, el Sabat, es una medida restaurativa que puede beneficiar a todo el mundo, independientemente de la convicción religiosa. Un sabático semanal para alejarnos de nuestras rutinas regulares es mucho mejor para aliviar la tensión que un analgésico de doble potencia. Un día de genuino descanso espiritual puede hacer maravillas por nuestra salud y para ayudarnos a centrarnos. Reflexionamos en torno a la verdadera razón por la cual estamos acá, que no es simplemente para trabajar y distraernos, sino para alegrarnos permanentemente en el misterio de la creación.

Trate de apartar un día únicamente para estar en descanso y contemplación. Si tiene esposo o esposa e hijos, invítelos a participar. El día depende de usted; no tiene que ser sábado o domingo. Haga un pacto consigo mismo para privarse de: todo el trabajo, la cocina, el teléfono, la televisión, el cine o cualquier otra distracción. Utilice este valioso tiempo para acercarse a los ángeles y traer la paz a su mundo privado. Luego, cuando regrese a sus rutinas regulares, note el efecto que esto ha tenido sobre usted.

Reflexión Angelical: Hago que el descanso espiritual sea una parte regular de mi vida.

SI TAN SOLO

Nota Angelical: **Si tan solo su abuela tuviera ruedas, sería un autobús.**

"Si tan solo" es un estado mental en el que entramos cuando creemos que estamos viviendo en medio de la privación y no de la abundancia. "Si tan solo" yo fuera multimillonario, tuviera una gran relación, el trabajo perfecto. "Si tan solo" yo tuviera un cuerpo sensacional, una casa enorme, padres que me entendieran. "Si tan solo" llegara la paz mundial, la asistencia médica, no me cobraran impuestos, *entonces* mi vida sería perfecta. Pues bien, a esto los ángeles responden, "Si tan solo" usted comprendiera que lo que tiene es perfecto para su lugar y su momento, entonces podría generar aún más abundancia. Porque hacemos perfectas nuestras vidas no por lamentarnos de lo que no existe, sino valorando lo que existe, aprendiendo de lo que existe y trabajando dentro de lo que existe.

¿Cuáles son algunos de sus "si tan solo"? ¿Desearlos los convierte en realidad? Por cada "si tan solo" piense en una fuente que ya posee que podría ayudarle a llegar a donde quiere estar.

Reflexión Angelical: **No soy víctima del destino sino el codiseñador, en unión con los ángeles, de mi destino.**

CREENCIAS

Nota Angelical: "Si usted cree que existe una solución, usted es parte del problema."

George Carlin

Una creencia es algo que aceptamos como verdadero y en lo cual depositamos gustosamente nuestra confianza. Todos tenemos nuestras creencias. Algunos compartimos las creencias de una religión, algunos caminamos a solas. Los sistemas de creencias vienen con reglas y principios destinados a mantener intactas esas creencias. Los sistemas de creencias están llenos de problemas porque el vasto rango de la experiencia humana no encaja ordenadamente en categorías. Se presentan conflictos cuando nuestras creencias no encajan con la experiencia. Cuando esto ocurre a veces atacamos a los demás o buscamos a quién echarle la culpa. Necesitamos abandonar nuestras creencias estrictas y aceptar información nueva sin miedo. Las creencias son como las reglas; están ahí para ser adaptadas y cambiadas.

Lo más sabio es ocuparnos de desarrollar la presencia de Dios en nuestra vida y tratar de comprenderla en lugar tratar de cambiar a otros. Todos en ocasiones tratamos de cambiar las convicciones de los demás. Por ejemplo, si somos vegetarianos, queremos que todo el mundo deje de comer carne. Quienes comen animales se convierten en blanco para tratar de cambiarlos, y acabamos ocupándonos demasiado tiempo de lo que hacen los demás. La lección importante es: viva su vida de la mejor manera posible para usted, y si funciona y usted es admirable y auténtico, otros se interesarán en su sistema de creencias.

Reflexión Angelical: No temeré al cambio, permitiré a mis creencias espacio para crecer, y abandonaré pensamientos rígidos.

Lo indicado

Nota Angelical: **Lo indicado es lo que el universo nos da en el momento indicado.**

¿Cómo sabemos si deberíamos tratar de manifestar un deseo? La regla de oro de los ángeles es que podemos tener en la vida todo lo que contribuya a nuestro crecimiento y felicidad sin hacerles daño a otros y sin interferir con sus derechos y su felicidad. Desde luego, que a veces queremos desesperadamente lo que no es indicado para nosotros, hasta el punto de que podemos convencernos fácilmente de que nos corresponde. Pero como en ese caso estamos trabajando en contra de nuestro bien, si tenemos éxito en nuestra mal concebida misión, nos encontraremos con obstáculos insalvables o a la larga experimentaremos dolor, insatisfacción, o desilusión. Si hay algo que de verdad queramos, tenemos que tener claridad en cuanto a nuestras motivaciones, y necesitamos pensar cuidadosamente en los efectos que procurárnoslo tendrá en nuestra vida y en la vida de los demás. Si algo que queremos no es apropiado, tenemos que ser sinceros con nosotros mismos y entregarles a los ángeles ese deseo, a sabiendas de que ellos traerán a nuestra vida exactamente lo que nos conviene en el momento correcto.

¿Cuáles son algunas de las cosas que usted quiso en el pasado y que ahora piensa con alivio que no llegó a tener? ¿Cuáles son algunas de las cosas que usted quiere ahora? ¿Por qué las quiere? Pídales a los ángeles que lo guíen siempre hacia las cosas que satisfarán las necesidades del aspecto más elevado de su ser.

Reflexión Angelical: **Permito que el universo me muestre qué es lo indicado para mí.**

ᴇL JARDÍN SAGRADO

Nota Angelical: **Los jardines más hermosos son aquellos que sembramos con las semillas de la esperanza, cuidados con amor, regados con alegría y cultivados con gratitud.**

Nuestras vidas son como jardines. Algunos están rebosantes de belleza, color y creatividad. Otros son útiles, productivos y dan nutrición. Muchos dan la impresión de que tienen miedo de crecer, por temor a aparecer demasiado magníficentes. Y algunos permanecen descuidados, el pasto seco y sin vida, las plantas ahogadas por las semillas y agostadas por el abandono. Por fortuna, puesto que un jardín es una entidad viva y cambiante, siempre podemos resucitarlo, desalojando cualquier elemento indeseable y remplazándolo por nuevos brotes. También podemos hacer esto con nuestra vida. Si las cosas nos parecen lúgubres, podemos agregar un toque de color. Si aún no hemos florecido, podemos aprender nuevas formas de expresarnos. Si nos sentimos frustrados, podemos deshacernos de lo que al parecer nos ahoga e impide nuestro progreso. Los ángeles pueden sembrar semillas de esperanza, regocijo, ambición y fe dentro de nosotros y regarlas hasta que florezcan en una vida llena de alegría, sabiduría y vitalidad.

Imagine su vida como un jardín. Dibújelo sobre papel si quiere. ¿Es radiante y próspero? ¿Necesita arrancar algunas malas hierbas? ¿Qué clase de flores y plantas le gustaría tener? ¿Qué nuevas semillas quisiera seleccionar del catálogo de los ángeles?

Reflexión Angelical: **Mi vida está llena de color, belleza y actitudes saludables que dan alegría y alimento a aquellos que entran a mi jardín sagrado.**

$\mathcal{V}$ACACIONES

Nota Angelical: **Las mejores vacaciones nos liberan de la realidad ordinaria.**

¿Toma la vida tan en serio que a veces queda perplejo ante la capacidad de otros de divertirse o de estar a gusto con una vida aparentemente banal? ¿Alguna vez se pregunta, "¿Por qué yo, Dios mío?" cuando las cosas no marchan según sus designios? ¿Pasa mucho tiempo analizando aspectos poco importantes de sí mismo y de los demás? ¿Es difícil para usted hacer caso omiso de los aspectos negativos de la vida? Si respondió que sí a cualquiera de las anteriores preguntas, está en lista para darse unas maravillosas vacaciones que solamente ofrecen los ángeles—unas vacaciones de usted mismo. Un descanso de sí mismo le dará una visión completamente nueva de la vida, a medida que empieza a ver sus preocupaciones habituales bajo la perspectiva del cielo. ¡Quizás se descubra incluso riéndose de estas! O al menos quizás se sonría un poco ante lo graciosas que a veces deben parecerles nuestras preocupaciones humanas a los guardianes cósmicos de la alegría.

Aun si no puede sacar tiempo real de su rutina diaria, los ángeles de todos modos están en capacidad de regalarle unas vacaciones maravillosas. Cuando esté demasiado absorto en sus cosas, empiece, mediante un esfuerzo, por tomar conciencia. Pídales a los ángeles que le recuerden con delicadeza cuando sea hora de cambiar de enfoque hacia el mundo exterior. Permítase a sí mismo y a los demás divertirse por ninguna razón en absoluto.

Reflexión Angelical: **En cualquier momento, en cualquier lugar, puedo tomarme las vacaciones que me ofrece el sentido del humor.**

LUGAR DE LIBERTAD

Nota Angelical: **El cielo es un estado libre.**

La sola palabra *libertad* resuena en la mente de todos, porque la libertad es una poderosa predilección de los humanos. Muy en el fondo del alma, cada uno de nosotros anhela la libertad de mente, cuerpo y espíritu. Es importante que encontremos nuestro lugar de libertad. Puede ser un diario donde escribir nuestros pensamientos libres; un lugar donde seamos libremente aceptados; una habitación especial en la mente, decorada exactamente de la forma que nos gusta, para ir a fantasear con la libertad; o algunos implementos de arte, como un lienzo o una bolsa de arcilla, para crear libremente con éstos. Los ángeles están libres de muchos de los aspectos que entorpecen nuestra libertad de espíritu. Nos pueden ayudar a ver más allá de los límites de nuestro territorio material. En última instancia descubriremos que las creencias de los humanos que bloquean la libertad son ilusiones, puesto que siempre hemos sido libres. Usted, ahora, es libre.

Para saber qué tan libre se siente en este momento, pregúntese lo siguiente: ¿Tiene tiempo libre, tiempo para hacer lo que quiere en el momento? ¿Le permite a su mente divagar libremente por las galaxias del pensamiento? ¿O siempre está programando su escape, creyendo que algún día será libre?

Reflexión Angelical: **Soy un alma libre.**

ℰSPERAR

Nota Angelical: "La lluvia llegará en su momento. No podemos hacer que ocurra; tenemos que esperarla."

El I Ching

Es tan difícil a veces esperar que la vida se desarrolle, refrenarnos de tratar de apurar las cosas para que sucedan antes de tiempo. En nuestro afán de obtener resultados, no obstante, olvidamos que esperar es una parte tan importante de la vida como lo es actuar. Hay un propósito en la espera; como lo observaba Richard Wilhelm en su traducción del *I Ching,* el *Libro de los cambios,* "Esperar no es una mera esperanza vacía. Tiene la certeza interior de alcanzar nuestra meta." Es interesante anotar que el hexágono titulado "Esperar" en el *I Ching* se denomina también "Alimento." El período de espera es un tiempo valioso durante el cual podemos fortalecer nuestros recursos internos. Si no hay nada que podamos hacer acerca de una situación salvo esperar, podemos utilizar la oportunidad para planear, relajarnos, hacer investigación—todas actividades muy útiles que invariablemente conducen hacia la iluminación. Según dicen las *Runas,* el equivalente escandinavo del *I Ching,* "Cuando los pescadores no pueden zarpar, reparan las redes."

Si en este momento está en una situación en la que tiene que esperar, ¿cómo puede utilizar el tiempo productivamente? ¿Cuál cree que es en su vida el propósito de esperar? En lugar de sentirse frustrado o de desesperarse, trate de agradecer el tiempo de espera por proporcionarle un respiro en su vida, una oportunidad de nutrirse física, emocional y espiritualmente mientras que adquiere una nueva perspectiva en cuanto a la situación.

Reflexión Angelical: Como en el caso de cualquier otra oportunidad, la espera me sirve de ventaja.

ADAPTABILIDAD

Nota Angelical: **Los ángeles son los agentes de la adaptabilidad; nos conducen con elegancia a través de los cambios.**

Un efecto colateral positivo de invertirle tiempo al crecimiento personal y espiritual, es que nos volvemos adaptables. Ser adaptable significa que nos moldeamos fácilmente a nuevas situaciones; aceptamos el cambio en lugar de resistirnos a él. Una persona adaptable se deleita en los nuevos retos y aprende a seguir sintiéndose cómoda bajo presión. La adaptabilidad nos da la oportunidad de mantener la mente abierta al cambio, y esto nos mantiene jóvenes de corazón. Ser adaptable requiere trabajo y práctica pero bien vale la pena el esfuerzo. Una persona verdaderamente adaptable se preocupa muy poco, es flexible con las personas, tolera los puntos de vista de los demás, se adhiere con facilidad a sus propios valores y guarda tiempo para disfrutar la vida.

¿Es usted adaptable y está abierto al cambio? ¿Es usted tranquilo la mayor parte del tiempo, y rara vez deja que los estados de ánimo y los comportamientos de otros le molesten? Piense en todas las formas en que puede ser adaptable. Evite permitir que los demás que son menos adaptables lo empujen hasta sus límites o traten de controlarlo. Las personas con buena disposición, las que son extremadamente adaptables, se confunden equivocadamente con personas pusilánimes. No obstante, la verdadera adaptabilidad le permite a su mente abierta ver esto antes de que se convierta en un problema. Los ángeles lo protegerán, si usted se protege a sí mismo estableciendo buenos límites.

Reflexión Angelical: **Soy adaptable y estoy abierto al cambio. Aceptaré el cambio y ajustaré mis pensamientos para que encajen en mis experiencias.**

ℒOS PECADOS

Nota Angelical: Un pecado es una opción que tomamos de alejarnos de una conciencia superior.

Mahatma Gandhi escribió que existen siete pecados en el mundo:

(1) riqueza sin trabajo, (2) placer sin conciencia, (3) conocimiento sin carácter, (4) comercio sin moralidad, (5) ciencia sin humanidad, (6) adoración sin sacrificio, (7) política sin principios.

Un pecado puede concebirse como una acción que genera un desequilibrio que favorece nuestro propio ego y nuestro propio placer a expensas del bien superior general. Para Gandhi, el aspecto más dañino del pecado no es la acción en sí misma sino el vacío de una existencia que ha rechazado una conciencia superior. Por ende la riqueza carece de significado sin la satisfacción y alegría de haberla ganado. Sin conciencia, el placer no es más que una adicción. El conocimiento sin carácter es inútil; la adoración sin el sacrificio es hipocresía. Puesto que los seres humanos hemos recibido el don de la inteligencia, la conciencia y la libertad, tenemos una responsabilidad con el universo. Se espera de nosotros no que actuemos ciega o egoístamente, sino con una conciencia superior construida sobre fundamentos morales y espirituales seguros.

Durante varios días, trate de llevar un diario de todas sus acciones. Registre las acciones mismas en una columna, y las motivaciones en otra. Al final de tres días, siéntese con su diario y reflexione sobre sus revelaciones. Tendrá una claridad nueva sobre qué tan consciente o inconscientemente está viviendo su vida.

Reflexión Angelical: Elijo utilizar a plenitud mi capacidad de comportarme de manera consciente y compasiva.

EN ABUNDANCIA

Nota Angelical: **Los ángeles proporcionan un abundante suministro de amor celestial.**

Abundancia significa que hay más que suficiente. Cuando Dios y los ángeles nos dan, nos dan más de lo que pedimos. Dése cuenta de que tiene más que suficiente. Belleza, amor, felicidad, y alegría en abundancia están disponibles para usted en toda ocasión en cantidades ilimitadas. Hay abundancia de energía creativa que puede utilizar para hacer interesante su vida. Hay abundancia de nuevas y emocionantes aventuras que puede experimentar. El dinero es abundante; tan solo necesita saber cómo "hacerlo." Muchos amigos en todo el mundo están a la espera de conocerlo algún día. Y tampoco se le agotarán nunca los ángeles para ayudarle a llenar su vida de significado y bendiciones.

¿Qué necesita en este momento en su vida que esté disponible en abundancia en el planeta pero sea escaso en su vida? Si existe, lo puede tener. Si necesita algo, pídales a Dios y a los ángeles que le ayuden a cocrearlo. Siempre se asegurarán de que usted tenga más que suficiente, si usted está dispuesto a aceptarlo.

Reflexión Angelical: **Tengo más que suficiente.**

Auto imagen

Nota Angelical: No hay necesidad de conservar una auto imagen; suéltela y conviértase en parte del todo.

Su auto imagen puede causarle problemas, si les da demasiada importancia a sus experiencias del pasado y permite que estas definan quién es usted. Por ejemplo, si alguna vez estuvo fuertemente endeudado todavía quizás se identifique como una persona endeudada. Si ha estado en negocios, puede identificarse por el éxito que tuvo adquiriendo posesiones materiales. Todos necesitamos desarrollar una buena auto imagen, pero no tenemos que permitir que esta nos detenga ante nuevas experiencias. Una de las experiencias más liberadoras es abandonar la auto imagen y volvernos uno con la unidad de la vida. Entonces, ya no nos percibiremos como pequeños recipientes llenos de una personalidad rígida, una serie de creencias, y una cuenta bancaria.

¿Alguna vez ha sentido como si estuviera en un espacio sin tiempo y no supiera dónde empieza y dónde termina el mundo exterior? Si ése es el caso, usted se integró con la unidad de la vida, con la verdadera fuerza vital que no se ocupa de imágenes o cuentas bancarias. ¿Qué podría hacer para soltar el apretado cinto de su propia auto imagen? Algunas ideas: cambie de peinado, empiece a practicar una afición diferente, póngase algo "inapropiado" para su siguiente función social, y, lo que es más importante, preste atención a su conexión con la vida.

Reflexión Angelical: No soy la imagen de mi pasado; soy una brillante reflexión del momento.

ESPACIO PERSONAL

Nota Angelical: **Dios respeta su privacidad.**

El derecho a la privacidad está perdiendo valor. En un mundo en el que los teléfonos son fácilmente intervenidos y la información es extraída de nosotros de forma artera y peligrosa, quizás sintamos como si no hubiera un lugar para correr a tener un pensamiento privado o un momento con nosotros mismos. Quizás se nos lleve a creer que la privacidad no es nuestro derecho, pero lo es y es respetado por el cielo. No tema tener pensamientos privados. Aun si no gusta de su contenido, permítase explorar pensamientos privados sin juzgarse. La privacidad es una bendición, una gracia de Dios, y depende de nosotros proteger nuestra privacidad. Los ángeles son buenos para ayudarnos a proteger nuestra privacidad. Podemos permitirles entrada en nuestros secretos y nos ayudarán a mantener ocupados en otra cosa a los invasores de la privacidad de modo que nosotros podamos disfrutar del espacio personal sagrado.

Un problema que conlleva ser persona privada es que atrae la curiosidad de los entrometidos. Algunas personas perciben un anuncio de privacidad como una invitación. Piense en sus propios asuntos de privacidad y aprenda a protegerse. La próxima vez que necesite de tiempo privado, pídales a los ángeles que le ayuden a crear un espacio sagrado, y visualice escudos protectores alrededor suyo que enviarán a las personas en otras direcciones si empiezan a perseguirlo.

Reflexión Angelical: **Mi espacio personal es solamente mío. Puedo pensar, soñar, ser, fantasear, y hacer lo que quiero, y valoro y atesoro mi derecho a la privacidad.**

TRABAJO A DESTAJO

Nota Angelical: **Cree sus propias circunstancias.**

Escuchamos muy a menudo hoy en día el término trabajar a destajo o *freelance.* Tenemos artistas a destajo, inversionistas y consultores independientes. El término *free lance* proviene de las épocas de los caballeros de brillante armadura. Un *free lance,* o lanza libre, era un caballero independiente, libre del dominio de los señores, que recorría los campos buscando aventuras con su lanza. Hoy en día un *freelance* es alguien que es independiente de jefes y de influencias de grupos. Los *free lancers* viven según sus propios principios. Convertirse en *free lance* es una manera maravillosa de liberar su vida si tiene el valor de medirse a los retos que entraña.

Trabaje a destajo para Dios. De esta forma no está bajo el dominio de ningún otro ser humano, sino que recibe sus indicaciones del más alto poder del universo. Los ángeles le ayudarán a establecerse como free lance. *Lo único que tiene que hacer es tomar la decisión de ser fiel a sus valores, hacer el trabajo requerido de manera nueva y divertida, y tener la determinación de permanecer fiel a su propósito más elevado.*

Reflexión Angelical: **Soy libre de elegir mi camino en la vida y el trabajo de mi vida.**

Detrás de usted

Nota Angelical: **Es bueno saber qué hay detrás de usted.**

La mejor forma de descubrir qué hay detrás de usted es dar un buen vistazo. Detrás de nosotros están nuestras sombras. Nuestras sombras nos siguen por doquiera que vamos; son una parte natural de nuestro ser encarnado. La sombra puede causarnos problemas cuando decidimos que es mala mientras que nosotros somos buenos—en otras palabras cuando tratamos de separarnos del ser que es sombra. Todos queremos asegurarnos de que somos real y verdaderamente buenos y nunca pensaríamos en hacerle daño a otro. Sin embargo la posibilidad de hacerle daño a otro está siempre presente en cada ser humano y cuando la reconocemos y la aceptamos, entonces somos capaces de elegir no actuar sobre esta posibilidad.

Conozca qué hay detrás de usted. Imagine que su ángel de la guarda siempre está detrás de usted para guiarlo con plena conciencia en cada situación que se encuentre. Deje el pasado atrás, pero no lo niegue. Acepte su sombra y permita que lo siga.

Reflexión Angelical: **Con los ángeles como guías, puedo enfrentarme a lo que hay detrás de mí.**

La Madre Tierra

Nota Angelical: **Como es arriba, así es abajo.**

Muchos de nosotros nos preocupamos enormemente por la Madre Tierra. ¿Podría nuestra contaminación y la manipulación de las fuerzas de la naturaleza realmente llevarnos hacia la extinción del planeta? ¿O nos damos demasiado crédito y nos creemos demasiado poderosos, como si pudiéramos controlar el destino de todo el planeta? Los ángeles nos tienen un secreto: saben que la Madre Tierra nos podría evacuar en cualquier momento que quisiera. ¿Será posible que muy en el fondo comprendamos esto y que estemos más preocupados por lo que nos suceda a nosotros que por lo que pueda sucederle a la Madre Tierra? Al ir a elegir la piedra para escribir el epitafio de la Madre Tierra, desperdiciamos energía valiosa que tendríamos para mejorar su vida. Nos envolvemos en el juego de predecir el desastre en lugar de hacer honor a nuestras propias vidas y de embellecerlas y respetar la vida de quienes entran en contacto con nosotros. Respete el hecho de que los recursos naturales tienen que ser repuestos y no deben ser mal utilizados. Sea sabio en sus acciones relacionadas con ella, ame su belleza—gran parte de la cual nace de la destrucción—y luche por tener paz interior, una especialidad de los ángeles. Esto hará más para salvar a la Madre Tierra que todas las calcomanías para el auto que se pudieran comprar.

¿Cómo puede usted unir fuerzas con los ángeles para salvar a los humanos? Empiece a concentrarse en traer a su vida y sus actividades la conciencia de paz y armonía, y deje que Dios cuide el destino final de la Madre Tierra.

Reflexión Angelical: **Sé que desarrollar paz interior es el primer paso y el más importante hacia el logro de la paz en la tierra.**

CARISMA

Nota Angelical: El carisma es una característica natural.

La palabra *carisma* proviene del griego *kharisma*, que quiere decir don divino. Cuando decimos que alguien tiene carisma, es porque notamos que atrae la amorosa atención de las personas. Puede presidir sobre un grupo con habilidad excepcional y asegurarse el cariño de las personas. Usted puede pensar que solamente algunas personas tienen la suerte de haber nacido con carisma, pero el carisma es inherente en todos. Cada uno de nosotros tiene un don divino, y el carisma se presenta naturalmente cuando compartimos nuestros dones divinos con amor en el corazón. El carisma significa que inspiramos entusiasmo en los demás, y esto solamente puede suceder cuando verdaderamente amamos lo que hacemos.

¿Ha identificado usted sus propios dones divinos? Si no es así, éste es el momento perfecto con los ángeles en su conciencia. ¿Alguna vez ha disfrutado de un tiempo de atraer atención positiva y admiración de los demás? Piense en por qué y cómo sucedió. Como cualquier cosa buena, el carisma requiere equilibrio de cuerpo, mente y espíritu, de modo que tenga cuidado con sus dones divinos; utilice el discernimiento acerca de dónde y cómo los reparte. Defina qué está dispuesto a dar libremente.

Reflexión Angelical: Sé que mi alma es carismática. Mi vida brilla con amor cuando comparto mis dones divinos con el mundo.

ALÉJESE

Nota Angelical: **No se aleje furioso. Simplemente aléjese.**

Una de las pruebas más difíciles en la vida tiene que ver con encontrarnos de repente en medio del escenario del drama personal de ciertas personas, desempeñando un papel para el cual no presentamos audición. Si son quejumbrosos crónicos, nos convertimos en sus simpatizantes o consejeros. Si nos atacan, tratamos de defendernos. Sea cual sea el juego, acabamos desperdiciando nuestro valioso tiempo y energía en frustración y rabia. Los ángeles tienen una solución simple para actuar frente a aquellas personas con quienes el raciocinio sencillamente parece no tener efecto. Aléjese de ellos—no con rabia ni con temor, sino de manera neutra. Si se siente con temor y culpable por alejarse, recuerde que al rehusarse sin juicios a permitir que estas personas agoten su energía o lo arrastren hacia el hueco negro de sus vidas usted no está haciendo gala de cobardía, evasión o dureza de corazón, sino de valor, sabiduría y compasión.

Si alguien en su vida le está causando frustración innecesaria, no trate de pelear o razonar. Sencillamente retírese del campo de energía negativa de esa persona. Si tiene que estar en la misma habitación en casa o en el trabajo, de todos modos puede protegerse con un escudo psíquico. Sonría y no diga nada y afirme silenciosa y firmemente, "No creo poderte ayudar en este momento." Luego, reanude serenamente sus actividades. Quizás a la persona no le guste el mensaje, pero seguramente lo captará.

Reflexión Angelical: **No tengo que estar bajo la influencia de la negatividad o intimidado por ésta. Siempre tengo la opción de alejarme.**

CANTAR

Nota Angelical: "Aprenda a cantar, aprenda a ver su vida y su trabajo como una canción del universo."

Brian Swimme

Usted no tiene que ser cantante profesional o tener un tono perfecto para disfrutar del canto. Cantar era antaño una parte importante de todas las reuniones humanas. Aun una simple reunión de pueblo incluía la canción. Nuestras posibilidades de cantar en grupo no son tan abundantes como antes, pero eso no quiere decir que tengamos que dejar de cantar. Los ángeles cantan todo el día, alabando a Dios con sus hermosas canciones. Nuestras vidas pueden ser hermosas canciones que cantamos con los ángeles para alabar a Dios. Es natural que queramos cantar. Si reprimimos una inclinación natural, sentiremos que algo falta en nuestras vidas. ¡No se pierda la oportunidad de cantar su canción!

Cante con todo el corazón. Cante cuando esté preocupado. Invente una letra sobre lo que pasa en su vida para acompañar música instrumental. Cante mientras trabaja y juega. Cante y los ángeles cantarán con usted. Silbe una canción y pronto estará riendo de alegría. Es difícil silbar cuando tiene ganas de reír; ¡suéltese!

Reflexión Angelical: Cantaré mi canción con alegría, y me conectaré con la canción universal de amor.

$\mathcal{P}$ERMISO

Nota Angelical: **Concédase el permiso de ser interesante.**

Dios da permiso; Dios les ha dado a los seres humanos libre albedrío. También nosotros debemos concederles a nuestros seres amados la libertad para trastabillar y caer si eso es lo que tienen que hacer para crecer y ampliar su conocimiento. Lo más bondadoso que podemos hacer por otros es permitirles cometer sus propios errores y aprender de ellos, luego, estar disponibles cuando necesiten de nuestro amor. Desde luego, que se requiere consideración, cuidados y conciencia pura porque a veces es necesario que intervengamos y ayudemos a aquellos que no son capaces de ayudarse a sí mismos. Por ejemplo, usted no pasaría jamás de largo ante un niño que sufre abuso o maltrato sin hacer lo que pudiera por detener la acción. El libre albedrío nos resulta un concepto confuso, pero es verdaderamente el regalo más valioso que se nos ha dado como humanos. Cuando elegimos utilizar el libre albedrío para aprender de nuestros errores, eligiendo valorar toda la vida como una experiencia de aprendizaje destinada a ayudarnos a entender a Dios, entonces lograremos lo que vinimos a hacer. Concedámonos mutuamente permiso para crecer.

¿Puede usted darles a los demás permiso para ser quienes son y no tratar de cambiarlos ni a ellos ni a su destino? ¿Es fácil para usted permitir que las personas que hacen las cosas de manera diferente a como usted las hace o que personas que usted no comprende plenamente hagan lo que quieran? Permítase ser usted mismo, y permita que se desarrolle el proceso de la vida a su hermosa manera.

Reflexión Angelical: **Doy permiso al mundo para desarrollarse, y me doy permiso a mí y a quienes amo para utilizar el libre albedrío.**

REINA DE LOS ÁNGELES

Nota Angelical: María es la Madre Divina de la misericordia. Es el símbolo de la verdadera compasión y del amor maternal incondicional.

María, la madre de Cristo, es llamada muchas veces la Reina de los Ángeles. María está tocando de manera muy profunda las vidas de las personas que participan en la conciencia angelical. La parte más importante del mensaje de María es su universalidad. En Medjugorje habla de la paz y la conversión que proceden del corazón y de la oración diaria. Ella dice que la fe no puede existir sin la oración. El asunto no es si creemos o no que María se está apareciendo a los seres humanos, sino cuán indicado es el momento para el mensaje. En la tierra están ocurriendo cambios profundos. Necesitamos restaurar las cualidades divinas de compasión y misericordia, y es por eso que María está tocando nuestros corazones y por eso que los ángeles están tan presentes hoy en día.

Kuan Yin es la bodhisattva china de la compasión y la misericordia. Su nombre significa "la que atiende los llamados del mundo." Casi todas las culturas del mundo tienen un arquetipo de Madre María o Kuan Yin. La próxima vez que se encuentre necesitado de consuelo o misericordia, pídale al arquetipo de la Madre Divina que se dé a conocer en su vida. Es especialmente útil en situaciones de emergencia que parecen imposibles o abrumadoras. Aprenda a pedir ayuda divina y ore todos los días, y estará bien.

Reflexión Angelical: Sé que por más difícil que sea una situación que deba enfrentar, hay una energía divina a la espera de restaurar la esperanza de mi corazón.

APRENDIZAJE

Nota Angelical: **En el acto de aprender, la mente y el corazón deben ser partícipes por igual.**

La sociedad tradicionalmente concibe el aprendizaje como la adquisición de datos e ideas. Pero si bien el conocimiento de la mente es innegablemente importante, será de poco valor sin el correspondiente conocimiento del corazón. Los ángeles conciben el aprendizaje como adquirir comprensión sobre nosotros y sobre los demás. A medida que aprendemos acerca de nuestros patrones de comportamiento, las razones por las cuales hacemos las cosas que hacemos, y mediante estemos más dispuestos a tratar de entender por qué otros actúan de la forma en que lo hacen, adquirimos mayor control de nuestra vida. Nos graduamos de ser criaturas de costumbre a ser individuos maduros para quienes todas las experiencias se convierten en una fuente de aprendizaje y un impulso para el cambio. Al hacerlo, nuestros errores se convierten en nuestros éxitos y adquirimos verdadera sabiduría—el conocimiento que nace de la compasión, que se fortalece a través de la conciencia, y que se aplica al crecimiento.

Si una determinada dificultad en su vida ha hecho que usted se dirija a esta meditación, ¿qué puede aprender de esta dificultad? ¿Cómo podría aprender más a partir de ésta? Enfoque la dificultad como un regalo de los ángeles, una oportunidad ideal para aprender más sobre sí mismo, el porqué se encuentra en esa situación, y cómo puede resolver el problema mediante la comprensión y la alteración de patrones claves de comportamiento.

Reflexión Angelical: **Todas las experiencias que se me han dado son valiosas oportunidades de aprender y de cambiar.**

DEJE DE PREOCUPARSE

Nota Angelical: **Deje de preocuparse por las cosas que no puede cambiar.**

Si usted está permanentemente molesto por la forma como otros lo tratan, o si siente que lo perturban las cosas que otros le hacen, la mejor forma de tener una vida en paz es que deje de importarle. Eso no significa que usted deje de interesarse en las personas mismas y en su más alto bien; significa que deja de preocuparse y de invertir su tiempo en lo que ellos hacen. Si nos concentramos con demasiado ahínco en las cosas que no recibimos de los demás, toda nuestra atención estará volcada en el asunto de la carencia. Regálese un descanso de que le importen las cosas que otros hacen.

Investigue a ver qué cosas le importan y por qué. Pregúntese cuál es la razón real por la cual le importa el comportamiento de otro en determinadas situaciones. ¿Qué ha invertido usted en la forma como otros se comportan? Si las respuestas son su propia autoestima, su dignidad, o su apoyo financiero, es hora de repensar sus intereses y de reorganizarlos alrededor de las cosas que realmente le aportan amor propio. Cada vez que un pensamiento acerca del comportamiento negativo de otro empiece a repetirse en su mente, deténgalo diciéndose a sí mismo: Elijo que esto no me importe; no tiene nada que ver conmigo ni con el plan general para mi vida.

Reflexión Angelical: **Me interesaré más por la belleza de la vida, y menos por los patrones de comportamiento de las personas.**

ENERGÍA

Nota Angelical: **Cada momento de nuestra vida es una reacción a y generación de algún tipo de energía.**

Constantemente emitimos y recibimos energía, no sólo verbalmente sino también a través de nuestros pensamientos, emociones y lenguaje corporal. Los ángeles nos animan a tomar conciencia del efecto que tenemos sobre otros y el efecto similar que ellos tienen sobre nosotros mediante esta transmisión muchas veces inconsciente de ondas de energía. Seremos entonces menos vulnerables a las influencias externas y estaremos más en contacto con nuestras propias elecciones. Podemos sintonizar la energía que pulsa constantemente en nosotros y alrededor de nosotros para convertirla en una vibración más alta y más pura que pueda cambiar nuestro ambiente y nuestra vida. Al hacernos más conscientes de los pensamientos y los sentimientos que enviamos al mundo, y al confiar en nuestra orientación e intuición interna, seremos más capaces de percibir e interpretar la energía existente y de enviar y recibir el tipo de energía que deseamos.

Empiece a percibir la energía que lo rodea. Note su nivel de energía cuando se levanta en la mañana, y cómo cambia durante el día. Tome conciencia de cómo su energía cambia según con quien esté. ¿Algunas personas parecen darle energía mientras que otros se la agotan? Preste atención a cómo sus emisiones no verbales de energía parecen afectar a otros, y empiece a enviar el tipo de energía que quisiera recibir.

Reflexión Angelical: **Mis pensamientos y sentimientos no verbalizados tienen un poderoso efecto sobre mi vida y la vida de quienes me rodean.**

APROBACIÓN

Nota Angelical: **Usted no necesita que otros aprueben de usted; usted está aprobado por el cielo.**

¿Cuál es su nivel de aprobación? Si lo sabe, entonces tiene problemas. ¿Cómo podríamos tener una calificación de aprobación cuando no es asunto de los demás calificar lo que nosotros hacemos? Buscar aprobación personal nos mete en toda clase de problemas. Acordamos hacer cosas que no queremos hacer por temor a que la persona que nos las pide desapruebe de nosotros si le decimos que no. La aprobación hace que ciertas personas mientan acerca de sí mismas. Es natural querer ser aprobados—querer que las personas nos den el visto bueno—pero el problema estriba en buscar la aprobación de otros antes de aprobar nosotros mismos lo que somos. Todo el asunto de la aprobación es ajeno a los ángeles. Es tan sólo otra forma en que los humanos entregan su libertad de ser.

La próxima vez que se sienta incómodo con algo a lo que accedió, pregúntese si lo hizo porque buscaba aprobación. Deje de buscar aprobación en todos los lugares errados mediante la estrategia de no buscarla desde un comienzo. Pídales a los ángeles que le ayuden a ser consciente de cuándo accede a cosas que realmente quiere, no aquellas diseñadas para la ilusión de la aprobación. El chiste es que otros acaban desaprobándonos de todos modos; están demasiado ocupados buscando ser aprobados ellos mismos.

Reflexión Angelical: **He sido aprobado por el cielo; he sido aprobado por los ángeles. Miraré más allá de la aprobación hacia la meta de vivir una vida honesta.**

𝒫OESÍA

Nota Angelical: **Todos somos poemas en busca de una voz.**

"Un poema," decía Robert Frost, "empieza con un deleite y termina en sabiduría." Igual sucede con la vida, si ésta se vive como los ángeles quisieran que la viviéramos. Y la poesía es, a fin de cuentas, vida transformada en verso—la corriente indómita, creciente y emocionante del pensamiento, el sentimiento y la experiencia humana. No tenemos que ser capaces de escribir poemas para experimentarla. ¿Alguna vez ha observado el movimiento lírico de los árboles mecidos al viento, el vuelo rítmico de los pájaros en el cielo, la aparición medida de las estrellas al hacerse visibles en el cielo de la tarde? ¿Alguna vez ha escuchado su poesía interior—sus pensamientos, sus sueños, la canción de su propia alma? Los ángeles le han dado innumerables poemas, que esperan como estrellas para salir e iluminar el cielo que hay dentro. Y ellos creen que el poeta es la personificación del valor, pues se atreve a dar voz a los anhelos que muchas veces yacen escondidos en el corazón humano. Desentierre sus anhelos; deles voz. Es entonces que su vida puede empezar de nuevo en el deleite y terminar en sabiduría.

¿Cuáles son los poemas de su alma? Mire a ver si puede escribir un poema acerca de uno de ellos. Si tiene dificultades para comenzar, trate de leer un poco de poesía todos los días. Entrar en contacto con la poesía de los demás le ayudará a despertar al poeta que hay dentro de usted.

Reflexión Angelical: **Reconozco los poemas de mi alma y los activo.**

DOLORES DE PARTO

Nota Angelical: **Nada viene de nada.**

Cuando da a luz algo, bien sea un hijo, un proyecto creativo, un nuevo negocio, o un nuevo aspecto de sí mismo, experimentará dolores de parto. El parto es un esfuerzo, trabajo arduo, pero si no pasamos por éste, no damos a luz nada nuevo. Si el parto es tan difícil y tan doloroso, ¿por qué habríamos de apuntarnos a dar a luz algo nuevo? Porque las gratificaciones y las bendiciones que recibimos bien valen la pena cada segundo de dolor. Tenemos la capacidad de olvidarnos del dolor cuando éste ha pasado, y también podemos elegir ser creativos con nuestro dolor. Los ángeles pueden ser nuestros compañeros de parto. Nos recuerdan que debemos ir más allá del dolor y mantener viva la visión creativa.

¿Tiene miedo del parto? Si es así, pídales a los ángeles que sean sus acompañantes para el parto. Piense en las ocasiones en su vida en que usted ha creado o dado a luz algo nuevo de lo cual se sentía orgulloso. ¿Valió la pena el dolor? No le tema al dolor. Entre al trabajo de parto y nazca de nuevo.

Reflexión Angelical: **Me doy cuenta de que para crecer y prosperar debo trabajar con amor en mi corazón y dar a luz nuevas maravillas.**

IRSE A LOS EXTREMOS

Nota Angelical: **Nunca los actos irracionales producen resultados racionales.**

Uno de los desastres más grandes en la historia de China ocurrió cuando Mao Tse-tung les declaró la guerra a las golondrinas. Denunció a las aves como "enemigas del pueblo" porque se comían el grano, dio la orden de que todo el mundo interrumpiera el trabajo y se movilizara. Desde todos los tejados a lo largo y ancho de la nación, billones de hombres, mujeres y niños gritaban, golpeaban los *gongs*, disparaban rifles y de esta forma asustaron a tal punto a las golondrinas que éstas, sin tener dónde aterrizar u ocultarse, eventualmente cayeron a tierra, muertas del agotamiento. Mao sí tuvo éxito al prácticamente eliminar la población de golondrinas de China. Pero los ángeles podrían haberle dicho que puesto que la perturbación al equilibrio ecológico sería tan grande, no habría quién combatiera los gusanos la primavera siguiente. Y ciertamente los gusanos arrasaron con las cosechas a lo largo del país, lanzando a la China a una hambruna de tres años que mató quizás más personas que las golondrinas que Mao mató.

La próxima vez que tenga la tentación de irse a los extremos y de actuar por rabia o por miedo en lugar de esperar hasta haberse calmado y haber sopesado cuidadosamente la situación, recuerde a Mao y sus golondrinas. Luego, pídales a los ángeles que le ayuden a restaurar el equilibrio natural en su vida encontrando una solución más razonable y útil a su problema.

Reflexión Angelical: **No permito que mis emociones nublen mi razón.**

PROMESAS

Nota Angelical: **Su relación con los ángeles es muy prometedora.**

Una promesa es una declaración en donde se asegura que usted hará o no hará algo. En estos tiempos cambiantes, tenemos que tener cuidado de lo que prometemos a otros o a nosotros mismos. ¿Qué es una verdadera promesa—las diatribas de los comerciales, la charla grandilocuente de las personas, o las promesas de Dios? Dios nos ha prometido la oportunidad de hacer que nuestra vida valga algo mientras estamos acá. Dios ha prometido que los ángeles nos cuidarán. Dios ha prometido que siempre habrá belleza para alimentar nuestra alma. Las promesas de las personas pueden marchitarse y fallar, pero las promesas de Dios siempre son ciertas.

Piense en lo que Dios le promete a usted personalmente. ¿Está dispuesto a aceptar y confiar en las promesas de Dios? ¿Siente que el futuro es prometedor o amenazante para su evolución? ¿Cree que existe una tierra prometida? ¿Existe alguna garantía de que esta vida no es tan sólo un gran chiste? Piense en lo que usted se prometió a si mismo mucho antes de entrar en el plano terrenal. No se exija demasiado. Usted es una promisoria estrella que se eleva para brillar ante otros.

Reflexión Angelical: **Dios me ha prometido belleza, esperanza, alegría y protección angelical para guiarme en todos mis caminos de la tierra. Prometo aceptar libremente estos regalos.**

Moderación

Nota Angelical: **La moderación nos proporciona la resistencia mental y física para vivir la vida a plenitud.**

Cuando a las personas mayores se les pregunta cuál es el secreto de una larga vida, su respuesta más común es que siempre han hecho todo en moderación. Consciente o inconscientemente, estas personas comprendieron y respetaron una verdad importante: que puesto que muchos de los sistemas del cuerpo trabajan dentro de límites, la moderación es una parte esencial del mecanismo de protección. Para sobrevivir necesitamos alimento, agua, aire, sol, ejercicio, juego, descanso, y trabajo; sin embargo, cualquiera de éstos en exceso agrega tensión al cuerpo, lo cual a la vez bloquea la energía creativa y pone en peligro la salud. La moderación puede no ser una filosofía de moda; el exceso siempre ha sido más atrevido y atractivo. Pero para que la inteligencia divina del universo fluya libremente a través de nosotros, debemos respetar nuestros límites mentales y físicos. Los ángeles nos animan a disfrutar pero no a excedernos en los placeres de la vida, a la vez que siempre mantenemos en perspectiva sus dolores.

Muchas veces respondemos al estrés haciendo exactamente las cosas que crean más estrés. En lugar de descansar, de comer sensatamente, o de meditar, quizás nos exijamos demasiado, comamos demasiado azúcar, tomemos alcohol, fumemos o busquemos otros estimulantes que nos ofrecen consuelo temporal. Piense en su propia respuesta al estrés, y pídales a los ángeles que le den sugerencias para poner en práctica la moderación de manera creativa y promotora de la vida.

Reflexión Angelical: **A través de la moderación logro sentirme mental y físicamente en equilibrio y armonía.**

RELACIONES

Nota Angelical: **En lugar de tratar de hacer que una relación funcione, déjela evolucionar.**

El grado de satisfacción en nuestras relaciones depende de qué tan dispuestos estemos a permitir que evolucionen a su ritmo, a su manera. Muchas veces, sin siquiera darnos cuenta, basamos nuestras relaciones en una serie de expectativas e ideas preconcebidas que exigen conformidad en lugar de abrazar la originalidad. Como resultado, en lugar de manifestar la realidad, las relaciones se convierten en proyecciones ilusas de nuestros propios sueños y temores. Nos enamoramos y tratamos de que la otra persona se adapte a nuestra concepción del compañero ideal. Trazamos mapas sensatos para que nuestros hijos los sigan y nos desilusionamos cuando más bien eligen vivir su propia vida. Damos consejos a los amigos y nos duele cuando no actúan sobre estos. Los ángeles nos recuerdan que una relación no es un trozo inanimado de arcilla que podamos moldear para que cumpla nuestras especificaciones sino que es una entidad en sí misma que vive, respira y cambia constatemente. Una relación precisa de libertad y espacio para crecer y madurar.

¿Qué clase de relaciones cultiva en su vida? ¿Les permite a otros el derecho a ser auténticos? ¿Se permite usted mismo ser auténtico? ¿Trata de controlar la dirección de una relación, o disfruta las dichas y sorpresas que trae la relación?

Reflexión Angelical: **Respeto la originalidad de cada relación en mi vida.**

Mensajeros

Nota Angelical: **Los ángeles llegan a nuestro corazón y alma a través de nuestros ojos y oídos.**

Los ángeles son mensajeros, emisarios del cielo, y nos traen sus mensajes de muchas formas y presentaciones. Nuestra vida muchas veces cambia mediante lo que quizás consideremos eventos de suerte o coincidencia. Aparecen inesperadamente personas que traen regalos de sabiduría, amistad, oportunidad, o ayuda. Quizás abramos un libro o encendamos la televisión o la radio justo en donde aparece un pasaje o una situación o la letra de una canción que se aplica directamente a una situación en la que estamos. Recuerde que los ángeles trabajan mediante hechos sincrónicos y que si permanecemos abiertos, no cerrados, a todas las posibilidades, quizás recibamos su mensaje de esclarecimiento, amor y esperanza prácticamente a través de cualquiera de los canales de comunicación terrenal. Lo único que tenemos qué hacer es seguir observando y escuchando.

¿Recuerda alguna ocasión en su vida en la que quizás haya recibido un mensaje de los ángeles? ¿Determinadas personas han entrado y salido de su vida de repente, en lo que casi parece un propósito específico? ¿Alguna vez ha sido salvado inexplicablemente de una tragedia o una situación peligrosa? Empiece a prestar atención cuidadosa a incidentes que antes pudo haber asignado a la suerte o la casualidad, y esté abierto a nuevos pensamientos, esclarecimiento e información. Puede bien ser que se trate de los ángeles que quieren decirle algo.

Reflexión Angelical: **Tengo conciencia de todas las fuentes de ayuda, orientación e información y estoy abierto a ellas. Permito que mi buen sentido y mi intuición me ayuden a decidir cuáles son para mi bien mayor.**

Omnipresencia

Nota Angelical: **El sol siempre está brillando, y Dios siempre está amando.**

Omnipresente quiere decir presente en todo, o presente en todas partes al mismo tiempo, lo que nos encontramos todo el tiempo. Se cree que Dios y los ángeles son omnipresentes. Nuestro ser es omnipresente para nosotros mismos, porque adonde quiera que vamos allí nos encontramos a nosotros mismos. Llevamos equipaje adonde quiera que vamos. Parte de éste seguramente no es necesario para cada viaje que emprendemos; en el camino espiritual es mejor viajar ligero. El amor es omnipresente; lo encontrará dondequiera que vaya si se entrena para buscarlo más allá de sus reacciones. Tan pronto esté dispuesto verdaderamente a ver y sentir sin duda en su corazón, encontrará que los ángeles están presentes en todas partes, especialmente en la belleza de la naturaleza.

¿Qué quiere realmente decir en todas partes? ¿Cómo puede haber algo en todas partes? Si quiere jugar con un concepto abstracto, piense en esto: todas partes es realmente ninguna parte, ningún espacio.

Reflexión Angelical: **Dondequiera que yo vaya siempre estaré presente para mí mismo.**

TRABAJO

Nota Angelical: **"No deberíamos cansarnos de hacer pequeñas cosas por el amor de Dios, porque Él mira más al amor que al trabajo."**

Hermano Lawrence, The Practice of the Presence of God

El hermano Lawrence, monje francés del siglo diecisiete, era apenas un asistente de cocina en el monasterio, sin mucha educación. Pero su práctica de la presencia de Dios mediante las labores serviles tuvo un profundo impacto en la historia de la espiritualidad. Aunque inicialmente detestaba el trabajo de la cocina, el hermano Lawrence aprendió a encontrar—y a comunicar—alegría y propósito en todas y cada una de sus acciones, desde lavar los platos hasta recoger un solo trozo de paja. Como seres humanos con habilidades, talentos y percepciones únicas, todos tenemos el poder de hacer de nuestro trabajo una experiencia enriquecedora y rejuvenecedora y de influir sobre otros mediante nuestras actitudes hacia nuestra ocupación, sea ésta la que sea. El trabajo o la carrera misma es secundario; bien sea que seamos ricos o pobres, famosos o anónimos, que ocupemos el centro del escenario o actuemos tras bambalinas, nuestra tarea angelical es la misma: conectarnos con el aspecto superior de nosotros mismos e inspirar a otros mediante el reconocimiento del verdadero valor del servicio.

La próxima vez que esté trabajando, trate de practicar la presencia de Dios en cualquier tarea durante unos cuantos minutos cada día. Sea el que sea el trabajo—pintar una casa, escribir una carta, responder el teléfono, manejar un proyecto grande—siéntase orgulloso de hacerlo bien y reflexione cómo le ayudará a otro mientras que le ayuda a usted a crecer en destreza y auto disciplina.

Reflexión Angelical: **Sé que el universo es mi verdadero empleador.**

EL REFLEJO DEL ALMA

Nota Angelical: **Un espejo diminuto puede reflejar un fuerte rayo cuando se enfoca hacia la luz.**

Nuestras almas son preciosos espejos que buscan reflejar la luz de Dios. No podemos ver el reflejo de nuestra alma, pero si pudiéramos veríamos diversos grados de intensidad de luz. Algunos tenemos una luz tan brillante que puede iluminar por siempre nuestro camino y los caminos de quienes conocemos. Otros, que no están en contacto con el aspecto espiritual de su ser, han apagado su luz interior y por eso el reflejo es tenue. La luz de Dios es la luz de la verdad; la intensidad de la luz que reflejamos depende de la cantidad de verdad que estamos dispuestos a aceptar y a practicar en nuestra vida. Mientras más vivamos en verdad, más luz reflejaremos de vuelta al mundo. Los ángeles son pura luz y pura verdad. Con los ángeles en nuestra vida, nuestra luz se vuelve naturalmente más brillante.

Imagine que usted es la luz en la oscuridad del mundo. ¿Cómo puede hacer más brillante el mundo a su alrededor? ¿Cómo pueden ayudar los ángeles?

Reflexión Angelical: **Soy un espejo para la luz de la verdad. Mientras más claro mi espejo, más luz podré reflejar para iluminar la oscuridad.**

AISLAMIENTO

Nota Angelical: **Los ángeles nos ayudan a aislarnos de las tensiones del mundo sin bloquear el flujo natural de energía.**

El aislamiento, por definición, bloquea el paso de energía. El aislamiento es un bien popular en el mundo de hoy. Nos aislamos de los elementos de la naturaleza al acondicionar el aire en nuestros hogares y vestir el cuerpo. Nos aislamos de la realidad al dejar que otros hagan el trabajo sucio, como cuidar a los agonizantes, recoger y deshacerse de nuestra basura, criar a nuestros hijos, albergar a los criminales, hornear nuestro pan del día. La energía de la realidad puede, desde luego, ser abrumadora, pero al mismo tiempo si bloqueamos gran parte de esta energía nos sentiremos algo menos que vivos. Los ángeles quieren ayudarnos a aislarnos de una forma natural de modo que veamos la realidad y sepamos dónde podemos ayudar inteligentemente a la humanidad, sin permitir que las fuerzas negativas nos agoten. Los ángeles nos animan a utilizar la energía creativa para hacer interesantes nuestras vidas, y nos aislarán de la dureza de la realidad mediante las energías de la esperanza y el humor.

¿Cómo se aísla usted de la realidad? ¿Esto tiene un efecto negativo o positivo en su vida? Piense en cómo los ángeles utilizan el aislamiento para propósitos positivos: ofrecen protección angelical, impiden el paso de energía negativa, nos entregan la calidez del amor divino. Sin embargo los ángeles nunca bloquean las energías que nos animan a ser miembros despiertos y vivos de la sociedad.

Reflexión Angelical: **Me enfrentaré a los elementos y abrazaré la vida con los ángeles como mis agentes aislantes.**

LA AVENIDA

Nota Angelical: **Hay una maravillosa avenida que empieza en su propio patio.**

El camino a través de la vida no tiene que ser un camino recto y angosto. Hay muchas avenidas encantadoras, bordeadas de ángeles y esperanzas por las cuales podemos viajar y explorar. Las avenidas que elegimos nos ayudarán a definir los recorridos y nos llevarán hacia las personas y los lugares que debemos encontrar. Cuando se empiece a presentar la sensación de que el camino que recorremos se ha vuelto aburrido y tedioso, es crucial descubrir por qué. Puede ser que sea hora de cambiar de avenida, o puede ser que se requiera un crecimiento de la energía creativa para cambiar nuestras percepciones y encontrar formas de utilizar mejor lo que tenemos.

Una avenida es una forma de alcanzar algo, de lograr una meta y de progresar. ¿Qué avenidas ha recorrido para lograr sus metas? ¿Acaso son avenidas que lo hacen feliz y que le ayudan a vivir con paz mental? El paisaje desde su avenida es importante. Rodéese de muchas rosas para oler, e ilumine el camino con los ángeles.

Reflexión Angelical: **Me mantendré fuera de las avenidas del aburrimiento y el resentimiento, y viajaré por las avenidas de luz y risa con los ángeles a mi lado.**

$\mathcal{F}$RUSTRACIÓN

Nota Angelical: **La frustración es un regalo a la espera de ser abierto.**

La frustración es maravillosa. Puede ser el comienzo de la creatividad, el poder detrás de crear lo que de verdad quiere crear. La frustración es una señal de que la energía viva está al alcance de sus dedos, a la espera de que la utilice. Cuando sentimos frustración, tenemos muchas opciones. Podemos dejarla hundir en las catacumbas del resentimiento que mantenemos en los resquicios oscuros de nuestras sombras, o podemos utilizar la energía positiva para que se constituya en la patada positiva en el trasero. La frustración muchas veces indica el momento antes de un giro definitivo, y si somos fieles a la frustración y la enfrentamos, nuestro esclarecimiento será tanto mayor.

La definición de frustrar es impedir que se logre un propósito o se satisfaga un deseo. Al primer síntoma de frustración, pregúntese qué podría hacer para utilizar esta energía viva en algo creativo. Siempre hay una respuesta. A veces nos sentimos frustrados porque estamos tratando de lograr algo que realmente no queremos, de modo que debemos identificar lo que realmente queremos. Los ángeles le ayudarán a encontrar un uso creativo para la frustración. Depende de usted entonces canalizar toda la energía en una nueva forma.

Reflexión Angelical: **La frustración no se aprovechará de mí, porque yo aprovecharé la frustración.**

INTEGRIDAD

Nota Angelical: **La integridad es una declaración personal de independencia de la mediocridad.**

La integridad significa por definición ser sólido y completo, ser honesto e incorruptible. Ser honesto y completo requiere conocerse y saber cuáles son sus principios. Cuando usted es fiel a sus valores, es fiel a sí mismo—es sólido y completo. ¿Puede ponerle precio a su integridad? Si alguien llegara y le ofreciera montones de dinero para que entregara sus valores, ¿lo haría? ¿Entregaría la esperanza por un precio? ¿El valor? ¿La inteligencia? Si le pone precio a algo que valora entonces ha corrompido ese valor y ha comprometido su integridad. Cuando vivimos en integridad, nos comprometemos con la excelencia. Elevamos de categoría nuestra vida y la vidas de aquellos con quienes nos relacionamos. Cuando vivimos en integridad, siempre estaremos luchando por lograr aun mayor armonía con las leyes del universo. No estaremos en un nivel inferior al de los ángeles; los miraremos a los ojos.

¿Cuáles son sus valores? Si no está seguro, haga una lista de las cosas que traen significado a su vida, las cosas que usted protegería y defendería. Algunos de sus valores más altos podrían ser: Dios, educación, hijos, familia, creatividad, libertad, esperanza, salud, paz. Pregúntese si usted es fiel a sus valores en su vida cotidiana. Si no, ¿cómo puede empezar a vivir con mayor integridad?

Reflexión Angelical: **Mis valores personifican los principios de integridad. Se que los ángeles son el viento bajo las alas de la integridad, que llevan una visión de personas completas y sólidas.**

EXPRESIÓN

Nota Angelical: **La vida es la expresión del amor de Dios.**

Expresarnos ante quienes realmente nos tienen cariño no es fácil en estos días trajinados. ¿Cuántas veces se siente satisfecho porque ha expresado quién es usted y ha sido aceptado y escuchado? Una razón por la cual los programas de doce pasos son tan ingeniosos es que les permiten a las personas expresar quiénes son y qué han vivido, y las personas que escuchan entienden y prestan apoyo. La expresión es importante. Si usted rara vez tiene la oportunidad de hacerlo, le faltará armonía en su vida y tratará de expresarse de maneras no apropiadas ante personas a quiénes no les importa. Podemos expresar lo que somos de muchas maneras, y es bueno explorar las diversas posibilidades. Aprendemos acerca de lo que somos al expresarnos como somos.

¿Cómo se expresa usted? Las artes son una buena forma. Unirse a un grupo de apoyo es una buena forma de expresarse y de conocer mejor quién es usted mismo. No haga caso omiso de la importancia de expresarse y de permitir que otros se expresen como son. Los ángeles nos ayudan a expresarnos de formas nuevas y hermosas cuando les permitimos expresar el amor a través de nosotros.

Reflexión Angelical: **Sé quién soy, y lo expresaré ante personas a quienes les importa.**

CONCIENCIA POSITIVA

Nota Angelical: **Pensar es pensar; la conciencia es conocimiento.**

Se ha escrito tanto acerca del poder del pensamiento positivo que todo el concepto se ha convertido en un cliché. Visto superficialmente, el pensamiento positivo ha sido demasiado a menudo malinterpretado como una negación de lo negativo y un acto de cerrar los ojos ante la realidad. Ha sido proclamado como la panacea para todos los males; sencillamente "piense positivamente," se nos dice, y todo lo que queremos vendrá a nosotros. En lugar del pensamiento positivo, los ángeles quisieran que nosotros desarrollemos una *conciencia* positiva. Con la conciencia positiva no negamos lo negativo ni tratamos de manipular al universo para que haga lo que le pedimos. Más bien, trabajamos para remplazar los pensamientos negativos por pensamientos amorosos, y vemos todo lo que nos llega como una ayuda para crecer. A medida que nuestra conciencia se orienta de lo negativo a lo positivo, a medida que nuestras percepciones se vuelven más amorosas y libres de juicios, empezamos a atraer hacia nosotros experiencias alegres y satisfactorias.

Haga una lista de los pensamientos inútiles que se le presentan más a menudo, y en una columna al lado anote la alternativa inspiradora. Cuando quiera que se descubra pensando de manera crítica o negativa, deténgase y remplace estos pensamientos con sus equivalentes amorosos y libres de juicio. A medida que su conciencia cambia de negativo a positivo, note los cambios correspondientes en su vida.

Reflexión Angelical: **A medida que empiezo a ver el mundo a través de los ojos amorosos de los ángeles, atraigo su energía positiva a mi vida.**

POSIBILIDADES

Nota Angelical: **Dejemos de responder aquellas preguntas para las cuales tan sólo Dios tiene respuesta.**

Una pregunta que se les hace con frecuencia a los especialistas en ángeles es, "Cuando muere un ser amado, ¿él o ella pueden convertirse en ángeles para cuidar a sus seres amados desde el otro lado?" La mayoría de los especialistas responde que no, con base en que los ángeles son seres aparte, creados por Dios, no humanos que han muerto. Sin embargo, ¿cómo realmente lo saben los especialistas? La mejor forma de responder nuestras preguntas acerca de los ángeles es identificar el sentimiento que tenemos en el corazón y reconocer que con Dios todo es posible. Quizás Dios cambia y actualiza información; ¿quiénes somos nosotros para decir sí o no a las posibilidades? Limitar a Dios limita nuestra percepción de lo que los ángeles pueden hacer por nosotros. Si quiere limitarse a sí mismo, siga respondiendo las preguntas de Dios; si quiere vivir en el plano de las hermosas posibilidades ilimitadas, entonces abandone las respuestas estrictas y deje que Dios tenga la última palabra.

La próxima vez que requiera una respuesta acerca de las reglas y reglamentos que rodean a los ángeles, recuerde que todas las cosas son posibles. Lo que es verdadero en su corazón puede ser diferente de lo que es verdadero para otro. Considere la posibilidad de que a la larga todo es verdad. Pídales a los ángeles que le ayuden a jugar con sus ideas y que le ayuden a no apegarse a reglas estrictas en relación con la verdad.

Reflexión Angelical: **Dejaré que sea mi corazón el que responda mis preguntas en relación con la verdad.**

INTUICIÓN

Nota Angelical: **Cuando busque la verdad, no se desespere; permita que lo guíe la intuición.**

Los ángeles nos han proporcionado todo el equipo de navegación que necesitamos en el recorrido de la vida. Quizás el más poderoso es la intuición—el conocimiento interno de que, si confiamos en éste, nos mantendrá en el camino correcto, lejos de los espinosos arbustos de la distracción y hacia el propósito de nuestra alma. La intuición es una herramienta multipropósito. Puede ayudarnos con la indecisión y la confusión, alertarnos ante el peligro, e indicarnos la dirección correcta a través de los territorios poco conocidos y a veces temibles de las nuevas experiencias. Nuestra intuición siempre está disponible para nosotros, bien sea que elijamos hacerle caso o no. ¿Cuántas veces hemos hecho caso omiso de esa pequeña voz de advertencia dentro de nosotros y hemos hecho algo que después lamentamos? ¿O cuántas veces hemos seguido nuestra corazonada, con sorprendente éxito? Aprenda a escuchar su intuición. Mientras más se aquiete, más fuerte le hablará. Luego, no tenga temor de seguirla. Siempre lo llevará en la dirección correcta.

¿Qué tan fuerte es su sentido de intuición? ¿Le hace caso? La próxima vez que necesite responder a un problema o precise mayor claridad sobre una situación, póngase en calma, respire profundamente, y sintonice su orientación interior, su corazonada. Anótelos y reflexione sobre éstos. La respuesta que usted busca llegará.

Reflexión Angelical: **Mi intuición es uno de mis recursos naturales más poderosos. Mientras más confío en ella, más seguros serán mis pasos sobre el camino de la vida.**

LA FASCINACIÓN

Nota Angelical: **La vida es un recorrido fascinante.**

La fascinación es una atracción irresistible por algo. Significa estar encantado. Tenemos que tener cuidado con lo que nos encanta; a veces quedamos fascinados con cosas que no convienen a nuestro beneficio más elevado. Si podemos fascinarnos con el proceso de la vida y no estar tan interesados en definirla como buena o mala, la vida será más interesante. Cuando estamos fascinados por la vida, nos fascinamos con los demás. Tenemos que tener cuidado de no estar demasiado fascinados con los ángeles en sí mismos pues lo que ellos quieren es que estemos fascinados con Dios.

Una manera fácil de salirse del mundo en blanco y negro de bueno y malo es echar un vistazo a lo que nos fascina y tener conciencia de los peligros del encantamiento. Fascínese sin hacer una inversión, interésese y sea sabio acerca de lo que le interesa. ¿Qué, exactamente, es lo que le fascina de los ángeles? Piénselo.

Reflexión Angelical: **Me siento irresistiblemente atraído por las maravillas de la vida.**

MORALIDAD

Nota Angelical: **Una mente perezosa nunca captará el verdadero sentido de la moralidad.**

En caricaturas que seguramente todos hemos visto, un pequeño ángel se sienta sobre el hombro de una persona y le habla sobre las virtudes de la bondad, mientras que en el otro hombro se sienta un demonio diciéndole a la persona que sea mala. Reconocer la distinción entre el bien y el mal en relación con el comportamiento y los motivos es el trabajo de la conciencia. De la conciencia surge la moralidad. La moralidad ha recibido poca atención en la historia reciente porque no tomamos tiempo para entender qué tan importante es. La moralidad no existe para controlar nuestro comportamiento desde fuera, aunque muchas religiones querrían que usted pensara que sí lo es. La moralidad proviene de tener un discernimiento interior de lo que está bien y mal para usted mismo. Requiere elegir lo que es mejor para usted y para el progreso del todo.

La decisión de permitir que un sentido de moralidad rija sobre sus motivaciones y comportamientos puede exigirle aplazar la gratificación e incluso sacrificar algo que verdaderamente quiere tener o hacer. Por esta razón, la moralidad se ha vuelto muy impopular, porque se nos ha dicho que "si te nace, hazlo," y muchos hemos basado nuestras decisiones precisamente en ese cliché. Pero los clichés cambian, y nosotros debemos cambiar con ellos. La próxima vez que sienta el afán por hacer algo porque le resulta agradable, piense en los pequeños seres sobre su hombro y escuche lo que cada uno tiene para decirle. Luego, elija.

Reflexión Angelical: **Me haré el noble propósito de escuchar la voz del ángel sobre mi hombro.**

Voces

Nota Angelical: **No pierda la voz.**

Hemos oído sobre las personas a lo largo de la historia que oían voces y eran severamente castigadas por ello. A fin de cuentas, las personas que oyen voces están locas, ¿verdad? No existe nada por el estilo de "loco," y todos oímos voces a lo largo del día. Muchas veces escuchamos la voz de un crítico, especialmente cuando estamos haciendo algo creativo. La voz del adulto o de los padres viene a nosotros muchas veces para recordarnos que debemos organizarnos y crecer. La voz de la infancia nos llama para que dejemos todo y salgamos a jugar. Podemos administrar estas voces si equilibramos adecuadamente nuestra vida. Los problemas se presentan cuando una de las voces grita a voz en cuello y ahoga las demás. Cuando esto ocurre, los ángeles no pueden hacernos llegar sus mensajes y la vida se vuelve tensa. Tenemos una voz fuerte, y tenemos el poder de ordenarles callar a las voces que no queremos oír.

La idea de que oír voces es una señal de debilidad mental probablemente surgió porque las personas que oyen voces indeseadas normalmente están cansadas y agotadas. Las pilas están desgastadas y tienen baja energía, de modo que las influencias exteriores parecen tener poder sobre ellas. Somos asombrosamente flexibles y resistentes si dedicamos tiempo a recargar las baterías con la alimentación adecuada, descanso, luz de sol y amor.

Reflexión Angelical: **Escucharé la voz del cielo, y sabré qué hacer.**

Sentimientos

Nota Angelical: **Es bueno de vez en cuando volver a la realidad.**

Los sentimientos son a veces asuntos complicados. Luchamos por estar en contacto con ellos, y a la vez muchas veces tememos que nos abrumen. Como resultado, quizás los neguemos o huyamos de ellos—o quizás nos enredemos por completo en ellos. Para poder mantenernos emocionalmente equilibrados, necesitamos recordar que los sentimientos no son hechos sino respuestas que requieren escuchar y observar. Si nos sentimos temerosos, con rabia o deprimidos, por ejemplo, tenemos que reconocer el sentimiento primero. Luego, necesitamos separarlo de la situación. Podemos decirnos, "Si bien tengo este sentimiento, no es una condición inalterable. Es una respuesta a una situación en particular. Puede ser una advertencia, o puede ser un temor infundado. Para no sentirme abrumado por mis sentimientos, ¿cómo puedo cambiar la situación o mi respuesta a ésta?" Los ángeles quieren que nos regocijemos con todo el amplio rango de nuestras emociones, mientras que simultáneamente mantenemos un sentido de claridad y equilibrio.

¿Existen en su vida algunos sentimientos con los cuales quisiera estar más en contacto, o menos a merced de ellos? Anótelos. Ahora trate de identificar cualquier temor que pueda estar interfiriendo con su capacidad de sentir, o su incapacidad de liberarse de sus emociones. ¿Le teme a la intimidad? ¿Tiene miedo de perder su sentido de los sentimientos? Sea cual sea el temor, háblele. Pregúntele por qué está ahí, qué está tratando de decirle. Preste atención y permita que la conciencia remplace el miedo.

Reflexión Angelical: **Permito que mis sentimientos me guíen, no que me controlen.**

Desaprender

Nota Angelical: **"El objetivo primordial de la educación no es aprender cosas sino desaprenderlas."**

G. K. Chesterton

La educación es una cosa curiosa, especialmente si ha sido formada por la escolaridad. Mark Twain una vez dijo, "Nunca dejé que el colegio interfiriera con mi educación." Los estudiantes de arte son un buen ejemplo de tener que desaprender cosas. La misma idea de que exista una escuela de arte ya es más bien absurda. En algunas clases de arte a los estudiantes se les anima a dibujar exactamente lo que ven, para aprender a duplicar. No obstante, cuando consideramos lo que es nuevo e interesante en arte, rara vez es una copia, y muchas veces el arte al cual nos sentimos atraídos es una interpretación primitiva de lo que se ve. El proceso de desaprender es primordial para encontrar nuevas e interesantes formas de hacer las cosas. Desaprender es un proceso de darse a sí mismo licencia artística para vivir la vida.

Formas de fomentar el desaprendizaje: Abandone las fórmulas. Rompa las reglas—tan solo un poco al comienzo, luego, permita que se rompa el dique si es necesario. Abandone las líneas rectas, el pensamiento lineal, y las respuestas. No sea nunca un caso de texto. Recuerde que el mejor maestro es la naturaleza. Pídales a los ángeles que le den esclarecimiento y nuevas percepciones cuando se sienta atascado.

Reflexión Angelical: **Sé que el verdadero aprendizaje es un proceso de descubrir mis propios pensamientos y sentimientos acerca de la vida.**

$\mathcal{H}$UMOR

Nota Angelical: **Benditos aquellos que tienen sentido del humor, porque reirán con Dios.**

Cuando fuimos creados, Dios nos equipó con una válvula de seguridad para evitar que estallemos bajo la presión de la olla de la vida. Esa válvula de seguridad es el sentido del humor. El humor en este contexto no es mera tontería o frivolidad; es verdadero poder. Hay estudios que han demostrado que las personas en posiciones de liderazgo que mantienen un sentido del humor y lo utilizan para desarmar al contrincante gozan de mayor aceptación y tienen muchas mayores probabilidades de ser elegidas, reelegidas o ascendidas que aquellos que son incapaces de reírse de sí mismos. Norman Cousins y otros han demostrado que la risa puede curar enfermedades posiblemente letales al cargar de potencia el sistema inmune y restaurar la estabilidad emocional y mental. Es cuando dejamos de ser capaces de reír que arriesgamos a desequilibrarnos y a que la negatividad nos abrume. Los ángeles quieren que recordemos que no debemos tomarnos demasiado en serio. Aun—y especialmente—cuando los problemas parecen demasiado para soportarlos, el humor puede ayudar a desactivar la desesperación, darnos una nueva perspectiva, y suavemente recordarnos que las nubes nunca le ganan al sol—solamente lo oscurecen temporalmente.

La próxima vez que se encuentre padeciendo un ataque severo de solemnidad, acuda a los ángeles, quienes encuentran humor, oculto o evidente, en toda clase de lugares y lo dirigirán hacia situaciones y hacia personas que automáticamente elevarán su espíritu.

Reflexión Angelical: **Con el humor como aliado permanente, surjo victorioso sobre las fuerzas negativas de la vida.**

CORTESÍA

Nota Angelical: "Un hombre sin cortesía . . . más vale que deje de ser."

Confucio

En el apresurado mundo de hoy, la cortesía parece ser la virtud de una era perdida; cada vez se practica y se valora menos y menos. No obstante, la cortesía es de hecho un requisito primordial para la humanidad. Con la cortesía estamos siempre al tanto de nuestro verdadero lugar; al tratar a los demás con respeto, actuar con decencia, y practicar los buenos modales, estamos en efecto manteniendo el equilibrio y la armonía del universo al honrar lo Divino en los demás y en todo. Sin la cortesía, dice Confucio, somos "meras bestias que más nos valiera morir, siendo la muerte el fin de la no decencia." La cortesía es, en breve, uno de los atributos que más claramente define nuestro carácter humano, pues nos separa de las bestias y nos une a los ángeles.

Empiece a darse cuenta de cuándo y dónde se practica la cortesía a su alrededor, y busque ser cortés cuando pueda. Note cómo, a medida que la cortesía engendra cortesía, puede mejorar el nivel de armonía y de respeto mutuo en el mundo.

Reflexión Angelical: Soy considerado con los demás y respeto mi lugar en el plan divino de las cosas.

Milagros

Nota Angelical: **Cada vez que transformamos un pensamiento negativo en conciencia positiva, preparamos el terreno para un milagro.**

Muchas personas equiparan a los ángeles con lo milagroso. Pero no es preciso que los ángeles se nos aparezcan en medio de un clamor de campanas y pitos para experimentar el milagro. Más bien, los ángeles quieren que reflexionemos sobre la pregunta, "¿Qué es un milagro?" La definición estándar se concentra en un suceso que desafía las leyes de las probabilidades y parece emanar desde lo sobrenatural más que desde lo natural. Para los ángeles, no obstante, lo natural y lo sobrenatural forman parte de lo mismo. No dividen el universo en categorías de lo metafísico y lo físico, milagroso y mundano; para ellos, la vida misma es milagrosa, y los milagros—bien sean tan simples como la existencia de una hoja de hierba o tan estremecedores como una visión, una premonición o la asombrosa sincronía de eventos—son parte natural de la vida y habitan en el plano de nuestra propia creación.

El mundo está lleno de personas que, al cambiar sus actitudes, creencias y conciencia, de repente empiezan a experimentar milagros en su vida. El primer paso hacia el milagro es abrir la mente y el corazón a la presencia de los ángeles e incorporar sus cualidades amorosas y positivas a sus pensamientos y acciones. El segundo es incrementar la conciencia de los milagros que lo rodean y apreciarlos más, por ejemplo, el organismo milagroso que es usted. Y el tercero es sencillamente esperar un milagro. No quedará defraudado.

Reflexión Angelical: **Con actitud de agradecimiento, fe, conciencia y expectativa, creo mis propios milagros.**

Nobleza obliga

Nota Angelical: **Venid los noblemente nacidos y aceptad el lugar que os corresponde en la vida.**

Noblesse oblige en francés significa "la obligación de la nobleza" y se refiere al comportamiento amable y generoso considerado la responsabilidad de personas de alta cuna o rango. El privilegio entraña una responsabilidad y las personas nobles deben comportarse de manera noble. Usted puede estar pensando que hablar de los noblemente nacidos no tiene nada que ver con usted, pero sí tiene que ver. Todos somos hijos de cuna noble, nacidos del Gran y Noble Espíritu de la Vida. Los ángeles forman parte importante de nuestra nobleza, y nos miran para que honremos el Gran Espíritu con nuestro comportamiento noble. Una persona noble posee excelentes cualidades que complacen a los ángeles. Sea noble y manténgase libre de mezquindades en cualquier situación a la que se enfrente, y los ángeles lo admirarán.

¿Es usted un buen ejemplo de alguien de cuna noble? Empiece a darse cuenta de la importancia de su noble nacimiento. Piense en esto a menudo. ¿Qué puede hacer para mejorar su actitud? En lugar de reaccionar de manera enjuiciadora en las situaciones que se encuentre, dé un paso atrás y permita que un sentido de nobleza guíe sus instintos. La vida será mucho más tolerable, y descubrirá que para usted el Gran Espíritu Noble que fluye por toda la vida independientemente de rango o categoría es un gran tesoro.

Reflexión Angelical: **Mientras más admirablemente actúe yo en la vida, más noble me sentiré.**

SIN COMPARACIÓN

Nota Angelical: Solamente Dios y los ángeles tienen el panorama completo de la vida de otro.

¿Cuántas veces participamos en el juego de la comparación? Nos comparamos con otros y sus situaciones y entonces nos juzgamos a nosotros mismos y a los demás según esto. Creemos que si tan sólo tuviéramos lo que otros tienen, si tan sólo fuéramos tan afortunados como ellos, habríamos prosperado en la sombra. ¿Acaso no estamos olvidando que la suerte realmente no tiene nada que ver con las buenas cosas que tenemos en nuestra vida, que la buena fortuna es el resultado de tomar las decisiones apropiadas y mantener intactos nuestros valores? ¿Acaso no entendemos que todos y cada uno de nosotros tiene sus propias lecciones de vida que aprender, su propio camino del alma por andar? No podemos empezar a estar contentos antes de habernos liberado de la inclinación a compararnos con los demás. Los ángeles nos aman tal como somos, y nunca nos juzgarían en comparación con otros. En lugar de caer en la comparación, nos piden que agradezcamos todo lo que tenemos y somos, que tomemos conciencia de ello y que valoremos cada aspecto de nuestra vida como una herramienta para el crecimiento.

¿Suele compararse con otros? ¿Qué parece que tienen que usted no tiene? ¿Alguna vez ha pensado en lo que tiene usted que otros no tienen? Empiece ya a apreciar su vida como un regalo que es originalmente suyo.

Reflexión Angelical: Estoy agradecido por lo que soy y por lo que tengo en mi vida. La infinita creatividad de Dios nos asegura que nunca dos experiencias serán iguales.

HOSPITALIDAD

Nota Angelical: **No somos residentes permanentes de esta tierra sino huéspedes para la noche.**

La hospitalidad es un maravilloso atributo; también es una actitud. Las personas verdaderamente hospitalarias estiman sus casas—y sus corazones—como hogares abiertos para quienes pasen por el lugar y necesiten sustento físico, emocional o espiritual. Al hacerlo, sus vidas se convierten en una metáfora del cielo. Los ángeles quieren que entendamos que todo el universo está construido según las leyes de la hospitalidad porque ¿acaso no somos todos en última instancia huéspedes de Dios? Como huéspedes, tenemos una obligación con nuestro anfitrión de ser debidamente agradecidos y de extender, cuando podamos, la misma hospitalidad a otros. Cuando somos verdaderamente hospitalarios, desde el corazón hasta el hogar, no nos desilusionamos si alguien se aprovecha de esa hospitalidad o no la retribuye, porque sabemos que la verdadera hospitalidad no es meramente una acción sino una actitud, la respuesta natural a la generosidad que nosotros mismos hemos recibido del universo.

La hospitalidad es una parte agradecimiento y una parte generosidad. Si usted quiere desarrollar una actitud de hospitalidad, empiece por ser agradecido sencillamente por ser huésped acá en la tierra. Piense en sus necesidades que han sido satisfechas, sus deseos que han sido respondidos. Luego, trate de extender un poco más de hospitalidad hacia otros siendo más generoso con su tiempo, su apoyo, su interés, su amor.

Reflexión Angelical: **Recibo la hospitalidad sin codicia; extiendo hospitalidad sin temor.**

ÍCTIMA

Nota Angelical: **No sea una víctima con actitud de víctima.**

Una noción popular—seguramente a la que se ha llegado sin mucha profundidad de pensamiento—es que no hay víctimas. Una víctima es una persona que sufre debido a un daño que le ha sido infligido o bien por otra persona, o por un evento como un desastre natural. Algunas personas creen que nosotros atraemos todos los eventos que nos suceden y que cualquier cosa mala ha sido creada por nosotros, y que por lo tanto no hay víctimas. Es difícil imaginar que un niño inocente haya atraído el abuso o que unas cuantas personas que mueren en un desastre natural lo atrajeron ellos mismos. Esta forma de pensar pone la víctima en el centro del universo, a cargo del espectáculo. Un problema con la idea de que no hay víctimas es que libera de responsabilidad a quienes conscientemente eligen convertir a otros en víctimas. Cada uno de nosotros tiene libre albedrío, de modo que cuando alguien elige engañarnos, estafarnos o hacernos daño, tenemos que considerar que esa persona eligió la acción y podría haber elegido no llevarla a cabo. Alguien tiene que parar estas acciones. ¿Por qué tienen que asumir la culpa los inocentes?

Si usted se convierte en víctima, una opción que tiene es no permitir que el evento traumático lo convierta aún más en víctima; puede dar forma a su actitud de modo que le de el valor para levantarse de nuevo. Con los ángeles en su vida tiene menos posibilidades de convertirse en víctima, y siempre estarán allí para ayudarle a salir si siente que en efecto lo ha sido.

Reflexión Angelical: **Independientemente de las opciones que otros elijan en torno a mi bienestar, me irá mucho mejor si tengo a los ángeles cerca.**

LOS QUE APRECIAN

Nota Angelical: **Nada bello habría perdurado a lo largo del tiempo si no fuera por los que aprecian.**

Ser de los que aprecian significa disfrutar inteligentemente la verdad y la belleza. Los que aprecian son aquellos que respetan, atesoran, quieren, disfrutan y valoran, y son agradecidos por lo que ven, oyen, y sienten. A veces actuamos como creadores, y en otras ocasiones, somos los que apreciamos. Ambos son igualmente importantes. El gran arte y la poesía necesitan ser reconocidos por almas creativas que se dan cuenta y respetan plenamente el verdadero valor de la grandeza. Los que verdaderamente aprecian practican el arte de ver. Quienes verdaderamente aprecian sienten gratitud por la oportunidad de apreciar la belleza y se permitirán tener experiencias de profunda intensidad ante el reconocimiento del gran arte. El arte y la práctica de la apreciación le darán un renovado respeto por las personas que ama y los dones de belleza que lo rodean.

Usted no puede ser un gran artista sin apreciar la belleza de Dios en la naturaleza. Y usted no estará en ninguna parte si no aprecia el arte de sus colegas. Si siente que en realidad no sabe cómo apreciar la verdad y la belleza del arte y la naturaleza, los ángeles son grandes profesores. El arte grandioso está en todas partes. Puede encontrarlo en la arquitectura de la esquina más cercana, la fuente en el parque, las grandes obras de arte en los museos, y dondequiera que encuentre árboles. Y lo que es más importante, aprenda a apreciar a las personas que ama.

Reflexión Angelical: **Apreciaré la hermosa expresión de la vida.**

MÁS DE LO QUE PARECE

Nota Angelical: **"Desde la infancia, yo había conocido perfectamente todas las estrellas del cielo."**

Tycho Brahe

Una noche en 1572, Tycho Brahe, el astrónomo danés descubrió una nueva estrella. Dado que Brahe se adhería a la doctrina cristiana predominante de que los cuerpos celestes no podían alterarse ni en tamaño ni en número, él estaba convencido de que el objeto nunca antes visto y que ahora observaba era "ciertamente un milagro." En realidad, lo que Brahe presenciaba era una explosión estelar. Y en cuanto a conocer "perfectamente todas las estrellas del cielo," pues bien, ¿cómo podría saber que varios siglos después se desarrollarían telescopios nuevos que harían visibles millones de estrellas que habían estado allí todo el tiempo? Los ángeles nos recuerdan que siempre hay dos realidades: la que hay fuera de nosotros y la que hay dentro. Y por ende, para no asumir demasiadas afirmaciones inválidas, debemos constantemente recordar que siempre hay más en la vida de lo que las apariencias indican. El universo se extiende mucho más allá de nuestras limitadas percepciones; siempre habrá estrellas que aún no hemos conocido.

¿Siente que sabe todo lo que hay que saber acerca de un tema? ¿Qué tan a menudo divide usted el mundo en absolutos de correcto e incorrecto? Empiece a abrir su mente a la posibilidad de que usted ni ve ni sabe todo lo que hay que ver y saber, y note cómo su visión del mundo cambia correspondientemente.

Reflexión Angelical: **Acepto el hecho de que mis percepciones son solamente mis percepciones, y dejo espacio para otras conclusiones.**

IMAGINACIÓN

Nota Angelical: **"La imaginación es más importante que el conocimiento."**

Albert Einstein

Si bien nuestra sociedad racional y lógica deja de lado las cosas de nuestra imaginación como algo irreal, en realidad la imaginación es nuestra línea directa a la verdadera inteligencia y grandeza. Es en el vientre de la imaginación en donde se conciben los grandes inventos del mundo, donde se visualizan las grandes obras de arte. Es a través de nuestra imaginación que nos conectamos con el futuro y nos encontramos con los ángeles en su forma más pura. Cuando estamos en un estado imaginativo, estamos completamente abiertos a toda clase de posibilidades y altamente receptivos a la orientación de los ángeles. Y la orientación, si se sigue, tiende a convertir nuestras imaginaciones en felicidad. Sus sueños más imposibles están, ciertamente, todos en su imaginación, esperando a convertirse en realidad.

Imagine algo que quiere que suceda en su vida. Ahora, utilice su imaginación para pensar en todas las formas en que su sueño se podría realizar. No deje a un lado ninguna posibilidad por considerarla ridícula o imposible; en el plano de la imaginación, todas las cosas son posibles.

Reflexión Angelical: **No temeré dar rienda suelta a mi imaginación, pues dentro de su plano sin fronteras existe un plan maestro para mi vida.**

Otoño

Nota Angelical: **Sembramos, cosechamos, recolectamos, preparamos.**

El otoño es la estación de la cosecha. Como tal, está impregnado de una cualidad agridulce pues es a la vez madurez y declive. Tradicionalmente, el tiempo de la cosecha es época de congregar tanto lo sembrado como las personas; todos se unen en regocijo y buena voluntad para ayudarse mutuamente a recoger los frutos de la tierra y compartir su abundancia. Pero aún mientras nos regocijamos en los dones y la belleza del otoño, somos conscientes de que los gloriosos colores de las hojas cambiantes ya han empezado a palidecer. La tarde cae más temprano, el aire se vuelve más frío. De modo que el otoño contiene a la vez la alegría y el afán mientras cosechamos y guardamos, y hacemos los preparativos necesarios que nos darán sustento durante las largas noches de invierno que se aproximan.

¿Está usted entrando al otoño en algún área de su vida? ¿Qué está cosechando? ¿De qué deberá almacenar para sobrevivir el largo período que se aproxima de disminución y espera, de modo que una vez más esté listo para la primavera?

Reflexión Angelical: **Me preparo para el tiempo de introspección aun mientras comparto la sociabilidad de la cosecha.**

Vínculo de amor

Nota Angelical: **Nuestra relación con los ángeles es una de dar y recibir, no solamente de recibir.**

Un vínculo de amor es un objeto o experiencia que utilizamos para conectamos con nuestros ángeles de la guarda. K. Martín-Kuri, especialista en ángeles, sugiere lo siguiente: "De vez en cuando puede hacer algo por los ángeles de su vida. Puede poner flores en su casa como vínculo de amor, o escuchar un trozo de música hermosa. Cada vez que vea o escuche algo hermoso, entréguelo conscientemente a los ángeles para que lo distribuyan. Puede que se le dé a alguien que quizás lo necesite. Es una forma de energía: usted traduce en energía una experiencia que puede entonces quedar al cuidado de su ángel y ser utilizada."

Haga un esfuerzo consciente en su vida para designar vínculos de amor con los ángeles. Haga cada día algo para fortalecer su relación con su ángel de la guarda. Hay muchas formas de expandir el amor que tiene por los ángeles y de hacer prosperar todo el tiempo la relación. Recuerde darles a cambio y agradecerles todos los días.

Reflexión Angelical: **Permitiré que mi relación con los ángeles se haga todos los días más fuerte en el amor.**

V IDA PERFECTA

Nota Angelical: Si usted cambiara su vida por la de otro, tan sólo estaría intercambiando una serie de alegrías y penas por otras.

Una mujer que tiene cuatro gatos se divierte permanentemente con su comportamiento a la hora de comer. Ella le da a cada gato exactamente la misma cantidad de alimento, y luego, observa cómo juegan a los tazones musicales a medida que van de plato en plato, convencidos de que alguno tiene algo que el otro no tiene. Finalmente, terminan comiéndose la comida de los otros; si se dieron cuenta o no de que no tenían nada ni mejor ni peor que el otro, es un misterio. Los ángeles consideran que ésta es una parábola que todos debemos meditar, porque ¿cuántas veces no hemos envidiado la vida de otros, convencidos de que esa persona vivía mejor que nosotros? ¡Qué ilusión! Dado que nunca podemos conocer las luchas y las dificultades privadas de otros seres humanos, las cosas generalmente no son lo que parecen en la superficie. Y además, la persona que hoy en día parece estar en la cúspide del mundo puede estar en el fondo mañana. Los ángeles quieren que recordemos que cuando se trata de una vida perfecta, nadie la tiene y todos la tienen. El universo nos ha dado lo mismo a todos—el mismo tazón de lecciones que son perfectas para *cada uno*.

¿Hay personas a quienes usted envidia porque parecen tenerlo todo? ¿Quiénes son, y qué es lo que al parecer tienen que usted desea? Trate de ver el cuadro completo—lo que tuvieron que pasar para obtener lo que tienen, qué problemas quizás tengan que usted no tiene.

Reflexión Angelical: De verdad tengo la vida que es perfecta para mí.

MOTIVACIÓN

Nota Angelical: **Los ángeles están motivados sólo por el amor de Dios por los humanos.**

Una motivación es un impulso que causa un movimiento, que nos mueve a la acción. Cuando tenemos la motivación para hacer algo, una energía detrás de nosotros nos está impulsando. Es importante que identifiquemos el impulso original que nos provee la energía y la inspiración para actuar. Si crecimos sin mucho dinero, quizás estemos motivados a hacer las cosas que nos producen dinero y comodidad material. Si nos faltó en la vida amor, nuestra motivación es encontrar amor. Cuando los ángeles nos motivan, la inspiración y la energía provienen del impulso de lograr para nuestra vida un amor más elevado. Cuando logramos ese amor más elevado, entonces querremos motivar a otros para que experimenten este regalo.

¿Es consciente de lo que motiva sus acciones? Si sus motivaciones podrían hacer uso de refinamiento, pídales a los ángeles un nuevo impulso. Piense en sí mismo como una fuerza de motivación gozosa en el universo.

Reflexión Angelical: **Estoy motivado por los ángeles, y guiado por impulsos más elevados.**

GRATITUD

Nota Angelical: **Los ángeles responden inmediatamente a la convocatoria de la gratitud.**

La actitud de gratitud es una fuerza increíblemente poderosa que, cuando se desata, convierte todo en una experiencia de alegría. Sí, todo. La razón es muy simple: cuando desarrollamos una conciencia de gratitud, lo negativo cesa de existir. La actitud de gratitud requiere dar gracias por todo lo que tenemos en la vida, incluyendo lo negativo. Esto puede parecer ridículo al comienzo, pero he aquí la magia: cuando uno agradece que ocurra algo negativo o agradece a un pensamiento negativo por su presencia, usted acaba de negar lo negativo y lo transforma en energía positiva. En este punto empiezan a suceder los milagros. Mientras más agradecido se muestra usted por la abundancia que lo rodea, más abundancia se producirá en su vida y más fácilmente los ángeles se podrán comunicar con usted. Así que agradézcalo todo aunque no esté tan seguro de que siente esa gratitud. Con el tiempo lo estará.

Pase todo un día dando gracias por todo lo que se ha encontrado. Cuando abra los ojos en la mañana, agradezca a la noche por su descanso y al día por sus promesas. Cuando se duche, agradezca al agua. Cuando se tome su café, agradezca a la planta que produjo el grano, la persona que lo recogió, y quienes hicieron la taza de la cual usted está tomando. Y desde luego, agradezca a los ángeles por todo el bien que traen a su vida.

Reflexión Angelical: **Constantemente hago una pausa de agradecimiento por el asombroso proceso de la vida.**

Instrumento de Paz

ORACIÓN DE SAN FRANCISCO

Señor, hazme un instrumento de tu paz.
Donde haya odio, que siembre yo amor;
donde haya injuria, perdón;
donde haya discordia, armonía;
donde haya duda, fe;
donde haya error, verdad;
donde haya desaliento, esperanza;
donde haya tristeza, alegría;
donde haya sombras, luz.
¡O! divino Maestro, concédeme
que no busque tanto ser consolado como consolar;
ser comprendido, como comprender,
ser amado, como amar.
Porque es dando como recibimos;
perdonando como Tú nos perdonas;
y muriendo en Ti como resucitamos para
la vida eterna.

Muchas personas que resuenan con la conciencia angelical sienten que tienen una profunda conexión con San Francisco de Asís. ¿Cómo se siente usted en relación con San Francisco y su oración? ¿Lo inspira esta oración? ¿Está dispuesto a ser el instrumento de paz de los ángeles? La próxima vez que sienta una falta de dirección, medite sobre esta oración y pídales orientación a los ángeles, y pronto sabrá qué hacer.

Reflexión Angelical: Viviré mi vida como un instrumento de paz y los ángeles serán mis guías.

Soledad

Nota Angelical: **La soledad es una búsqueda que empieza afuera y termina dentro.**

La soledad es una sensación de estar desvinculado. Cuando nos sentimos solos, sentimos que nadie nos desea, nos quiere, nos apoya, incluso nos necesita. Nos sentimos desconectados del mundo exterior, cuando en realidad estamos desconectados de nosotros mismos. Cuando empezamos a comprender que la soledad no tiene nada que ver con nuestras relaciones con los demás y todo que ver con nuestra relación con nosotros mismos, empezamos a comprender que estamos, en verdad, solos—solos responsables de nuestra conexión. Otros entran y salen de nuestra vida; no podemos contar con que ellos siempre estén con nosotros. Pero podemos conocernos a nosotros mismos, sentirnos cómodos con nosotros mismos, y buscar a otros desde un lugar de fuerza y serenidad, no de miedo o desesperación. Podemos elegir conectarnos con la vida una vez más, en el espíritu de gratitud en lugar de dependencia y necesidad, dando en lugar de recibir. Entonces nunca estamos solos.

Si ha estado sintiéndose solo, haga una reunión con la parte solitaria de sí mismo. Pregúntele por qué se está sintiendo desconectado y con lástima de sí mismo. Dígale que usted lo quiere al igual que los ángeles. Pregúntele si está preparado para buscar a otros en lugar de esperar que otros lo busquen. Haga una lista de algunas de las formas en que podría aliviar su soledad dando a los demás desde un fuerte centro. ¿Podría hacer trabajo voluntario? ¿Empezar un grupo o taller en algún tema de su interés? Mientras más conexiones positivas usted inicie, más fluirá hacia su vida.

Reflexión Angelical: **En mi soledad, descubro la fuerza de estar solo.**

Humildad

Nota Angelical: "Todo le pertenece a la gente. Tan solo fui un privilegiado por poderlo utilizar durante un tiempo . . . Tan solo me fue prestado y con eso también me refiero al poder de la Presidencia."

Harry S. Truman, de Merle Miller, Plain Speaking

Quizás el propósito definitivo de Harry Truman en su vida era no solamente ser presidente de los Estados Unidos sino servir como un modelo de auténtica humildad para el mundo. La humildad es para algunos de nosotros un concepto difícil de asimilar porque muchas veces se confunde con borrarse a sí mismo. Sin embargo, la verdadera humildad es una combinación de consciencia, modestia y agradecimiento. Cuando somos de verdad humildes, estamos conscientes de nuestros talentos y logros y no necesitamos anunciarlos. Pero a la vez, siempre estamos agradecidos a la fuente superior de poder y sabiduría por los dones que poseemos. La persona genuinamente humilde identifica sus capacidades pero no con la posición o el poder que quizás la acompañen.

Piense en las capacidades y habilidades que usted posee. ¿Es capaz de estar orgulloso de ellos sin ser arrogante? ¿Ó es usted demasiado crítico de sí mismo? Pídales a los ángeles que le ayuden a equilibrar su percepción de sí mismo y a darle una igual medida de seguridad, modestia y gratitud por todo lo que tiene para ofrecerle al mundo.

Reflexión Angelical: Soy amado por Dios y los ángeles por quien soy, no por lo que he logrado.

Amateur

Nota Angelical: "Tres cosas evito: poemas de un
poeta; cuadros de un pintor: cocina de un chef."

Ryokan, maestro del Zen

En estos días buscamos cosas que parezcan hechas en casa,
con sabor y sensación caseros. La razón de esto es que lo
que se hace en casa es hecho por quienes parecen gustar
de lo que hacen y ese cariño nos toca el corazón. La palabra
amateur viene de la palabra latina *amator*. Generalmente les
asignamos una categoría superior a los profesionales pero
son los aficionados los que disfrutan mejor. Los profesionales hacen algo porque han sido entrenados para ello: es
su oficio. Los aficionados hacen algo por el gusto de hacerlo: a menudo es un pasatiempo. Un carpintero aficionado puede tener todas las habilidades de un profesional,
quizás más, y sin embargo gastar tiempo para construir una
casa con la esencia de amor e interés. ¿No se comería usted
con más gusto una gran comida hecha con amor e interés
que un plato exótico preparado por un chef sin mayor esfuerzo? Empiece a mirar más allá del mundo profesional y
busque a los que aman.

*Si descubre que se ha vuelto un profesional sin inspiración en
lugar de un entusiasta aficionado al juego de la vida, busque
más cosas para amar. Puede ser que el profesional ame también
lo que hace así que ésta es apenas una idea que conviene tener en
cuenta. Deje que la creatividad toque todo lo que usted hace y
esto logrará que usted ame lo que hace y los ángeles serán sus
asistentes.*

Reflexión Angelical: Nunca olvidaré que la esencia de
la grandeza persigue a quienes aman.

LA PUERTA

Nota Angelical: "¡Qué estrecha es la puerta y qué angosta la senda que lleva a la vida, y cuán pocos los que dan con ella!"

Mateo 7:14

¿Por qué tiene que ser tan estrecha la proverbial puerta que lleva a la vida eterna? Si creemos en la teoría de que Dios concedió al hombre libre albedrío, entenderemos entonces por qué la puerta se nos presenta como estrecha. Libre albedrío significa que no llegamos a la tierra con un juego de instrucciones en cuanto a cómo debemos vivir la vida. Somos libres para escoger qué reglas seguir y cuáles reglas descartar. Así que cuando un hombre encuentra la entrada, la reconoce y entra por ella por decisión propia, los cielos enteros se regocijan. Pasamos por la puerta cuando usamos nuestro don de libre albedrío para amar a Dios de nuestra propia manera creativa. Estamos por nuestra cuenta pero nunca solos; los ángeles estarán siempre gozosos a nuestro alrededor inspirándonos alegremente hacia la vida eterna.

Si quiere tomar una decisión espiritual en su vida pero siente que aún no es merecedor o aún no está preparado, reflexione un poco más. Nunca habremos de equivocarnos escogiendo vida; quizás nos desviemos pero a la larga encontraremos nuestro camino hacia la salvación, permaneciendo conscientes de nuestro ser superior.

Reflexión Angelical: La puerta puede ser estrecha y el camino angosto pero yo sé en mi interior que dan cabida a todos los ángeles.

ℰLIMINAR LO NEGATIVO

Nota Angelical: ¿Cuántos pensadores negativos le han servido a usted de inspiración últimamente?

Es importante entender lo vital que es para nuestra salud y bienestar el eliminar los pensamientos negativos. Los pensamientos negativos deprimen el sistema inmunológico, nos fatigan, y producen una influencia negativa sobre quienes nos rodean. Pensar negativamente acerca de una determinada situación lo dejará esperando desenlaces negativos. Gastará entonces su tiempo preparándose para lidiar con una situación potencialmente negativa en lugar de perseguir metas positivas y vivir una vida creativa. Los pensamientos negativos aburren a los ángeles y no querrá correr ese riesgo. Una vez que se dé cuenta del aburridor carácter del pensamiento negativo podrá entonces crear un sistema automático de alarmas para identificar esos pensamientos, y tendrá entonces la oportunidad de escoger un camino mejor.

Es importante darnos cuenta de cuándo tenemos pensamientos negativos. Utilice las siguientes preguntas como medio para encontrarlos: ¿Se trata de un pensamiento de derrota de la vida? ¿Lleva a una preocupación excesiva? ¿Es acaso difícil de desalojar? ¿Le produce incomodidad? ¿Lo verán los ángeles como un desperdicio de energía? Si responde afirmativamente a las anteriores preguntas es muy probable que el pensamiento sea negativo. He aquí dos preguntas más para meditar: ¿Qué inspiración produce en otros este pensamiento? ¿Es así cómo usted desea que las cosas se desenvuelvan?

Reflexión Angelical: Voy a convertir en meta la eliminación de pensamientos negativos y afirmar los aspectos positivos y amorosos de los ángeles.

No Trague Entero

Nota Angelical: **No crea todo lo que lea ni acepte clasificaciones.**

No tragaríamos un bocado de comida sin masticarlo y no tenemos que tragarnos los bocados de información sin asimilarlos adecuadamente. Podemos atorarnos con comida e igualmente con información. Así como podemos escoger la comida que nos llevamos a la boca, también podemos escoger la información que ha de alimentar nuestras mentes. Los seres humanos gozamos del poder de análisis, el poder de separar el todo entre sus partes y examinarlo e interpretarlo para lograr una comprensión más profunda y personal. Analice toda información que reciba sin tener en cuenta la fuente y procésela con su propio pensamiento. A fin de cuentas lo más importante es que usted saque sus propias conclusiones y conserve su mente libre de basura.

Empiece a usar su capacidad de análisis y no deje de hacerlo nunca. Sea consciente de su análisis y no se exceda ni atormente a otros con esta. Todo require equilibrio. Los ángeles le ayudarán a separar las partes del todo para que pueda entender más plenamente la forma como funcionan las cosas. El entendimiento es nuestra herramienta más poderosa.

Reflexión Angelical: **Procuraré alimentarme conscientemente en mente, espíritu y cuerpo entendiendo claramente lo que me estoy tragando.**

APARICIONES DE ÁNGELES

Nota Angelical: **En cuanto se refiere a apariciones de ángeles: ellos, como los** *Boy Scouts,* **nos invitan a "estar listos."**

Las apariciones de ángeles forman parte de todas las tradiciones culturales y religiosas. Ya se trate de los dioses alados del panteón griego, de los seres celestiales de los hindúes, o de los jóvenes de cabeza pelada del Antiguo Testamento, o de los mensajeros celestiales con halo del Cristianismo, los ángeles han sido siempre descritos como seres extraordinarios cuya identidad es siempre inconfundible. Pero además de habitar lo que comúnmente se designa como el ámbito celestial, los ángeles se mueven a menudo entre nosotros aquí en la tierra, adoptando la humilde apariencia de simples seres humanos como nosotros. Podemos llegar a descubrir ángeles entre amigos, entre extraños, colegas, o simples transeúntes. La señal de su presencia será la repentina ayuda, visión, protección, inspiración o beneficencia que nos impartan y la alegría, el asombro y la paz que llegamos a experimentar como consecuencia. Les gusta aparecerse repentina y esporádicamente, haciéndonos la vida interesante. Quieren que estemos preparados para lo inesperado para mantenernos así abiertos a los dones que nos son concedidos sin nuestro conocimiento.

Piense en aquellas personas que conoce o que conoció en el pasado que pudieron haber sido ángeles. ¿Qué cualidades poseían que pudieran alertarlo a percibir su naturaleza angelical? Si usted quiere que aparezca un ángel en su vida, ruegue para que le sea enviado. Esté preparado entonces para afinar sus poderes de percepción adoptando así una actitud de expectativa gozosa.

Reflexión Angelical: **Les daré la bienvenida a los ángeles que aparezcan en mi vida.**

CUMBRE DE MONTAÑA

Nota Angelical: **La crema sube a la superficie.**

La cumbre de una montaña es un símbolo de percepción espiritual, de exaltación espiritual y de acercamiento al cielo. Moisés subió al Monte Sinaí para recibir los diez mandamientos y Jesús subió a la cumbre para impartir sus mayores enseñanzas, a sabiendas de que solamente los más sinceros creyentes habrían de seguirlo. Cada uno de nosotros tiene su propia cumbre simbólica por alcanzar, donde recibiremos una pura percepción del cielo. No siempre es fácil el ascenso por nuestro sendero espiritual pero a medida que vamos subiendo, la vista es cada vez más espléndida. Nuestra meta es alcanzar la cumbre sin perder de vista la belleza y las lecciones que cada parte de la montaña nos provee durante el ascenso. Cuando alcanzamos la cumbre solos podemos descansar en la gloria de Dios y disfrutar de la compañía de ángeles.

¿Qué tan alto en la montaña hemos subido? ¿Ha sido difícil el ascenso? Recuerde que cuando la pendiente parece muy inclinada, los ángeles pueden aliviarlo y liberarlo del exceso de equipaje que trata de arrastrar consigo. No abandone el camino. Este se facilita con la altura.

Reflexión Angelical: **Yo sé que el aire es más puro en la cumbre de la montaña. Anhelo llegar a la cumbre y absorber el puro aliento de la inspiración divina.**

$\mathcal{F}$UERA DEL CAMINO TRILLADO

Nota Angelical: **Si nos negamos a salir del camino trillado nunca veremos a los ángeles que están en los matorrales.**

A menudo tratamos la vida como si ya lo hubiéramos visto todo antes. Recorremos nuestras rutinas diarias como autómatas reemplazando curiosidad por costumbre, percepción por inconsciencia. Somos como marmotas en una ruedita andando en círculos, creyendo que avanzamos pero acabando siempre, según nos parece, en el mismo lugar. Aunque la estructura y los patrones establecidos de comportamiento tienen sus ventajas en términos de comodidad y seguridad, se vuelven peligrosos cuando nos enceguecen para percibir la belleza de una nueva experiencia. Los ángeles quieren que miremos a nuestro alrededor con nuevos ojos descubriendo así los tesoros que pasamos de largo en el trance metódico que a menudo confundimos con vida. Ésta es la razón por la cual nos sacan a menudo de nuestro camino para conducirnos por sendas inexploradas que, si las seguimos, nos llevarán a un más alto nivel de conciencia y de gozo.

La próxima vez que viaje por una ruta conocida, dedique suficiente tiempo para hacer por lo menos un desvío del camino trillado. Pare, mire, oiga. Vea—realmente vea—todo lo que lo rodea. Dé una nueva vuelta; explore una nueva calle, un camino nuevo. Si conduce, sálgase del automóvil y dé una vuelta a pie. Explore el medio ambiente. Dese el lujo de conocer a alguien nuevo. (¿Quién sabe? Él o ella pueden resultar ser ángeles.) Reflexione para ver si esta experiencia puede ser una metáfora de su vida y qué cambios puede hacer en ella.

Reflexión Angelical: **Abriendo mis ojos a nuevas realidades, abro también mi mente a nuevas posibilidades.**

ENGUAJE

Nota Angelical: **Hemos inventado el lenguaje para decir lo que pensamos. Los ángeles se comunican con nuestro corazón.**

¿Tienen los ángeles un idioma y, si lo tienen, qué idioma es ése? ¿Entienden el español? Por supuesto que entienden nuestro idioma, sea cual sea su origen, pero no es a las palabras a las que se atienen; lo que perciben es la intención y el impulso que generamos. Algunos creen que los ángeles tienen un lenguaje que es en realidad una serie de extraños símbolos. Otros piensan que usan los colores como lenguaje. La comunicación divina con los ángeles ocurre cuando meditamos; cuando los pensamientos abandonan nuestra mente y entramos en un intervalo que es dicha. Cuando logra ese momento de gozoso no-pensar, se dará cuenta de que es increíblemente poderoso y sanador. Querrá estar allí con frecuencia.

Trate de comunicarse con los ángeles mediante no pensar. Puede parecerle extraño decir que se está comunicando sin recibir ni generar pensamientos, pero juegue con la idea. Practique la meditación sin palabras. Cuando alcance el momento de dichoso "no-pensar," se habrá unido a la fuente de donde emana todo conocimiento. Se dará cuenta de que se está comunicando con Dios y con los ángeles. Aunque no se crucen palabras, ganará gran conocimiento.

Reflexión Angelical: **Aprenderé el lenguaje del amor. Me comunicaré entonces con los ángeles desde el corazón hasta el cielo.**

CONCIENCIA CÓSMICA

Nota Angelical: **"Se percata de que en el océano infinito de la vida el alma del hombre es tan inmortal como Dios . . . y que la felicidad de cada individuo es a la larga totalmente cierta."**

Richard M. Bucke, (Del yo a la conciencia cósmica)

En 1901 el psiquiatra canadiense Richard M. Burke escribió un tratado original titulado: *From Self to Cosmic Consciousness* en el que describió una "nueva facultad" de más-allá-de-autopercepción experimentada por unos pocos hombres y mujeres en la historia. Comparando tales luminarias como Jesús, Buda, Mahoma, Walt Whitman, Dante, y Francis Bacon entre otros, Bucke encontró que todos eran receptores de "una clara concepción o visión del flujo y significado del universo" que lleva inevitablemente a un sentido de gozo que todo lo permea. Los ángeles quieren que sepamos que la conciencia cósmica no es el dominio de unos cuantos privilegiados; está al alcance de cada uno de nosotros. De hecho puede llegar a estar a un paso de distancia.

Practique una meditación de conciencia cósmica. Pase a un estado de relajación, cierre los ojos y respire profunda y rítmicamente. Con cada inhalación perciba la luz de inmortalidad que llena su cuerpo, su mente y su alma. Perciba cómo su alma se llena de amor y de paz divinos a medida que llega a unirse con el Eterno Uno. Respire profunda, descansada y gozosamente, hasta que se sienta listo para abrir los ojos.

Reflexión Angelical: **Amo la vida y no temo a la muerte porque sé que soy uno con Dios.**

DIGNIDAD

Nota Angelical: **Cuando protegemos nuestra dignidad, hacemos honor a nuestra individualidad divina.**

Aunque la dignidad es uno de nuestros derechos de nacimiento, a menudo descuidamos protegerla y sostenerla. A veces ni siquiera nos damos cuenta de que ella está en jaque. Tanto deseamos que todo esté a gusto con los demás que cuando se aprovechan de nosotros podemos llegar a permitir que la negación oculte la realidad. Nuestros verdaderos amigos siempre aceptarán y harán honor a nuestras necesidades y decisiones y jamás tratarán de hacernos sentir culpables cuando no hacemos las cosas a su manera. Pero cuando alguien empieza a denostarnos o a obligarnos necesitamos darnos cuenta de que ese alguien no es nuestro verdadero amigo. Los ángeles procuran intensamente salvaguardar nuestra dignidad. Facilíteles esto un poco sosteniendo su propia autovaloración. Cuando usted se sienta valioso y respetable se volverá una fuerza poderosa a favor de la conciencia angelical. Su vida habrá de inspirar a otros y contará siempre con amigos en las altas esferas.

Tome conciencia de las ocasiones en que su dignidad se siente atacada o comprometida. ¿Qué es lo que teme perder si honra sus propias necesidades y sus propias convicciones? ¿Qué está por ganar?

Reflexión Angelical: **Seré fiel a mis propios sentimientos y creencias y trataré a otros con el mismo respeto que espero recibir de ellos.**

Sensacional

Nota Angelical: **La vida no es un circo en donde los ángeles hacen grandes pruebas para entretenernos.**

Los ángeles son sensacionales en el verdadero sentido de la palabra. Producen emoción, admiración y gran interés en muchas personas, especialmente ahora. Fácilmente nos dejamos llevar por los aspectos sensacionales de los ángeles, pero no es esto lo que ellos quieren. Muchas personas llegan a interesarse por primera vez en los ángeles cuando oyen hablar de algún incidente asombroso que desafía toda lógica o lo experimentan por sí mismos. Quizás salvaron a un ser humano de algún peligro inminente. Esto es emocionante y lleva a la gente a averiguar más acerca de los ángeles, pero la razón primordial por la cual los ángeles salvan a alguien o intervienen en su vida es porque Dios así lo quiso. Los ángeles no buscan reconocimiento por lo que hacen ni desean crear un circo alrededor de cualquier incidente en el que están envueltos. Despréndase de cualquier deseo de sensacionalismo y quedará como los ángeles: libre para llevar a cabo grandes cosas para el Creador.

¿Está interesado en los ángeles por las razones más sabias? Tome conciencia de que la energía real detrás de su interés en los ángeles lo esté llevando hacia la verdadera sabiduría y sensación de Dios. Los ángeles nunca dicen: "Hola: míranos, mira qué grandes somos; mira todas las cosas mágicas que hacemos." En su lugar dicen: "Mira detrás de nosotros; estamos señalando hacia arriba."

Reflexión Angelical: **Prestaré más atención al sabio mensaje de los ángeles y menos a sus poderes sobrenaturales.**

PÁJAROS

Nota Angelical: "La Madre Naturaleza les pide a los ángeles que les digan a los pájaros que vayan a supervisar a los humanos para verificar que se encuentran bien. Los pájaros les dicen a los ángeles si estamos en peligro. Es por esto por lo que los pájaros sobrevuelan nuestro automóvil y la razón por la cual vemos pájaros por todas partes."

Orianne Thompkins (de cinco años)

Los pájaros viven en los más extraños lugares. Podrían hacer sus nidos en los parques y en los bosques pero a menudo los encontramos bajo los pasos elevados y en ciudades populosas bajo los aleros de los edificios. A diferencia de otra vida silvestre, los pájaros se mantienen cerca de los humanos. A menudo se piensa en ellos como mensajeros divinos. Quizás tengan un mensaje para usted. La próxima vez que oiga cantar un pájaro piense en cuánto usted es amado en el cielo. Piense en los pájaros como en los ojos y oídos de los ángeles. Mírelos jugar y retozar. Ellos son comediantes por naturaleza y lo harán reír.

Preste atención a los pájaros. Vuélvase observador de pájaros y cada vez que uno se le acerque, deténgase a apreciarlo. Una vez que note más los pájaros de su vecindario, ellos lo entretendrán con sus espíritus y quizás le comuniquen un mensaje de los ángeles. Descubrirá que algunos pájaros le gustan más que otros. Quizás le gustaría conseguir un alimentador de pájaros para atraer a sus favoritos hasta su ventana.

Reflexión Angelical: Voy a apreciar la dulce canción de los pájaros y cada vez que uno de ellos me toque el corazón recordaré cuán amado soy en el cielo.

REMONTARSE

Nota Angelical: "¡Ah! Me he zafado de los ásperos lazos de la tierra para bailar por los cielos en alas plateadas de risa . . ."

John G. Magee, Jr.

¿Cuántos de nosotros hemos sentido la sensación de vuelo? ¿De desprendernos, de soltarnos, de trascender nuestros límites? John G. Magee, un joven piloto de guerra británico muerto en la Segunda Guerra Mundial, tuvo el privilegio de tener un trabajo en el cual se remontaba por los aires, un trabajo que dejó de ser una tarea para convertirse en una experiencia profundamente gozosa y espiritual. Permitirnos alzar vuelo requiere valor. Muchos hemos sido educados bajo la creencia limitadora de que si experimentamos mucha felicidad, la podríamos perder. Si volamos demasiado alto podríamos estrellarnos. Así que nos quedamos cautelosamente aterrizados y dejamos que sean los atrevidos locos los que hagan las cosas que nosotros soñamos y que no hemos hecho. Los ángeles, sin embargo, quieren que nos remontemos: que "nos zafemos de los ásperos lazos de la tierra" y trascendamos los temores que impiden que alcancemos nuestro más alto potencial. La imagen tradicional de los ángeles como seres alados conlleva un agudo simbolismo; como manifestaciones de espíritu puro, que vive a tono con su sabiduría interior, ellos están, a fin, libres de gozarse con su verdadero poder y propósito.

¿Se siente atajado, frustrado, o no realizado en algunas áreas de su vida? Si este es el caso, puede que haya llegado el momento de pensar en remontarse. ¿En dónde se ha encontrado atado al suelo? ¿Adónde quisiera remontarse? ¿Qué se lo impide? ¿Qué sucedería si se da el lujo de remontarse? ¿O si no se lo da?

Reflexión Angelical: Soy el piloto de mi propio avión; tengo el poder y la voluntad de transportarme adonde yo quiera. Veo con gusto lo desconocido porque una vez que lo confronto se vuelve conocido.

INTERPRETACIONES

Nota Angelical: **Relájese; es tan sólo una interpretación.**

Cuando ocurre un suceso o una crisis, inmediatamente tratamos de entender por qué ocurrió. El problema es que las conclusiones a las que llegamos no son por lo general precisas porque han pasado por el filtro de cómo nos vemos a nosotros mismos y de nuestras percepciones, que se basan en cómo nos sentimos en el momento. Cuando nos sentimos bien, interpretamos como bueno lo que ocurre en nuestra vida. Cuando nos sentimos mal, entonces los sucesos generalmente se sienten mal. La lección es no apegarse demasiado a las interpretaciones. Las cosas no son nunca exactamente lo que parecen.

Cuando nos sentimos bien y dignos entonces interpretamos las dificultades o los sucesos indeseados como retos positivos. Sabemos que tenemos el poder de controlar nuestras emociones y reacciones para el mejor resultado. Así que la clave es sentirse bien la mayor parte del tiempo. Pero no podemos esperar sentirnos bien todo el tiempo. La verdadera clave es pedirles a los ángeles que nos ayuden a interpretar los sucesos a través de los ojos del cielo.

Reflexión Angelical: **No interpretaré los sucesos según cómo me siento. No me apegaré a mis percepciones iniciales. Estoy, sin razones, abierto al regalo de la vida.**

LA LEY DEL PENSAMIENTO

Nota Angelical: "La lámpara del cuerpo es el ojo; si pues, tu ojo estuviere sano, todo tu cuerpo estará luminoso."

Mateo 6:22

Lo que enfocamos es lo que veremos. Muchas veces en nuestra vida se crean aquellos sucesos en los cuales pensamos. La energía sigue al pensamiento, y donde ponemos nuestros pensamientos es donde acumulamos la energía. Si nos preocupamos y actuamos nerviosamente en torno a los problemas de la vida, les damos nuestra energía y eso genera un tormento para nosotros. ¿Acaso se paga la deuda sólo por estar pensando qué tan mal uno se siente por deber? No, pero si invierte su tiempo en pensar creativamente y le da a su mente un descanso de los pensamientos perturbadores, quizás tenga tiempo para que crezca en usted una respuesta sobre cómo pagar la deuda. Nuestra mente puede ser el mejor bien o nuestro mayor punto de vulnerabilidad; todo depende del tipo de pensamientos con los cuales la alimentemos. El ojo de la mente es la lámpara del cuerpo; si la lámpara está encendida con el luminoso aceite de la energía clara, positiva y recursiva de los ángeles, entonces nuestro cuerpo y nuestro espíritu estarán llenos de luz y alegría.

¿Han estado sus pensamientos llenos de preocupaciones y dificultades últimamente? Si es así, cada vez que empiece a preocuparse, diga, "¡Basta!" en voz alta. Luego, cierre los ojos, respire profundo, y concéntrese en la imagen de su lámpara interior. Mire cómo los ángeles la están llenando del precioso aceite dorado del pensamiento positivo; mire cómo irradia paz e ilumina su inconsciente. Olvídese por un momento de sus problemas y deje que los ángeles le traigan ideas y soluciones creativas.

Reflexión Angelical: Soy dueño de mi mente; lo que pienso es lo que elijo.

FUNDAMENTOS

Nota Angelical: **Una vida fundamentada en el amor se convierte en una fortaleza espiritual en la que los ángeles actúan como guardas y supervisores.**

¿Cuál es el cimiento de base sobre el cual está construida su vida? ¿En qué se sostiene usted? Puede empezar a responder, "Con el dinero que me gano." Puede que eso pague su techo, su alimento y su entretenimiento, pero no sostiene su vida. Una vida se sostiene mejor sobre el amor espiritual, basado en un amoroso poder superior en el cual confiamos. Todas las cosas son pasajeras, lo que permanece es el amor de Dios. Construya su vida sobre el fundamento de un amor más elevado y siempre será fuerte en las horas de oscuridad. Nunca estará solo mientras que el amor sea el fundamento de su vida.

Cuando verdaderamente comprendemos que nuestro fundamento es el amor de Dios, podemos conscientemente hacer cosas para fortalecer ese fundamento. Piense en formas de fortalecer sus fundamentos en la vida. La oración, la práctica espiritual, y el sintonizarse con los ángeles puede añadirle unas cuantas esquinas sólidas a los cimientos de su vida. Su vida es una creación única, y con los ángeles para guiarlo, encontrará cuáles son sus áreas más fuertes para construir sobre éstas. No olvide nunca acudir a Dios cuando sienta que sus cimientos se desmoronan.

Reflexión Angelical: **El amor es escollo del cual me aferro en medio de los mares turbulentos. Dios nunca me fallará por más que se agiten las aguas.**

*I*R TRAS EL SUEÑO

Nota Angelical: **A los ángeles les encanta el entusiasmo, muy por encima de la perfección.**

En 1940 vivió el ejemplo estelar de una mujer que siguió su sueño. Su nombre era Florence Foster Jenkins, y su sueño era dar recitales de ópera en Carnegie Hall. Qué importaba que Florence ya tuviera más de setenta años cuando finalmente logró su sueño, y qué importaba que hubiera sido una de las peores sopranos coloratura de todos los tiempos. Su entusiasmo, estilo, y devoción constante a su sueño compensaba su evidente falta de talento vocal. Pasó unos instantes espectaculares en el escenario, ataviada en espléndido disfraz, lanzándole rosas al público, viviendo su sueño al máximo. Florence murió poco después de lograr su sueño, sin duda con una sensación de total satisfacción que la mayoría de nosotros sería afortunada de experimentar. El público la adoró y también, desde luego, los ángeles. Para ellos, sus arias desentonadas eran los más dulces himnos de alabanza a lo Divino porque tuvo el valor de enfrentarse a los burlones y a los arbustos espinosos de la crítica en la dichosa búsqueda de la plena satisfacción de su alma acá en la tierra.

Si tiene un sueño y no está buscando hacerlo realidad, ¿qué es lo que está permitiendo que se interponga? Si teme no ser lo suficientemente bueno o ser rechazado, piense sencillamente en Florence Foster Jenkins, encaramada en el escenario de Carnegie Hall, labrándose a chirridos un lugar en la inmortalidad.

Reflexión Angelical: **Tengo el valor de ir tras los deseos más profundos de mi corazón y de convertirlos en realidad.**

$\mathcal{G}$LAMOUR

Nota Angelical: **No todo lo que brilla es oro—ni ángeles.**

El glamour es una ilusión, una percepción errónea de la realidad, una imagen visual engañosa. El glamour nos llama diciéndonos, "Ven, mira qué emocionante, mágico y hermoso soy. Ven y forma parte de mi encantamiento." El glamour es evasivo, siempre parece estar justo al alcance, y malgasta nuestra energía incitándonos a tratar de alcanzar ese pedazo de cielo. Cuando el glamour nos seduce, pensamos que nos han quedado debiendo la buena vida. El glamour no existe; los jugadores que envidiamos en el juego del glamour a su vez envidian a otros. No han encontrado la felicidad en toda aquella supuesta magia y belleza que los rodea como tampoco la encontraríamos nosotros. Un verdadero estado de magia, encantamiento y belleza proviene de ser felices con lo que tenemos y con quienes somos. Los ángeles no pueden estar impresionados por el glamour, porque no lo ven. Ellos ven la verdad.

¿Lo seduce el glamour? ¿Está dispuesto a abandonar su atracción a la ilusión del glamour? El glamour nos hace prisioneros, y si quiere ser libre, debe ver la verdad en todas las cosas. Hágalo prestando más atención a los asuntos del día, y pídales a los ángeles que le ayuden a concentrarse en la verdadera felicidad.

Reflexión Angelical: **Miraré más allá de la ilusión del glamour y encontraré la verdad.**

DISCIPLINA

Nota Angelical: ¡Impóngase la disciplina de divertirse más!

La idea misma de la disciplina es agotadora para la mayoría porque inmediatamente relacionamos trabajo con dificultad. Muchas veces nos predisponemos al fracaso cuando nos proponemos practicar una disciplina que sencillamente no encaja cómodamente en nuestro horario del día. A nadie le gusta fracasar, de modo que asociamos la disciplina con la decepción. Es hora de cambiar nuestra visión de la disciplina y utilizarla para la más grande ventaja propia. La disciplina no es un castigo; es sencillamente una forma de entrenarse para producir una habilidad. Los ángeles quieren que utilicemos la disciplina para adquirir la habilidad de trabajar menos y disfrutar más la vida. Entonces el mundo ya no se nos pasará de largo como una escenografía que pasa por la ventana de un tren. Los ángeles nos guiarán para hacer menos, para que lo que hagamos cuente, y para que los disfrutemos más.

Piense en formas en que podría disciplinarse—en que podría entrenarse y ser más hábil—para hacer menos en su vida. Piense en las actividades sin significado que podría dejar de hacer o hacer con mayor placer. Por ejemplo, si tiene que conducir en el tráfico todas las mañanas, disciplínese para escuchar una historia inspiradora en el auto. Despiértese cinco minutos antes y tómese el café con los ángeles. Deje de ponerse metas poco realistas en el trabajo, y cada vez que tenga esa inquietante sensación de que está haciendo demasiado, deténgase y pídales permiso a los ángeles para hacer menos. Nunca lo rechazarán.

Reflexión Angelical: Me doy cuenta de qué tan divertido es ser discípulo de los ángeles, quienes quieren que disminuyamos la velocidad y vivamos, no que corramos a toda prisa para luego, caernos.

Sea amistoso

Nota Angelical: **Si quiere tener una vida llena de amigos, sea amistoso.**

Cuando se es amistoso se genera un aura de calidez, comodidad, y buena disposición. Un alma amistosa es alguien cerca de quien uno quiere estar, alguien que uno siente que conoce y en quien puede confiar. El ser amistoso no es algo reservado a los extrovertidos; los introvertidos son igualmente amistosos, solamente que no lo anuncian tan en voz alta. Es mejor tener unos pocos amigos en quienes confiar y que se valoran que muchos amigos que usted no conoce bien. La clave es buscar personas con quienes resonar, cuyas cuerdas del corazón vibran en los mismos hermosos tonos angelicales que las suyas. De esta manera, su amistad atraerá a los espíritus semejantes y su vida estará plena de gratificaciones de amistad verdadera e inspiradora.

No todo el mundo será nuestro amigo, y eso es lo que hace especial a la amistad. Utilice su sentido de intuición y de impresión para percibir si usted está en territorio amistoso o no. Pídales a los ángeles que lo orienten en la forma de ser un alma amistosa que sea fuerte y sabia en cuestiones de amistad. Siempre tenemos la opción de ir hacia el mundo con una actitud amistosa, y con los ángeles al lado podemos convertir al mundo en nuestro amigo, no en nuestro enemigo.

Reflexión Angelical: **El mundo es un lugar amistoso cuando estoy con mis amigos.**

SANADORES

Nota Angelical: **Cuando se despierta a la conciencia angelical, entra en el plano de los sanadores.**

El mismo acto de elegir leer este libro significa que usted ha despertado su conciencia angelical y ahora puede elegir aceptarla plenamente en su vida. Al aceptar la conciencia de los ángeles, está aceptando la responsabilidad de ser un sanador. Los sanadores en la conciencia angelical regresan a lo elemental. Saben que sanar simplemente significa estar completo otra vez, restaurando el equilibrio y la armonía. En cada situación que nos encontramos siempre tenemos la opción de mejorarla mediante nuestra creatividad, y de esto es de lo que trata la curación. Los sanadores angelicales no se proponen cambiar a las personas, tan sólo iniciar una conciencia. Los sanadores angelicales curan con el amor y nunca por una ganancia o reconocimiento.

Sea cual sea la situación en la que usted se encuentre, puede practicar la curación. Quizás trabaje en una compañía que necesita su amor, o puede ser un artista que envía su amor sanador a través de la belleza de un cuadro. Quizás viva con alguien que está muriendo, y lo único que usted puede hacer para sanar la situación es dar amor. Independientemente de su situación, los ángeles están presentes para ayudarle a iniciar la curación. Nunca le dejarán olvidar que usted ha entrado en el plano de los sanadores, y que de una forma especial sanará todas las situaciones que se encuentre mediante la energía divina del amor. ¿Está preparado? Lo único que necesita es el amor.

Reflexión Angelical: **Me doy cuenta de que un momento de puro amor, ofrecido libre y divinamente, es una fuerza sanadora mucho más fuerte que cualquier sustancia que se encuentre en una planta o en una farmacia.**

VELOCIDAD

Nota Angelical: El único premio por pasar por la vida a toda velocidad es ser el primero a las puertas de la muerte.

La velocidad es una gran cosa cuando se está en una carrera o cuando lo persigue un monstruo. Pero ¿es necesario ser el más veloz cuando se trata de vivir la vida? Para algunas personas, la vida es una carrera hacia la cúspide, una competencia por la posición, el dinero, el poder, una presión constante para tener éxito y lograr hacer cosas. Pero los ángeles saben que no hay trofeos al final de la carrera de la vida porque los únicos contra quienes podemos correr somos nosotros mismos. Si sentimos que la vida es una carrera, necesitamos preguntarnos qué propósito sirve el estar más adelante que todo el mundo. No necesitamos ser los más veloces para alcanzar a los ángeles. Siempre están en el lugar indicado en el momento indicado, y nunca han recibido una multa por exceso de velocidad. En palabras de una persona sabia, "Dios es lento, pero nunca llega tarde."

¿Usted vive a las carreras por la vida? ¿Necesita ser más veloz y mejor que el resto de las personas? ¿Lo consumen su trabajo o sus fechas límite? Entonces quizás sea tiempo de frenar en seco y repensar sus prioridades—y su vida. Pídales a los ángeles ayuda para tomar perspectiva y recibir esclarecimiento acerca de por qué está corriendo por la vida. Luego, pídales que le indiquen el ritmo de modo que tenga tiempo de vivir de verdad.

Reflexión Angelical: Nunca estoy en carrera contra el tiempo. Es seguro caminar lenta y libremente a lo largo de la vida.

DARSE POR VENCIDO

Nota Angelical: **"Usted no puede, pero Dios sí."**

Emmet Fox

El término "rendirse" se asocia generalmente con admitir derrota. Cuando nos damos por vencidos es simplemente porque no nos sentimos capaces de respirar o de dar un paso más. Nos encontramos al final de la cuerda, lo cual para los ángeles por supuesto es siempre el principio. Los ángeles ven el darse por vencido como una luz positiva, no negativa. Para ellos, el darnos por vencidos equivale a una ofrenda hacia arriba. Entregamos nuestras preocupaciones a Dios. No quedamos derrotados, simplemente quedamos listos para entregar nuestra necesidad de esforzarnos más allá de donde podemos o debiéramos, y así dejar que los ángeles nos remplacen hasta que estemos otra vez preparados para continuar. No hay deshonra en la entrega; de hecho conocer nuestros límites es una muestra de verdadera sabiduría: saber cuándo esforzarnos aún más y cuándo conservar nuestros recursos. Según decía el gran maestro espiritual Emmet Fox, así como el operador de un ascensor de carga no usa sus músculos sino la energía eléctrica para que se ejecute sin esfuerzo el trabajo que está fuera de sus capacidades, así ocurre en el acto de reconocer cuándo darse por vencido para permitir que el poder divino haga la tarea por nosotros.

¿Se enfrenta a una dificultad que lo invita a renunciar? Si así es, practique el cedérsela a los ángeles. Percíbase como alguien que carga un pesado costal dentro del cual está el problema que lo tiene abrumado. Entrégueles ahora ese costal a los ángeles y ellos se remontarán lejos con él. Finalmente, aspire profundamente, exhale luego, y deje que el poder divino obre en su favor para sugerirle una solución al problema o para librarse de él totalmente.

Reflexión Angelical: Es dándome por vencido como me doy cuenta de dónde está la fuente de mi verdadera fortaleza.

ARRULLO DIVINO

Nota Angelical: **Un arrullo descansa nuestras mentes y guía nuestras almas a la tierra de los sueños para tener la oportunidad de jugar con los ángeles.**

Una canción de cuna es una mágica canción de amor para calmar a los niños llevándolos al mundo de los sueños en donde serán libres de jugar con sus amigos: los ángeles. Las canciones de cuna son un consuelo para el alma. Quizás fuimos arrullados de niños, quizás no. Nunca es demasiado tarde para descubrir la mágica cualidad de un arrullo. Como adultos, necesitamos darnos un descanso de las muchas y pesadas responsabilidades que a menudo nos consumen. El arrullo nos recordará que a los ojos de Dios y de los ángeles somos realmente simples bebés en busca del consuelo natural que da paz a nuestra alma y nueva energía a nuestra vida. Todos tenemos una Madre Divina que nunca se ha alejado de nuestro lado; ella ha de cantarnos cuandoquiera que necesitemos de su suave y dulce voz. Sólo necesitamos llamarla.

La próxima vez que se acueste a dormir, ponga a sonar una canción de cuna o cántela para sí. Imagínese a los ángeles cantando con usted y cuando los oiga, cierre los ojos, entre en silencio, y déjelos que continúen cantándole. Trate de revivir por un momento su tiempo de bebé cuando la pura esencia de los cielos vibraba en su alma. Conéctese con el amor con el que era entonces una unidad y dese cuenta de que ese amor no lo ha abandonado nunca. Su alma vibra aún con los tonos puros de la canción celestial.

Reflexión Angelical: **Nunca seré demasiado viejo para que las dulces voces de los ángeles me lleven al mundo de los sueños con su arrullo.**

Confianza

Nota Angelical: **"Confía en ti mismo: todo corazón vibra al son de esa cuerda interior."**

Ralph Waldo Emerson

Es difícil dominar la confianza. Por definición ella implica depositarla en alguien o en algo. Confiar en otros es gran cosa en teoría, pero es casi imposible llevarlo a la práctica. ¿Por qué? Porque la mayoría de las veces confiamos en otros solamente cuando ellos hacen exactamente lo que nosotros queremos que hagan. Cuando hacen otra cosa nos sentimos defraudados y empezamos a pensar que ya no podremos poner nuestra confianza en ellos. Pero la verdadera confianza no consiste en esperar que otros cumplan nuestras expectativas. Consiste más bien en aprender a confiar en nosotros mismos, lo cual nos servirá de ayuda para aceptar a otros como son, no por quienes nosotros queremos que sean. Al confiar en otros, no se apegue a los resultados; cultive la fe, y nunca se lo juegue todo con una carta. Por encima de todo, cultive la confianza en sí mismo, porque esa es la verdadera confianza.

Medite en lo importante que es la confianza en lo referente a su relación con los ángeles. Sin confianza, ¿cómo podríamos realmente conocer a los ángeles? ¿Qué tan a menudo confía en sí mismo y en los ángeles cuando su mente racional le está diciendo: "desconfía"? Aproveche su relación con los ángeles para que le enseñen confianza y use su relación con otras personas para que le enseñen amor, honestidad, crecimiento, integridad, y desprendimiento. En otras palabras, reserve el asunto de la confianza para su relación consigo mismo.

Reflexión Angelical: **Sé que puedo confiar en los ángeles para que me enseñen más sobre el verdadero valor de la confianza.**

Observaciones

Nota Angelical: Cada uno de nosotros es un observatorio único.

Estaríamos en serios problemas si no contáramos con el poder de observar. Por ejemplo, si no fuéramos capaces de observar el cambio a rojo del semáforo, podríamos empezar a cruzar la calle durante la señal errónea. A veces tenemos que observar en nuestra vida cosas que nos acarrean dolor e incomodidad. Rara vez es posible disfrutar los tumultuosos titulares de las noticias, tampoco es fácil observar a los seres amados en momentos de dificultad y también puede entristecernos contemplar cómo decaen bellos aspectos de la sociedad. Podríamos tratar de ocultar la cabeza en la arena y no observar estas cosas, pero así perderíamos con ello la oportunidad de vivir en la verdad y de poner de nuestra parte para mejorar las cosas. Los ángeles nos ayudan a observar la verdad con cierto elemento de desprendimiento. Ellos nos enseñan que todas nuestras observaciones son pasajeras y que, si las mantenemos en su debida perspectiva, la felicidad tiene la oportunidad de florecer en nuestra vida.

Si sus observaciones lo deprimen, recuerde que todo es pasajero. Lo que observe hoy, mañana será distinto.

Reflexión Angelical: Observaré el mundo cambiante a mi alrededor sin apegarme a él. Sé que los ángeles me enseñarán a observar la verdad y belleza presentes en todo.

Aspiraciones

Nota Angelical: **Entregue la ambición y sabrá verdaderamente vivir.**

La aspiración, tal como la ambición, es el fuerte deseo de lograr algo. La aspiración y la ambición son cosas similares pero difieren en un punto importante: la manipulación. Manipular significa controlar la acción de algo, ajustándola para que sirva los propios propósitos egoístas. La ambición conlleva la tentación de manipular, porque con la ambición viene el deseo desordenado de poder o de lograr una meta. Los ambiciosos no piensan clara o concienzudamente, pues sólo buscan alcanzar su meta haciendo todo lo necesario para llegar allí. Los ángeles no piensan que la ambición sea algo de lo cual uno se pueda sentir orgulloso. Es bueno tener aspiraciones, apuntar hacia lo alto y mejorar la propia vida mientras se mantenga el panorama en su justa perspectiva y se usen las aspiraciones para hacer del mundo un sitio mejor.

¿Ha llegado a desear algo tanto que estaba dispuesto a comprometer sus valores y el bienestar ajeno? Tómese el tiempo necesario ahora para apreciar la fina línea divisoria que debemos respetar al aspirar a ser grandes. No hay ninguna grandeza en poseer poder y dinero cuando otros han tenido que sufrir para ello. ¿A qué aspira? Pídales a los ángeles que le ayuden a aclarar su mente y buscar aspiraciones, no ambiciones.

Reflexión Angelical: **Aspiraré a soltar mis ambiciones y a mejorar mi vida con motivos concienzudos.**

*D*AR

Nota Angelical: **Lo que retenemos nos es retenido; lo que entregamos se nos retorna mil veces.**

El aspecto más interesante de dar es cuánto nos devuelve. Cuando no damos (ya sea por egoísmo, avaricia o temor) estamos cometiendo una injusticia contra nosotros mismos al rodearnos de un ambiente de retención. La avaricia no es atractiva ni para los ángeles ni para nadie; si nos negamos a dar es poco probable que otros se apresuren a darnos. Además, si tratamos de acaparar, de hecho nos empobreceremos nosotros mismos; como alguna vez observó sabiamente el filósofo francés Montaigne: "Una vez que usted ha resuelto conservar una cierta pila, esta deja de ser suya porque es incapaz de gastarla." Los ángeles nos recuerdan que, cuando somos generosos con lo que sí tenemos y conservamos nuestra confianza en la abundancia del universo, creamos una apertura para que esa abundancia fluya de regreso en nuestras vidas. Es así como dar se convierte, no en una reducción, sino en una circulación de próspera energía que, al enriquecer a otros, continuamente nos enriquece a nosotros.

¿Cuáles son sus actitudes y creencias acerca de dar? Ponga en práctica el soltar cualquier temor de pérdida o privación que pudiera haber asociado con el acto de dar y dese cuenta de que al poner la riqueza en circulación, más de ella se vuelve disponible.

Reflexión Angelical: **Doy sin temor.**

Momentos edificantes

Nota Angelical: **Un momento edificante tiene un lugar angelical eterno en su mente.**

La edificación es uno de aquellos nobles conceptos de los ángeles que parece tener poca importancia en la sociedad de hoy. Cuando algo es edificante, estimula el mejoramiento de la moral y tiene influencia para elevar la mente. Infortunadamente, la edificación, hoy en día, ha sido pasada de largo en favor de huidas rápidas y fáciles de la aburrición y del vacío de vidas no edificantes. ¿Con cuanta frecuencia siente que es edificante leer un periódico o ver televisión? Donde abundan el desastre, la trivialidad y el materialismo existen pocas oportunidades de edificación. Es importante por lo tanto crear experiencias estimulantes e iluminadoras para nosotros mismos. Leer buenos libros que inviten a reflexionar, escuchar buena música, ver una película inspiradora, intercambiar ideas espirituales con un amigo, meditar, crear bellezas, ayudar a otros a descubrir aquellos aspectos de la vida que son verdaderamente edificantes—esas son apenas algunas de las formas de mejorar nuestra relación con los ángeles, quienes siempre procuran proveernos de inspiraciones morales y espirituales.

¿Cómo contribuye o perjudica su medio ambiente el proceso de edificación? ¿Cómo puede cambiar o mejorar su medio ambiente—las personas con las cuales elige asociarse, las actividades que emprende, las prioridades que establece o deja de establecer? Pídales a los ángeles que le ayuden a dedicar al menos una hora diaria a edificar su vida.

Reflexión Angelical: **Puedo escoger comportamientos que resulten cómodos y positivos para mí a la vez que benefician al mundo.**

Ambientalista casero

Nota Angelical: **La ecología empieza por casa.**

La ecología es el estudio científico de los seres vivientes en su relación mutua y con su medio ambiente. Un ambientalista es quien procura proteger o mejorar el medio ambiente. Cuando la gente habla de medio ambiente se refiere a menudo a áreas de la naturaleza que se han designado para ser conservados en estado silvestre y protegidas de cualquier intervención humana. La mayoría de los problemas ecológicos de las zonas silvestres no se originan en las zonas silvestres; tienen su origen a pocas millas de distancia en donde viven los seres humanos y en donde fabrican sus comodidades. Los verdaderos ambientalistas procuran mejorar la relación que tienen con su propio e inmediato medio ambiente. Los ángeles nos enseñan a vivir en armonía con el medio ambiente al vivir en armonía y en paz en nuestra propia casa matriz.

En vista de que somos tan parte de la naturaleza como los pájaros que hacen sus nidos en las copas de los árboles, nosotros también necesitamos un medio ambiente natural y limpio en donde vivir y respirar. Simplifique su rutina diaria de hogar. Recicle cualquier cosa que pueda volver a utilizar. Si hay seres vivos en su hogar—niños, animales, un cónyuge—piense en formas de cuidarlos mejor y de promover armonía y conciencia en sus relaciones. Pregúntese si los ángeles estarían cómodos en el ambiente de su hogar.

Reflexión Angelical: **Sé que soy parte de un vasto medio ambiente de propósito divino, y mi propósito es mejorar mi medio ambiente cercano.**

SERES ELEMENTALES

Nota Angelical: **Todo es elemental.**

Dentro de la jerarquía angelical existen los seres elementales, seres importantes que representan los cuatro elementos de la naturaleza: tierra, agua, fuego y aire. Los seres elementales existen en cada parte de la naturaleza—incluso nosotros—y forman parte vital de cada una de esas partes. Ellos constituyen realmente las fuerzas energéticas primarias con las cuales la naturaleza está construida. Tenemos una conexión especial con los seres elementales; trabajan con nosotros para equilibrar nuestros propios elementos. Si aprendemos a trabajar con ellos, desarrollaremos un conocimiento más profundo de cómo ponernos a tono con la naturaleza y a la vez, les daremos la oportunidad de ascender dentro de la jerarquía angelical. La forma como se trabaje con los seres elementales dependerá del propio estilo de vida y de cuán creativo se está dispuesto a ser en relación con ellos. Una cosa es cierta: cuando desarrollamos una comprensión más profunda de los seres elementos de la naturaleza, nos regalamos una experiencia más profunda de la vida misma.

Puede ponerse en sintonía con los diversos elementos en su hogar llegando a reconocer patrones de viento, patrones de agua, y cómo se ve y se siente la tierra a su alrededor. A medida que use el fuego logrará un conocimiento más profundo de sus propiedades si se pone en sintonía con los seres elementales del fuego. Algunos maestros sugieren que, cuando vuele en un avión, usted pida a los seres elementales que ayuden a reemplazar y sanar las corrientes de aire que han sido interrumpidas por la alta velocidad del avión.

Reflexión Angelical: **La próxima vez que presencie cómo sopla el viento entre los árboles, cómo las olas revientan sobre la playa, o cómo arde la hermosa llamarada de un fuego, me detendré para rendir honor a los seres elementales.**

CRISIS ESPIRITUAL

Nota Angelical: **Una crisis espiritual constituye también un momento de crecimiento espiritual.**

Una crisis es un momento de dificultad o un peligro de escasez como en el caso de una crisis energética. Ella nos crea sufrimiento hasta que aprendemos a aceptarla como un desafío espiritual y como un momento para reprogramar el control, de ser amables con nosotros mismos, y de detenernos y revaluar no sólo la situación sino también la propia vida. Muchas personas llevan vidas de sufrimiento debido a dolores físicos o emocionales, patrones inconscientes de comportamiento, o bloqueos mentales, sin entender que ellos tienen el poder de trascender su miseria viéndola como una oportunidad de crecer espiritualmente. Necesitamos tener en cuenta que el sufrimiento cumple el propósito de despertarnos, no de tullirnos. La próxima vez que confronte un período de sufrimiento, ya sea intenso o leve, véalo como un momento de crisis espiritual. El solo hecho de reconocer que nuestro sufrimiento tiene un origen espiritual inicia el proceso de curación, pues así damos el primer paso hacia comprenderlo. Los ángeles están siempre con nosotros como ayudantes espirituales y nos hacen ver la luz de la esperanza que se vislumbra en el horizonte.

¿Hay alguna situación en su vida que le crea sufrimiento? ¡Póngala por escrito! Anote ahora los cambios que ésta ha producido en su vida y algunas formas en que quizás le este ayudando a hacerse más fuerte y más sabio espiritualmente. ¿Qué le ha enseñado acerca de usted mismo, de sus necesidades, de sus actitudes, de sus prioridades, de los cambios que tal vez sean necesarios en su vida?

Reflexión Angelical: **Estoy dispuesto a abandonar el sufrimiento y a empezar a crecer.**

Hora de Partir

Nota Angelical: **Al igual que los trenes en la Italia de Mussolini, la muerte siempre llega a tiempo.**

Si alguna vez ha visto el programa de televisión *The Twilight Zone*, sabrá que la muerte no llega con terror sino con delicadeza, y siempre a tiempo. Episodio tras episodio de esa serie notable, que ocupa un lugar destacado en la lista de recomendados de los ángeles, describe la muerte ya como un ser compasivo y comprensivo que viene a liberarnos, o como una figura persistente cuya presencia inevitable tenemos que acabar por aceptar. En su libro: *Zen Flesh, Zen Bones*, Paul Reps relata la historia de un joven precoz que quebró una de las más preciadas posesiones de uno de sus maestros: una copa antigua de gran valor. Temiendo la ira del profesor, el muchacho se preguntaba qué hacer. Cuando llegó el maestro, el muchacho le preguntó: "Maestro, ¿por qué tiene que morir la gente?"

"Porque es parte del proceso natural," le respondió el profesor. "Todo tiene un tiempo asignado sobre la tierra."

"Bien, entonces," dijo el muchacho, entregándole los pedazos de su preciosa copa, "para su copa ya era tiempo de morir."

Si ha tenido que afrontar la pérdida o la inminente pérdida de alguien querido por usted, imagine que era o es para esa persona la hora de partir. Es el momento adecuado, el tiempo perfecto. La mejor manera de despachar a su ser amado es dejarlo partir en paz y en total confianza al cuidado experto de los ángeles.

Reflexión Angelical: **Acepto el horario del universo tanto para morir como para vivir.**

RICCIÓN

Nota Angelical: **La fricción acarrea fatiga.**

La fricción se produce por resistencia de una superficie que se mueve sobre otra o por el roce de una cosa contra otra. Si se frotan entre sí dos palos durante un tiempo suficiente, se enciende fuego. Cuando hacemos el papel de la superficie que se resiste a moverse sobre otra, tal como el río de la vida, ocasionamos fricción, y si no nos detenemos allí, acabamos en el fuego. Siempre podemos reconstruir y renacer, pero es más sensato suspender la fricción antes de vernos envueltos en llamas. La fricción trae también fatiga. La fatiga nos hace sufrir y nos pone a pensar que nada maravilloso llega jamás a suceder. La fatiga no desaparece con una buena noche de sueño; ella proviene de un espíritu cansado que sólo puede ser reabastecido cuando nos desprendemos del tumulto y de la fricción que nos están desgastando.

¿Se mueve suavemente por la superficie de la vida? En caso contrario: ¿qué causa esa fricción? ¿A qué se resiste? Muy probablemente la respuesta tiene algo que ver con cambios. La resistencia al cambio conlleva fricción. Percátese mejor de los puntos de fricción y que ellos sean señales de alerta hacia una nueva manera de ser. La próxima vez que se sienta inordinadamente cansado busque un punto de fricción y piense en maneras de limarlo. La fatiga generalmente significa que hemos perdido la batalla con nosotros mismos. La clave no es luchar sino acudir más bien hacia la aceptación.

Reflexión Angelical: **Ya no seguiré luchando contra el universo. Me acompasaré al flujo natural y eliminaré la fricción de mi camino.**

IDEALISMO

Nota Angelical: **No hay una forma en particular de como deberían ser las cosas.**

No es fácil desprenderse del idealismo porque podemos confundir pensamiento idealista con pensamiento positivo y con la acción de conservar viva la esperanza. Pero el idealismo se traduce más en insatisfacción que en esperanza. Está muy bien preguntarse: "¿Por qué no?" mientras no nos quedemos atados a nuestras propias respuestas idealistas. Podríamos gastar todo el día viendo cómo debiera ser el mundo pero vale más ver cómo son las cosas y aceptar el todo. Al aceptar el todo con todas sus ambigüedades y absurdos sin juzgarlos ni luchar contra ellos, tendremos los ojos espirituales requeridos para ver las verdaderas fuentes de la esperanza.

Quizás sea incómodo al principio entregar los propios ideales, pero no hay que temer: es una experiencia liberadora. Si el mundo fuera como debe ser quizás nunca nos convertiríamos en los ilimitados seres humanos que estamos destinados a ser. Los ideales existen solamente en la mente. Nuestros patrones de perfección son nuestros y pocas otras personas pueden llegar a compartirlos. Entregar ideales no significa ceder valores; hay que permanecer fiel a ellos. Pídale a los ángeles el esclarecimiento.

Reflexión Angelical: **Aceptaré todo el panorama con todas sus ambigüedades y despropósitos y buscaré humor en vez de obligaciones.**

ÍMITES

Nota Angelical: **Los límites debieran definirnos, no limitarnos.**

Muchas veces encontramos difícil fijar límites con otros y también con nosotros mismos. Podemos llegar a asumir trabajo en exceso o responsabilidades en exceso porque desconocemos nuestros propios límites. O quizás permitamos que otros se aprovechen de nosotros, que nos pongan a hacer cosas que no nos sentimos cómodos haciendo, porque necesitamos la aprobación o tememos arriesgar una confrontación—mostrar ante el mundo nuestro propio yo fuerte y verdadero. Pero conocer nuestros límites es una parte importante de la conciencia angelical. Los ángeles nos muestran cómo establecer límites, no con beligerancia sino con confianza y amor. Al sentirnos más cómodos con nuestros propios límites nos volvemos naturalmente más honestos con nosotros mismos así como con los demás. Descubrimos qué somos capaces de lograr sin poner en jaque nuestra salud mental o física. Descubrimos qué comportamiento en otros estamos dispuestos a tolerar y cuál no. Cuando empezamos a valorarnos nosotros mismos como lo hacen los ángeles, no temeremos fijar límites—proteger y honrar el amoroso y amable ser propio que hemos llegado a conocer.

Visualice el estilo de vida con el cual se sentiría más cómodo y más en paz. ¿Qué límites tendría que fijar para hacer realidad esa vida? ¿Tendría que responder "no" más frecuentemente ante solicitudes y situaciones que lo incomodan o que exigen de usted demasiado esfuerzo? ¿Cómo esperaría y requeriría que otros lo traten?

Reflexión Angelical: **No temo rendir honor a mi propio valor y a mis necesidades.**

ENERGÍA CREATIVA

Nota Angelical: **Todos estamos bendecidos con una fuente infinita de energía creativa.**

La energía exige movimiento y expresión. La energía creativa busca un canal despejado por el cual fluir. Todos poseemos la habilidad de canalizar la energía creativa; ella es parte de nuestros sistemas como lo es respirar. En vista de que la creatividad es tan natural a la vida humana, cerrarnos a su flujo desembocará en energía reprimida y en frustración. Los ángeles estimulan el flujo de energía creativa. Cuando los ángeles aterrizan en su vida y usted empieza a extender el rango de su conciencia angelical, no será capaz de resistir el anhelo de hacer algo creativo. Eventualmente, acabará por rendirse a su propia y singular creatividad; los ángeles se encargarán de eso.

¿Qué sucede en su interior cuando piensa en creatividad? ¿Qué sentimientos emergen cuando escucha la palabra "creatividad"? Su reacción a la creatividad revela en dónde se encuentra usted con su propia energía creativa. Si se siente celoso o inseguro cuando piensa en creatividad, quiere decir que no está usando sus propios talentos. Si no cree que es una persona creativa, quizás sienta un poco de añoranza. Si resuena con alegría cuando piensa en creatividad es porque permite que la creatividad fluya en su vida. La creatividad es una energía que puede ser expresada y utilizada en todo lo que usted hace: arte, música, cocina, costura, discurso, anidar, dar a luz—la lista es infinita.

Reflexión Angelical: **Con la ayuda de los ángeles voy a crear amor para siempre y por siempre.**

LA FAMILIA HUMANA

Nota Angelical: **La raza humana debería interesarnos activamente.**

Imagínese qué sucedería si todos nos despertáramos una mañana desprovistos de piel. Nos veríamos todos prácticamente idénticos y ciertamente no sabríamos a qué raza pertenece cada uno. No es una idea agradable pensar que nos encontramos sin piel; pero los problemas causados por la piel en los últimos milenios son igualmente desagradables de contemplar. Por alguna razón desconocida y perturbadora, la humanidad ha dotado el cuerpo humano con una cantidad desordenada de poder. Muy a menudo se nos juzga por nuestra apariencia, no por lo que somos. Podemos llegar a pensar en toda la humanidad como en una gran familia, unida por los mismos intereses básicos y capaz de las mismas emociones básicas. Lo que principalmente necesita esta gigantesca familia para convivir es un respeto basado en la comprensión. Pero el respeto y la comprensión solamente pueden venir cuando dejemos de catalogar a los seres humanos según su raza para verlos como los ángeles los ven—más allá del cuerpo, en el corazón y el alma. La humanidad constituye un ramo colorido de posibilidades y los ángeles nos ven en colores de luz: no en colores de piel.

¿En qué se diferencian realmente otras personas de usted? ¿Qué cosas comparte usted con aquellos que le parecen extraños? Trate de practicar el arte angelical de apreciar a todas y a cada una de las personas con las que usted entra en contacto como a miembros valiosos e importantes de su familia.

Reflexión Angelical: **Permito que otros me enseñen acerca de ellos mismos y de sus mundos.**

LA MENTE DEL NO SABER

Nota Angelical: **No se sabe hasta que se sabe.**

En un intento generalmente fútil por llegar a conocer lo inconocible pasamos mucho tiempo tratando de escrutar la vida. Nos imaginamos lo que la gente está haciendo o diciendo cuando no estamos con ellos. Proyectamos nuestros deseos y nuestros temores sobre los demás; predecimos lo que pueden estar pensando y ajustamos nuestras preocupaciones de acuerdo. Por supuesto, esta clase de juego mental (elusivo e ilusorio) generalmente sirve solamente para aumentar nuestro sentido de confusión y frustración. Cuando nos vamos enloqueciendo ante nuestra incapacidad de controlar lo que no podemos ni nos corresponde controlar, los ángeles sugieren que es hora de entrar en lo que los practicantes del zen denominan: "La mente del no saber." Al aceptar el hecho de que ni podemos conocer, ni podemos controlar lo que otros están pensando o haciendo o lo que no ha llegado a suceder, nos liberamos para poder concentrar nuestra energía plenamente en el momento presente: el único lugar para saber.

¿Existe algo que usted quiera saber pero no puede posiblemente saber, o quizás un desenlace que quiera pero no pueda controlar? Si es así, entréguese al momento y póngase en un estado de "La mente del no saber." Permítase no saber—y que no le importe saber—lo que le será revelado cuando deba serlo, si es que debe revelársele en algún momento.

Reflexión Angelical: **Dejaré que los ángeles me guíen para saber solamente lo que deba saber.**

Discernimiento

Nota Angelical: **El camino al infierno está pavimentado de buenas intenciones que no han llegado a ser compensadas por buen sentido.**

Una de las fábulas de Esopo relata la historia de una mujer que lleva a su hogar una culebra congelada, la descongela y la trata bien solamente para ser mordida por la culebra cuando ésta recupera sus poderes. En trance de muerte por la picadura, la perpleja mujer le pregunta cómo se atrevió a hacer tal cosa habiéndole prodigado tan buen cuidado y mostrado tanta bondad. La culebra le recuerda que es culebra y que eso es lo que las culebras hacen. La culebra de esta fábula es en varios niveles una maravillosa metáfora: no solamente es la culebra, al igual que muchas personas, peligrosa por naturaleza sino que su veneno es el que sentimos cuando aquellos a quienes tratamos de ayudar se aprovechan de nosotros. Al igual que Esopo, los ángeles quieren que seamos sabios y hagamos uso del discernimiento al dar a otros o al cuidar de ellos. Muchas veces nos metemos en problemas cuando damos demasiado a aquellos que no nos han pedido ayuda o a aquellos que, habiéndola pedido, tienden a aprovecharse de ella. Los ángeles dan constantemente, pero nunca se meten en problemas porque solamente dan cuando se los piden aquellos que están ya preparados para recibir sus dones.

¿Ha acogido usted culebras recientemente? ¿Ha permitido que alguien se aproveche de su bondad o simpatía o ha compartido su alma con alguien que no estaba interesado en su más alto bienestar? Cuando tenga dudas, deténgase y pídales a los ángeles discernimiento y ayuda. Ellos buscan protegerlo de culebras pero solamente lo pueden hacer si usted coopera con ellos respetando y salvaguardando sus propios dones.

Reflexión Angelical: **Con ayuda del discernimiento, puedo obrar, sin arriesgarme, con bondad y con compasión.**

ESPERANZA

Nota Angelical: **Esperanza era todo lo que quedaba en la caja de Pandora; los ángeles deben haberla rescatado por amor a la humanidad.**

A algunos intelectuales les gusta discutir acerca de la esperanza. Argumentan que la esperanza existe en el futuro, no en el ahora, y que debemos descartar todo lo que nos saque del ahora. Sin esperanza, tanto el futuro como el ahora pueden ser incoloros y opacos. Si se siente sin esperanza, entonces necesita esperanza. Es así de simple. El cielo no se deja impresionar por seres humanos que siguen sin esperanza en un intento por vivir plenamente el ahora. El ahora es pura percepción y cuando su percepción está manchada por pesados sentimientos, usted no está experimentando un ahora puro. La esperanza es muy importante para los humanos, especialmente *ahora*.

La próxima vez que sienta el dolor de la desesperanza en su corazón o una nube oscura sobre su espíritu, pídales a los ángeles un fogonazo de esperanza. La esperanza posee su propia energía, que extraerá calurosamente ese dolor de su corazón y levantará su espíritu. Sienta la energía de la esperanza, atesórela en su mente y utilícela como una herramienta en su camino por la vida. Fabríquese un pequeño armario de esperanza para usted mismo. Dibújelo sobre una hoja de papel y haga entonces una lista de las cosas que le dan esperanza. La próxima vez que se sienta desesperanzado, abra su armario de esperanza y pídales a los ángeles que se le unan en ese pedacito de anticuada esperanza.

Reflexión Angelical: **Cuando siento esperanza en el futuro, me posiciono en forma positiva para ayudar a que la vida se desarrolle de forma naturalmente bella.**

ℰMPATÍA

Nota Angelical: **La empatía es diferente de la simpatía: con la simpatía promovemos la lástima; con la empatía ganamos en comprensión.**

La empatía es diferente de la simpatía. La empatía implica escuchar; la simpatía implica reaccionar. Cuando hacemos empatía con otros, entendemos sus sentimientos sin envolvernos en ellos. Cuando simpatizamos con otros, sin embargo, llegamos a identificarnos con sus sufrimientos hasta el punto de asumir su dolor. La persona que siente empatía hace preguntas; la que simpatiza puede sentirse movida a dar consejo y a proponer soluciones en lugar de dejar que los otros lleguen a sus propias conclusiones. Los ángeles desean hacernos conscientes de que no se espera que suframos con los sufrimientos de los otros; esos sufrimientos pueden ayudarles a crecer. Pero *sí se espera* que estemos allí para los demás con corazón amoroso y solidario. El mayor regalo que podemos dar a otros que se encuentren en una situación difícil es la oportunidad de expresarse y de llegar a sus propias conclusiones, no las nuestras.

Cuando se encuentre en la posición de escuchar con empatía, haga como los ángeles y limítese a escuchar incondicionalmente y con amor en su corazón, procurando entender los sentimientos de la persona y de ayudarle también a entenderlos. Aunque se sienta tentado a manifestar su acuerdo ("Sí, ¡Rafael es realmente un estúpido!") o a dar consejo ("¡Creo que debes conseguirte un buen abogado!"), haga más bien preguntas constructivas, dejando que la persona descubra su propia solución al problema.

Reflexión Angelical: **Yo escucho a los demás así como me gustaría que ellos me escucharan—con oído afinado hacia su mejor bien.**

Nubes

Nota Angelical: **Cuando tenemos la cabeza por las nubes, estamos más cerca que nunca de los ángeles.**

Las nubes tienen una fuerte influencia sobre nosotros. En muchas formas retratan a la humanidad: plenas de estados de ánimo cambiantes, ellas reproducen las muchas y diferentes partes de nuestra constitución que pueden llegar en cualquier momento a causarnos experiencias de tormenta o de calma. Las nubes son el acompañamiento orquestal de la sinfonía de la naturaleza, trayéndonos lluvia y nieve, llenando el amanecer con el suave brillo de la expectativa y el atardecer con los tonos apasionados del recuerdo. Las nubes son maestras de la imaginación; cuando el sol brilla a través de una nube formada por cristales, por ejemplo, vemos pequeños arcos iris de colores pastel que algunos llaman pájaros de sol. Los ángeles quieren que recordemos que nosotros también orquestamos la naturaleza: la propia. Nuestros múltiples estados de ánimo no son otra cosa que nubes pasajeras que desaparecen con el hálito de un nuevo viento. Y, al igual que las nubes, podemos crear nuestros bellos amaneceres, nuestros apasionados ocasos, y vidas llenas de imaginación y prodigio.

La próxima vez que se encuentre a la intemperie, concédase por lo menos cinco minutos para observar el espectáculo al aire libre que se lleva a cabo siempre sobre nosotros. Recuerde dar gracias a los ángeles por tocarlo a través de las nubes, por la tibieza del sol, la suavidad de la brisa, la frescura de la lluvia, y por las muchas imágenes celestes que inspiran a su alma.

Reflexión Angelical: **Apreciaré por igual la importancia y el carácter efímero de mis estados de ánimo mientras continúo siempre mirando al cielo.**

Depresión

Nota Angelical: **Los ángeles permiten que nos deprimamos pero nunca dejan que permanezcamos deprimidos.**

Nada tiene de malo la depresión; es una válvula de seguridad humana, construida para evitar que nos quememos. El verdadero problema surge cuando continuamos deprimidos después de que han brillado las luces de advertencia y de que los ángeles nos han advertido que es hora de volver una vez más al carril de la energía. Cuando nos deprimimos reabsorbemos nuestra energía, aprisionándola en los más profundos resquicios de nuestro ser. Pero no puede haber energía sin movimiento. Si no la dejamos surgir y salir, nos pateará por dentro como potro acorralado hasta derribar la puerta o expirar por falta de salida. Así que la mejor cura para la depresión es el movimiento, es decir, energía dirigida hacia afuera. Esto puede parecer un poco paradójico puesto que, cuando estamos deprimidos, sentimos que nos falta energía para hacer cualquier cosa. ¡Pero *sí* tenemos energía! Lo único que tenemos que hacer es dejarla salir pasándonos a una nueva actividad, a un nuevo ejercicio o a cualquier acción que cambie nuestro enfoque desde adentro hacia afuera de nosotros mismos.

Si ha estado deprimido recientemente, llame a los ángeles para que lo energicen y lo revitalicen. Medite acerca del gozo y entusiasmo que ellos tienen. Busque entonces maneras de absorber esta energía dentro de su propia vida.

Reflexión Angelical: **Si me siento deprimido, lo acepto como una fase natural mientras busco maneras de avanzar.**

FUERZA DE VOLUNTAD

Nota Angelical: "La voluntad es la habilidad de dirigir tu energía hacia donde quieres dirigirla."

Sanaya Roman: Living with Joy (Viviendo con alegría)

La idea de la fuerza de voluntad a menudo nos produce escalofrío. La llevamos a modo de armadura para entrar en combate contra los adversarios que se presentan como malos hábitos y adicciones, y perdemos la esperanza de llegar a tener lo suficiente de ella como para salir victoriosos. Pero de lo que al parecer no nos damos cuenta es que, lejos de ser algo fuera de nosotros que debemos tratar de lograr, la fuerza de voluntad es una fuente siempre disponible de poder interior. Los ángeles prefieren invertir el concepto negativo de fuerza de voluntad hacia el positivo de "voluntad poderosa." No se trata de que nuestra voluntad sea una especie de pesada armadura; es energía positiva que podemos apuntar en cualquier dirección como un rayo láser que penetra diversos asuntos y disuelve obstáculos con plena confianza y entusiasmo más bien que con trepidación y disgusto.

Cierre los ojos y visualice su voluntad como una fuente de poder dentro de sí mismo que continuamente genera toda la energía positiva que necesita para realizar lo que escoja. Dirija ahora su voluntad como si fuera un rayo láser hacia cualquier cosa que desee lograr y vea cómo se evaporan todas las barreras que se oponen a su progreso. Continúe haciendo diariamente esta visualización y vea cómo sus metas se materializan.

Reflexión Angelical: Me hago amigo de mi voluntad y me siento constantemente facultado por ella.

FRAGILIDAD

Nota Angelical: **Si dejamos de tratar de curar y de erradicar nuestros problemas, podemos integrar nuestros problemas y errores en forma positiva a nuestra vida.**

Podemos encontrar algo positivo en cualquier cosa que hemos catalogado como negativa. Por ejemplo, por causa del asunto de la codependencia muchos se van a los extremos con tal de dejar de ser codependientes. Pero algunas de las características que van mano a mano con la codependencia son muy positivas. Tomemos, por ejemplo, la necesidad. Nos necesitamos unos a otros: no lo podemos negar. Debido a que la necesidad es a veces dolorosa y no es admirada, queremos deshacernos de ella, extraerla como una muela inflamada. Los humanos somos frágiles, nos rompemos con facilidad y sin embargo tenemos arreglo fácil si se acepta la verdad de nuestra debilidad. Nuestra fragilidad es la que en última instancia nos hace grandes. Así que, en lugar de desprenderse de todos sus problemas, pídales a los ángeles que le permitan ver el lado positivo de las fallas humanas.

La condición humana es simplemente eso, humana. La única forma de curar los males de ser humano es dejar de serlo, cosa que no podemos realmente hacer. Estamos aquí para experimentar la condición humana con todas sus fallas y debilidades. De nuestras debilidades nacen la belleza, la gracia y la habilidad de sentir profundamente. Haga una lista de sus fallas y debilidades. De un vistazo con los ángeles a su lista y dése cuenta de cómo cada falta es realmente el resultado de ser simplemente humano. Piense en las cosas de su lista que quisiera poder desarraigar, y empiece a aceptarlas como parte de su ser mayor.

Reflexión Angelical: **Aprenderé a amar mis problemas y a través del amor, ellos florecerán como activos.**

ARPA

Nota Angelical: **El arpa es el instrumento de la música divina.**

Con frecuencia se representa a los ángeles tocando arpas. El arpa, como símbolo, ha llegado a representar canciones y música en honor de lo Divino. Sus notas son suaves y tranquilizantes más bien que fuertes y discordantes; su música habla, no solamente a las emociones sino al alma. En la mitología el arpa ha sido usada como símbolo de desarme, calmando y neutralizando la ira y el peligro con su suave voz. Los ángeles rinden honor a lo Divino y desarman a sus adversarios con los suaves acordes del amor incondicional. Así que el arpa es un símbolo natural en el cual se piensa en relación con los ángeles. Podemos ser las arpas que los ángeles tocan para honrar a Dios. Nuestra vida puede ser dulce canción que convierte la ira en comprensión y en compasión. Dejemos de recalcar lo negativo y empecemos a tocar en nuestra vida la música divina de la esperanza y de la luz.

Trate de escuchar alguna bella música de arpas. Respire suavemente con ella hasta que empiece a ser parte de sí mismo y de las vibraciones de su propia alma. Véase a sí mismo como arpa. ¿Cómo puede afinar su vida para que los ángeles toquen música divina en sus cuerdas?

Reflexión Angelical: **La música del cielo canta en mi alma y resuena por todo el universo.**

CUIDANDEROS

Nota Angelical: **Los ángeles son cuidanderos del alma humana.**

Nuestras almas son parte de nosotros, la parte inmortal conectada en todo momento con el reino de los ángeles. Se dice que el alma es el verdadero yo y que la personalidad es la parte mortal que representamos aquí en la tierra. Nos sentimos mejor cuando nuestra personalidad está estrechamente alineada con nuestro auténtico ser—nuestra alma. El alma conoce su verdadera misión y busca expresar esta misión mediante la personalidad. Cuando se descuidan los impulsos del alma y cuando obramos en su contra, traemos infelicidad a nuestra vida. Los ángeles son los cuidanderos de nuestra alma. Lo que más les interesa es ayudarnos a crear cualidades y virtudes que permitan al alma expresar su misión para propagar su maravilloso amor por doquier.

Para nutrir el alma, tome conciencia en primer lugar de que posee una; reconózcala entonces y valórela. Los ángeles conocen muy bien el alma y nos ayudan cuando estamos listos para reconocer su importancia. La imaginación es el portal que nos da ingreso al conocimiento del alma. Hay ciertas cosas que alimentan el alma; son diferentes para cada cual pero el alimento poseerá siempre cualidades divinas. Los remedios de esenciales florales Bach constituyen una forma de tratar el alma. Así que, si usted está interesado en saber más acerca de las cualidades del alma, he aquí un lugar para empezar.

Reflexión Angelical: **Sé que los ángeles cuidan muy bien de mi alma y haré lo que me corresponde para alinear mi personalidad con las cualidades de mi alma.**

UN MARCO PARA LA MENTE

Nota Angelical: **Enmarque su mente con conciencia angelical.**

Nuestra mente se atasca a menudo entre el marco de un determinado estado de ánimo. Es temporal pero cuando nos metemos en uno oscuro y tenebroso, nos parece que va a durar para siempre. Es bueno que nos demos cuenta de cuál es el estado de ánimo que nos enmarca. Cuando nos sentimos cómodos y positivos debemos protegerlo. Podemos enmarcar nuestras mentes como queramos si tenemos conciencia de nuestras actitudes. Un marco es solamente una estructura y una actitud es simplemente una forma de enfocar la vida; está permitido cambiar de marco y de actitud. Mejor aún, cuando permite que los ángeles entren dentro del marco de su estado de ánimo, su actitud cambiará naturalmente.

Piense en qué es lo que le sirve para conservar un estado de ánimo positivo. Para proteger ese estado de ánimo hay que actuar y estar dispuesto a hacer el esfuerzo. Si otras personas quieren involucrarlo en una conversación negativa, explíqueles cortésmente que no está en el estado de ánimo que se requiere para escuchar algo que va a destruir su paz. Empiece a llevar nota mental de cuándo su mente pasa del estado pacífico al de perturbación. Cuando logre identificar el punto de transición, será capaz de saltar atrás rápidamente. Los ángeles le ayudarán; ellos quieren que usted sea feliz y pacífico.

Reflexión Angelical: **Conoceré mi mente en una forma nueva e íntima; la enmarcaré con amor y mi enfoque a la vida será de paz.**

DESEOS

Nota Angelical: **Domar el deseo no significa destruir la pasión, la personalidad y el espíritu.**

A menudo nuestros deseos nos definen. Esto puede ser positivo para nosotros o no serlo según cuáles deseos permitimos que el mundo vea. Cuando deseamos paz sobre la tierra para todos los seres independientemente de raza, credo, o género, ese deseo llama la atención de la más alta naturaleza de la humanidad. Por otro lado, cuando deseamos acaparar dinero, placeres, o demasiada comida o bebida, esos deseos nos presentan en una luz negativa ante la mayoría de la gente. No importa tanto lo que la gente piense de nuestros deseos pero sí importa que los deseos nos causen dolor. Es cuestión de deseos excesivos. Con cuánta frecuencia se oye usted decir o pensar: "¡Quiero . . . !" Esto lleva a los "si tan solo," seguidos por el síndrome de "¿por qué yo?" A veces confundimos los deseos con pasiones y con rasgos de personalidad. Algunas cosas en la vida nos apasionan, y eso está bien. No gaste sus energías tratando de dominar sus pasiones, de destruir sus deseos, o dejando de disfrutar algo que le causa placer. Procure entender. Empiece por entender qué es lo que sus deseos representan y sepa que los ángeles se dan cuenta de lo que usted realmente desea en lo más profundo de su corazón.

Muy en el fondo lo que realmente deseamos es paz mental y los ángeles están listos a ayudarnos a lograrla cuandoquiera que nosotros estemos listos a abandonar deseos excesivos. Así que, la próxima vez que se encuentre deseando algo ardientemente, pídales a los ángeles que le ayuden a sustituirlo con paz mental. La paz mental nos ayudará a desplegar y organizar nuestros deseos.

Reflexión Angelical: **Dejaré que el fuego de mis pasiones me caliente el corazón sin quemarme las alas.**

LEYES NATURALES

Nota Angelical: **Las leyes naturales no pueden ser cambiadas ni quebrantadas, solamente obedecidas o desobedecidas.**

Grandes maestros espirituales han usado a menudo metáforas y parábolas acerca del mundo natural para enseñarnos principios básicos espirituales. Por ejemplo, del río aprendemos la ley de fluir con la corriente de la vida, no en contra de ésta. En el sauce doblegado por el viento aprendemos sobre la fortaleza a través de la flexibilidad. Las cuatro estaciones—verano, otoño, invierno, y primavera—nos enseñan las leyes de cosecha, preparación, muerte y renacimiento. Las leyes naturales no pueden ser violadas o cambiadas, son inmutables. Ellas no son para ser obedecidas ciegamente sino honradas y respetadas. Si llegamos a desconocer una ley natural, no habrá policía cósmica que nos detenga y nos cite por violación. Nuestra infelicidad, en cambio, será nuestra sanción. Los ángeles operan en el reino de la ley natural y son de gran utilidad para quienes buscan vivir de acuerdo con los principios eternos del universo.

La próxima vez que se atasque ante un dilema, pregúntese por un momento si existe una ley natural que, si la cumple, le serviría de ayuda en su situación. Pídales ayuda a los ángeles para darse cuenta de esto.

Reflexión Angelical: **Dejaré que las leyes naturales me guíen para escoger las mejores opciones en cada situación que confronte. Procuro ponerme en línea con los más altos principios del universo.**

PREOCUPACIONES

Nota Angelical: **La preocupación es un estado de inquietud mental.**

Es normal preocuparse por cosas, pero no dejar que las preocupaciones hagan residencia permanente en el cuerpo y la mente. ¿Siente un hombro rígido o padece de dolor de cabeza, de estómago, o de espalda? Podría suceder que una preocupación haya decidido apoderarse de parte de su preciosa energía y atormentarlo con ésta. La manera natural de preocuparse es darse tiempo para pensar creativamente a través de sus preocupaciones y sugerir soluciones. Si no se cuenta con soluciones inmediatas, eche la preocupación a un lado o póngala en la papelera de salidas de los ángeles. Los ángeles gozan con nuestras preocupaciones y nos pueden servir de ayuda para ponerlas en la perspectiva adecuada. Al igual que con la mayoría de los problemas, si atendemos a las preocupaciones pequeñas apenas notamos el sentimiento de malestar que nos causan, no se convertirán en un dolor de cuello.

La preocupación constituye un desgaste de energía. Si dirigimos la energía que actualmente estamos empleando en preocuparnos hacia alguna actividad diseñada para cambiar la energía, nuestras preocupaciones se transformarán. Es bueno, cuando estamos preocupados, tener en la mano algo con qué jugar. Fabríquese sus propias muñequitas angelicales de atrapar temores o su propia tira de cuentas angelicales de preocupación. La próxima vez que esté preocupado, saque sus muñecas o sus cuentas, llame a los ángeles y cuéntele a cada una de sus muñecas o de sus cuentas alguna de sus preocupaciones. Pídales entonces a los ángeles que se lleven las preocupaciones bien lejos en el universo para que se pierdan entre las estrellas, y para que lo único que le quede a usted sean soluciones.

Reflexión Angelical: **Cuando esté preocupado, me acordaré de tomar las cosas con calma y de no permitir que las preocupaciones se me manifiesten como dolores o sufrimientos corporales.**

GRANO PARA EL MOLINO

Nota Angelical: "Podemos tomar la vida
exactamente como es en el momento; es falaz
pensar que nos acercamos necesariamente a Dios
si cambiamos nuestra forma de vivir . . ."

Ram Dass

La frase: "grano para el molino" quiere
decir: lograr provecho de todo. Se refiere
al grano que está ya listo para ser molido.
Cuando se convierte en harina adquiere
muchos usos. Muchas cosas en nuestra vida
constituyen grano para nuestro molino espiritual. Acontecimientos cotidianos como
lavar los platos, solucionar problemas en
nuestras relaciones, jugar con los hijos o desempeñar nuestros oficios pueden convertirse en
medios de acercarnos a Dios y a los ángeles. No es
necesario que hagamos cosas extraordinarias o estrictas; no es necesario cambiar de religión, de régimen ali-
menticio o de carrera profesional; sólo es necesario que
estemos dispuestos a usar lo que ya tenemos para acercarnos un paso más a Dios. Podemos utilizar nuestra
propia y única energía creativa para reconocer el grano,
luego, molerlo, refinarlo y pasarlo por el cedazo para encontrar nuevos y más bellos usos.

*Piense en las cuestiones, los problemas o las rutinas que lo
han aburrido y piense en una manera de poder molerlos en
harina espiritual para un nuevo uso espiritual. Los ángeles
pueden ayudarle a ver su vida como una senda espiritual
hacia la iluminación.*

Reflexión Angelical: Me daré cuenta de la
dimensión más amplia de lo mundano y utilizaré
mi vida diaria para acercarme a Dios y a los
ángeles.

Centro

Nota Angelical: **La calma y la paz se encuentran en el centro.**

Todos poseemos dentro de nosotros un punto que podemos llamar nuestro centro (de gravedad). Cuando nos sentimos centrados significa que nuestras energías están en equilibrio. A menudo centrar implica cimentar. Una definición de cimentar es proveer un buen entrenamiento básico. Iniciar entrenamiento básico con los ángeles como sargentos es muy diferente a ingresar al servicio militar. En lugar de ordenarnos que nos adhiramos a una estructura preestablecida, los ángeles nos estimulan a permanecer sueltos y a cultivar la flexibilidad. En lugar de ejercicios extenuantes que nos llevan al borde del dolor y del agotamiento, los ángeles nos facilitan los medios para disfrutar y de movernos libremente a nuestro propio paso. En lugar de luchar por llegar a ser lo que otros quieren que seamos, los ángeles nos invitan a descubrir quiénes somos y a ser fieles a ese ideal. Cuando estamos realmente centrados, somos seguros y nos volvemos flexibles y tolerantes de los demás y nos sentimos en paz con nosotros mismos, porque sabemos que mientras el amor divino tibie e ilumine nuestra vida todo está en perfecto equilibrio.

Tome una lectura de sus energías en este momento y perciba si necesita o no anclar algún exceso de energía. Centre su atención en permanecer en su cuerpo dejando ir cualquier pensamiento o sentimiento que no contribuya a su paz interior, imaginando un sendero de energía que baja directamente hasta enterrarse en el suelo, llevándose consigo sus pensamientos y sentimientos no deseados y transmutándolos en energía positiva para el universo.

Reflexión Angelical: **Estoy aquí para recibir entrenamiento básico de vida.**

PAREJA

Nota Angelical: **Una pareja no es tanto una respuesta a nuestras plegarias como un estímulo para nuestro crecimiento.**

¿Quién, exactamente, es nuestra pareja perfecta? ¿Se trata acaso de alguien que nos hace sentir arrobadamente felices a toda hora? ¿Alguien que cubre todas nuestras necesidades? ¿Esperamos que la pareja perfeta sea perfecta— que satisfaga cada uno de nuestros criterios de satisfacción eterna? Si es así, la verdadera pareja no existe. Pero si cambiamos nuestro concepto de *perfecto* para que signifique adecuado a nuestra situación y a nuestro crecimiento actual, entonces—al menos en teoría—cada compañero es la pareja perfecta. Desde luego, que es posible que nos encontremos en relaciones que no son nada satisfactorias, lo cual significa que se nos está demostrando que necesitamos o bien reajustar nuestras expectativas si son irreales u honrar nuestras necesidades y nuestra autovaloración permitiéndonos contar con una relación amorosa, cuidadosa y enriquecedora. Los ángeles no quieren jamás que permanezcamos en una relación de abuso; ellos saben que una pareja verdaderamente perfecta estará disponible para prestar orgulloso e incansable apoyo en el logro de las más altas aspiraciones de nuestra alma.

Analice sus creencias acerca de la pareja perfecta—sus esperanzas, sus sueños, sus expectativas. Si aún no ha encontrado la persona que busca, pregúntele a su alma qué clase de pareja sería mejor para su desarrollo. Deje entonces de buscar y permita que los ángeles lo guíen hacia esa persona.

Reflexión Angelical: **Yo busco y encuentro la persona que respeta las necesidades de mi alma.**

CAMBIÁNGELES

Nota Angelical: El cambio no es una amenaza para su vida sino una invitación a vivir.

El cambio es vida; la vida es cambio. Los cambiángeles son ángeles que nos ayudan a darle la bienvenida al cambio y a disfrutar de él como parte natural de la vida. Cambiar significa que momento a momento las cosas se vuelven nuevas y diferentes. El cambio es también crecimiento. Cuando crecemos espiritualmente experimentamos cambios dentro de nosotros mismos, y es aquí donde pueden surgir dificultades en mentes adultas. El crecimiento espiritual no es fácil porque todos ofrecemos una resistencia humana natural a lo desconocido. A menudo queremos conservar las cosas como están y aferramos a lo familiar, aunque lo familiar sea menos que satisfactorio y menos aún sinónimo de felicidad. Aunque frecuentemente el cambio nos resulta amenazante, no tenemos nada que temer y sí todo que ganar aceptándolo en nuestra vida. Los cambiángeles nos animan a desprendernos de lo familiar y a abrazar lo desconocido con confianza y apertura. Los cambiángeles nos enseñan que, a medida que abrazamos lo desconocido, podremos escoger lo mejor a cada momento.

Es mucho más difícil manejar lo desconocido si nos preocupamos demasiado. La próxima vez que se descubra temiendo o preocupándose por los cambios, recuéstese, descanse, y pídales a los ángeles que le ayuden a ver el cambio potencial desde todas las perspectivas y puntos de vista. Si está enfrentando un cambio de grandes proporciones, como un cambio de trabajo, un divorcio, o un traslado, ponga por escrito los puntos a favor y en contra de la situación. ¿En qué forma hará el cambio su vida más difícil? ¿Qué oportunidades nuevas y positivas puede traerle?

Reflexión Angelical: El cambio es divertido, es refrescante, es desafiante, el cambio es vida.

LUZ DE AMOR

Nota Angelical: **Todos tenemos papeles estelares en la divina comedia, ya sea que nos demos cuenta o no.**

Las candilejas se usaron en otro tiempo para iluminar los escenarios de los teatros. Esa luz brillante que resultaba de quemar limo transformaba en tal forma la apariencia de los actores en escena que el auditorio se daba cuenta de que estaba presenciando algo muy especial. Ya no se usa el limo y quizás algo de la magia que producía yace dormida. Los ángeles tienen una luz mágica que usan para iluminar nuestras vidas y, cuando ella nos ilumina, otros saben que están presenciando algo muy especial. Los ángeles la denominan luz de amor y la proyectan sobre los escenarios de la vida real. Hay muchos teatros de vida en los cuales actuar y muchas y diversas obras o producciones. Cuando nos decidimos a actuar la obra divina, algo especial sucede.

Piense en el escenario que usted ha creado en su propia vida. La próxima vez que necesite un poco más de iluminación en su propia vida, pídales a los ángeles que proyecten su luz amorosa sobre usted. Estudie el papel que va a representar en la divina obra de la vida. Juegue con la idea de vivir una vida teatral. Pregúntese: ¿Quién dirige mi vida? ¿Quiénes son mis compañeros de reparto? ¿Quién produce o respalda esta obra?

Reflexión Angelical: **Soy un actor importante en el escenario de la vida. Tengo mi propia historia y estoy desarrollando mi personaje para que resulte grandioso**

ℰSCLARECIMIENTO

Nota Angelical: **La genuina visión es un proceso de percepción que no depende de pruebas visuales para su validación.**

La palabra esclarecimiento, que significa ver dentro de algo, es en realidad un función de ver con nuestros ojos internos o, como los llama la Biblia, "los ojos del entendimiento." No siempre es fácil tener una mirada penetrante. A veces nos distraemos y nos dejamos engañar por las apariencias. Podríamos llegar a ser distraídos y engañados por las apariencias. A veces juzgamos a otros con demasiada rapidez, reaccionamos defensivamente. Sin embargo, la verdadera visión nos exige ver más allá de las acciones, hacia su origen y, más allá de su origen, el alma. Los ángeles nos piden que practiquemos ver con los ojos del entendimiento. Nos desafían a ver más allá de la frustración, la irritabilidad, o el desencanto del momento hacia las causas subyacentes de los comportamientos y los acontecimientos. También nos desafían a ver dentro de nosotros mismos, a vigilar nuestros patrones de respuesta y reacción a considerar por qué creamos ciertas situaciones en la vida, a explorar formas de convertir desgracias aparentes en oportunidades de crecer y, en última instancia, de buena suerte.

¿En cuáles áreas de su vida podría usar un poco más de visión esclarecedora? ¿Podrían mejorarse algunas de sus relaciones? ¿Podrían aclararse orientaciones profesionales? ¿En cuáles de sus propios comportamientos quisiera lograr mayor esclarecimiento? Empiece por sustituir juicios por observaciones no críticas, y reacciones por respuestas meditadas, y los ojos de su entendimiento empezarán a abrirse.

Reflexión Angelical: **Cuando veo con mi corazón y mi alma, por oscura que sea la noche, mi verdadero camino será siempre visible.**

ENRIQUECIMIENTO

Nota Angelical: **Todos tenemos los medios para enriquecer nuestra vida.**

Podemos mejorar y enriquecer la calidad de nuestra vida agregando cada día nuevas cosas a nuestros programas. No tiene por qué costar mucho dinero, solamente esfuerzo. Viajar es una gran forma de enriquecer nuestra vida; visitar lugares nuevos de la ciudad, ensayar nuevas comidas, explorar la naturaleza y ampliar nuestros horizontes. Adicionarle ángeles a nuestra vida diaria nos enriquece más que una nutrida cuenta bancaria. Por todas partes hay ricas experiencias a la espera de ser descubiertas por seres humanos aventureros y con la cercanía de los ángeles, serás rico en amor.

Piense de qué forma es verdaderamente rico. Piense ahora en su situación actual y busque nuevas maneras de enriquecer su vida. Los ángeles son agentes de enriquecimiento. Si se encuentra falto de ideas, pídales que lo guíen por una ruta de enriquecimiento. Solo ábrase a las ricas recompensas de experimentar una vida plena, y encontrará tesoros justo al frente de sus ojos.

Reflexión Angelical: **Enriquezco mi vida y la de quienes amo siguiendo a los ángeles a lo largo de ella.**

ETÉREO

Nota Angelical: **El universo responde al ligero y delicado toque de los ángeles.**

Éter es el cielo despejado, las regiones superiores, más allá de las nubes, más allá de la atmósfera terrestre. Es la sustancia del cielo—ligera, delicada, altamente refinada. La palabra *etéreo* se usa a menudo para describir a los ángeles o lo angelical. No solamente existen los ángeles más allá de lo físico, más allá del tiempo y del espacio, sino que también utilizan el éter para comunicarse con nosotros. Así como se pensó alguna vez que el éter era un medio invisible para transmitir ondas que llenaban todo el espacio, así también el éter es un medio para transmitir mensajes de los ángeles. Los ángeles nos estimulan constantemente a desarrollar el aspecto etéreo de nuestra naturaleza. El ser etéreos nos vuelve más ligeros de corazón, libres de preocupaciones y de cargas mundanas, capaces de volar con los ángeles en alma y en espíritu. Sin embargo, los misterios del reino etéreo deben ser respetados. Debido a que la tierra es un lugar tan denso, ser demasiado livianos y delicados nos puede ocasionar un desprendimiento de nuestra experiencia terrenal. Mientras somos de la tierra debemos aprender a funcionar en ella, a equilibrar lo físico con lo etéreo en nuestras vidas. Los ángeles nos pueden ayudar a mantener la cabeza en las nubes y los pies en el suelo.

Visualícese llegando a formar parte del reino etéreo, desprendiéndose de la densidad de su ser físico, liberándose de limitaciones imaginadas, volando con los ángeles. Véase ahora regresando a la tierra; sintiéndose a la vez aterrizado y libre.

Reflexión Angelical: **Cuando equilibro lo etéreo con lo material en mi vida, logro lo mejor de ambos mundos.**

Nuevo Día

Nota Angelical: **En el cielo las noticias son buenas.**

Los días pueden ser muy útiles cuando necesitamos empezar de nuevo. Cada día nos despertamos con la oportunidad de aprender algo nuevo, ver algo nuevo y hacer algo nuevo. Podemos llegar a descubrir cosas nuevas en nuestro propio solar; realmente no necesitamos viajar por todas partes para encontrar algo nuevo que sea de nuestro interés. Podemos inclusive *ser* algo nuevo. Los humanos gozan con cosas nuevas. Piense en cómo nos fascinan las noticias. Cuando saludamos a nuestros amigos les preguntamos: "¿Qué hay de nuevo?" Las noticias constituyen información y los seres humanos somos recolectores de información. Una cosa es cierta: las noticias no se agotarán. Un nuevo ciclo lunar está siempre en camino, nacen bebés todos los días, y cuando los ángeles forman parte de nuestra vida, despertamos cada mañana como nuevos.

¿Qué hay de nuevo con usted? ¿Se siente interesado en la vida? ¿Le llega suficiente información nueva como para conservar fresca su mente? Si necesita que suceda algo nuevo, piense en lo que quiere. Siéntese con los ángeles y contemple la novedad. Piense en cómo renovar su interés en el simple y bello proceso de la vida que sucede a su alrededor.

Reflexión Angelical: **Me despierto con los ángeles cada mañana y me encuentro nuevo y mejorado.**

MENTALIDAD DE CRISIS

Nota Angelical: **Hay formas mucho más satisfactorias de divertirse que fabricando crisis.**

Algunas personas no sabrían qué hacer sin una crisis, así que se la pasan en la torre de control, binóculos en mano, siempre a la mira del próximo gran desastre. Cuando no se vislumbra ningún desastre en el horizonte, agrandan problemitas para convertirlos en acontecimientos de inmensas proporciones. Si el mar está ahora en calma sin siquiera la más mínima dificultad para alegrar las cosas, ellos simplemente se dedican a preocuparse por algo horrible que no ha sucedido pero podría suceder en cualquier momento. También son ingeniosos para involucrarse en las crisis de otras personas, saltando directamente a ofrecer consejo y aún para asumir la carga como si fuese la propia. La realidad es, por supuesto, que la única crisis que la gente sufre es la aburrición. Generalmente necesitan mucho drama y excitación para que éstos les den un sentido de importancia y de control y aprovechan las crisis para derivar de ellas el estímulo que no encuentran en la ordinaria existencia cotidiana Los ángeles se divierten un poco con las personas que poseen mentalidad de crisis y siempre están dispuestos a mostrarles cómo se puede lograr una genuina diversión concentrándose en el gozo más bien que en la tristeza, en el humor en lugar de drama, en la calma en lugar del caos.

Si usted descubre que las crisis o la gente que se encuentra constantemente metida en ellas le quitan mucho de su tiempo, pregúntese qué recompensa está recibiendo de su parte y si podría recibir la misma recompensa de otras fuentes más positivas.

Reflexión Angelical: **Puedo sentirme vivo e importante sin requerir para ello una crisis.**

ESPIRITUAL

Nota Angelical: **Somos seres espirituales en medio de una experiencia humana.**

Una vida espiritual es aquella en la cual estamos en el mundo pero no somos del mundo con sus múltiples problemas de competencia, dificultades, y logros materiales. Piense en los valores del mundo y en los del cielo. En el mundo, el dinero es el premio, y en el cielo el premio es maná, alimento espiritual y dicha. En el mundo hacemos las cosas para conseguir el reconocimiento de otros; la manera del cielo es hacer cosas para un propósito más elevado. En el mundo dependemos de las pertenencias, las inversiones financieras, y la seguridad; lo que nos permite erguirnos orgullosos a la luz del cielo es nuestra integridad personal y nuestra virtud. Para aliviar el estrés en el mundo, acudimos a químicos y avances tecnológicos; la manera del cielo consiste en orar, meditar, y conectarnos con la paz del Dios interior. Usted puede ser parte del mundo y ser espiritual. Mantenga aguda su conciencia e irá más allá de la dualidad.

Ser espiritual significa estar tan preocupado con el espíritu y el alma como con el cuerpo o el mundo físico. Ser espiritual no significa que hacemos caso omiso del mundo o de nuestro cuerpo; más bien, significa que lo cuidamos mejor. Piense en maneras de incrementar el espíritu y hágalo a la manera del cielo.

Reflexión Angelical: **Soluciono mis problemas a la manera del cielo.**

Nerviosismo

Nota Angelical: "Cada célula y tejido en el sistema nervioso es una estructura viviente e inteligente. La energía de la vida siempre la puede renovar."

Paramahansa Yogananda

El sistema nervioso ignora la diferencia entre nuestros pensamientos y la realidad. De modo que si estamos perturbados por ciertos pensamientos, nuestro cuerpo responde como si algo lo amenazara físicamente, activando los nervios para llevar información e impulsos que bombean adrenalina por el cuerpo y agotan la energía. Aunque este incómodo estado puede parecer resultado inevitable de nuestras vidas veloces y estresadas, no es una forma natural de vivir. Los ángeles quieren que conservemos la calma y una actitud centrada. Quieren que comprendamos que podemos entrenar la mente para remplazar el temor por pensamientos positivos e inspiradores. A medida que el sistema nervioso, que es inteligente, procesa esta nueva información, enviará un mensaje de energía vital a todas las células, y la tensión nerviosa cederá para dar paso a un sentido de alegría y paz.

El sistema nervioso necesita un cuidado especial. De ahora en adelante, trate de estar atento a cuántas actividades negativas o generadoras de estrés tiene en su vida, y trate de reducirlas mediante un nuevo horario y prioridades. Por encima de todo, concédase un cierto tiempo todos los días para no hacer absolutamente nada excepto renovar sus fibras nerviosas con energía vital divina mediante la estrategia de concentrarse en los ángeles, quienes son modelos de vida sin tensión.

Reflexión Angelical: Encuentro cada día formas de reducir el estrés y de aumentar la paz en mi vida.

Sanar

Nota Angelical: **Sanar significa hacer las paces con la vida.**

Sanarse consiste en hacer un viaje personal que cada uno emprende a su manera. Sanar de una enfermedad no significa que no se enfrentará a la muerte, y no significa que usted haya fallado al no cumplir con una determinada fórmula mágica de comportamiento. Padecer una enfermedad no significa que usted está recibiendo un castigo; podría tratarse de un regalo para su plan general de vida. Antes de que Anthony Perkins muriera de SIDA, compuso la siguiente afirmación para ser leída tras su muerte. Sus palabras comunican el verdadero mensaje de sanación. "Muchas personas piensan que esta enfermedad es una venganza de Dios, pero yo creo que fue enviada para enseñarles a las personas a ser compasivas. He aprendido más sobre el amor, el desinterés y la comprensión a través de las personas que he conocido en esta gran aventura (SIDA) de lo que jamás aprendí en el mundo competitivo y feroz en el cual pasé la vida."

Sanarse no es lo mismo que curarse; sanarse significa que nuevamente estamos completos y somos sólidos. Estamos completos y somos sólidos cuando aceptamos el proceso de la vida como un don. ¿Está en paz con la vida? Si no, empiece ya mismo el proceso y pídales a los ángeles que le ayuden.

Reflexión Angelical: **Sé que los ángeles me guían para hacer las paces con mi vida de modo que independientemente de lo que deba encarar en la tierra, estaré listo para aprender más acerca del amor.**

Contemplación

Nota Angelical: "La contemplación es la única forma probada de cambiar radical y permanentemente el comportamiento humano."

Aldous Huxley

Contemplar significa considerar, aquietarse y reflexionar. Cuando practicamos una vida contemplativa con los ángeles, renovamos nuestra relación con lo Divino. Aunque la contemplación y la meditación van en la misma dirección, no son lo mismo. La meta de la meditación es tocar la verdad divina al trascender la distracción del pensamiento, mientras que la contemplación nos mueve más cerca de Dios a través de pensamientos específicamente dirigidos. La contemplación es una empresa productiva; se sabe de grandes genios que se sentaban horas simplemente a mirar hacia el espacio, y cuando se les preguntaba qué estaban haciendo respondían, "pensando." La contemplación es una actividad humana natural; cuando se les da la oportunidad, los niños instintivamente contemplan todas las maravillas de la naturaleza. Todos necesitamos tiempo para contemplar, para sumergirnos debajo de nuestros pensamientos superficiales, para ir a lo profundo del alma y escuchar la sabiduría interior.

¿Qué tan a menudo se sienta usted simplemente a pensar, reflexionar y considerar? Dedique un tiempo para practicar la contemplación unos diez o quince minutos cada día. Empiece por contemplar a los ángeles. Deje que su mente se pregunte acerca de ellos. No trate de controlar sus pensamientos o de lograr resultados concretos. Sencillamente permita que el proceso contemplativo lo lleve adonde quiera. Eventualmente, quizás lo visiten ciertos pensamientos, invitándolo a otras reflexiones.

Reflexión Angelical: Me permitiré una rica vida interior a través de la contemplación.

CUALIDADES

Nota Angelical: **Los ángeles llevan una vida de alta calidad.**

Los ángeles poseen únicamente cualidades positivas; cualidades que iluminan la conciencia en lugar de oscurecerla. La lista de cualidades que les interesan a los ángeles es más bien larga y puede incluir algunas que no se le han ocurrido. Claro que las cualidades típicamente angélicas que vienen inmediatamente a la mente son amor, esperanza, fe, compasión, paz y gratitud. Otras cualidades que son igualmente importantes para los ángeles son el regocijo, la alegría, la apertura, la imaginación, el humor, el deleite, la ligereza y el espíritu juguetón. A fin de cuentas, ¿de qué sirve la fe sin alegría, o el amor sin el espíritu juguetón? ¿Cómo podemos tener verdadera paz sin ser abiertos? ¿Y alguna vez podríamos separar la gratitud del deleite? Uno sabe cuándo ha atraído a los ángeles por la aparición en su vida de señales inequívocas como la paz mental, la esperanza, las coincidencias afortunadas, los encuentros favorables, y un afán irreprimible de disfrutar la vida. Entonces usted puede convertirse en un mensajero angelical, a medida que irradia estas cualidades positivas hacia quienes se encuentra.

¿Qué características posee usted que atraen especialmente a los ángeles? Haga una lista de las cualidades que quisiera desarrollar y que atraerán a los ángeles. Los ángeles están disponibles como agentes de control de calidad; no solamente los atraen ciertas cualidades en los humanos; sino que también nos ayudan a desarrollar la verdadera esencia de grandes cualidades.

Reflexión Angelical: **Con los ángeles en mi vida, descubro el secreto de la alegría incondicional.**

ℰstiramiento facial

Nota Angelical: **Solamente debemos estirar la cara hacia arriba.**

La sociedad occidental observa con divertida incredulidad a las culturas primitivas que creen en el poder sobrenatural de los curanderos, chamanes, remedios artesanales y rituales folclóricos para curar las enfermedades. Pero nosotros también tenemos algunas creencias extrañas. Por ejemplo, creemos que existe una cura contra el envejecimiento. Estamos convencidos de que con una operación mágica conocida como un estiramiento facial podemos recuperar nuestra juventud y belleza perdidas. ¡Qué absurdo debe parecerles este concepto a nuestros vecinos supuestamente menos desarrollados! Nunca pensarían en saltarse las etapas necesarias de la vida, puesto que asocian la edad, no con la pérdida de la belleza y el poder sino con el logro de la sabiduría. Los ángeles tampoco se dejan impresionar por una piel impecable. Saben que hay mucha belleza, si no más, en la cara que lleva con dignidad y gracia la noble impronta del tiempo. Y ya que los ángeles ven solamente el alma, para atraerlos no necesitamos escondernos detrás de una apariencia joven. Sólo es necesario que estiremos la cara en dirección al cielo.

¿Tiene miedo de envejecer? ¿O acepta la progresión natural de la vida con entusiasmo, gratitud, y humor? Piense en personas mayores que usted conozca que no se hayan hecho un estiramiento pero que de todos modos serían consideradas bellas. ¿Qué cualidades hermosas e intemporales poseen?

Reflexión Angelical: **Al reflejar la alegría, la compasión y la sabiduría, la edad le aporta a mi rostro toda una nueva dimensión de belleza.**

OPOSICIÓN

Nota Angelical: **La oposición no es un muro que hay que derribar sino una puerta por la cual entrar.**

¿No sería maravilloso si pudiéramos deslizarnos por la vida sin tener nunca que enfrentarnos a la oposición, y que las cosas siempre marcharan a favor nuestro? ¡Cielos, no! Sin el reto de la oposición nunca aprenderíamos sobre nuestra verdadera grandeza. Aprender a manejar la oposición de manera recursiva es el comienzo de la sabiduría. Eso puede parecer un llamado muy exigente, pero somos capaces, especialmente si contamos con los ángeles como consultores. Lo primero que hay que hacer en cualquier situación en la cual haya oposición es pensar cuidadosamente y escuchar la voz interior antes de actuar. Sopese sus ventajas y sus dones; conózcase. Luego, mida la situación. ¿Cuál sería la acción más ventajosa para tomar? ¿Adelantar? ¿Retirarse? ¿Esperar pacientemente el momento indicado? Finalmente, concéntrese en ser creativo más que competitivo. ¿Cómo se puede convertir la oposición en una experiencia positiva y no negativa? Los ángeles nos recuerdan que es superando la oposición como realmente nos ponemos en contacto con nuestro poder creativo.

¿En dónde enfrenta oposición en su vida? Anote algunas estrategias que podría adoptar para comprender y vencer la oposición. ¿Cuáles de las cualidades angelicales serían especialmente útiles si las cultiva en este momento?

Reflexión Angelical: **Opto por el enfoque creativo a la oposición y me sorprendo ante mi propia recursividad.**

𝒫ERLAS

Nota Angelical: "No deis las cosas santas a perros ni arrojéis vuestras perlas a puercos, no sea que las pisoteen con sus pies y revolviéndose os destrocen."

Mateo 7:6

El énfasis del pasaje bíblico de arriba ha sido tradicional-mente en los puercos—esas personas que son incapaces de apreciar todo lo que tenemos que ofrecer. Pero los ángeles prefieren hacer énfasis en las perlas—los tesoros ocultos en nuestro interior que incluyen nuestra energía espiritual in-valuable y original. Los ángeles nos recuerdan que mien-tras que deberíamos elegir sabiamente a nuestros amigos, y no desperdiciar nuestros talentos y dones en quienes los utilizan mal o los rechazan, también deberíamos ser cons-cientes de las perlas que hay en nuestro interior. La mayo-ría de nosotros no está en contacto con la bella irradiación que poseemos, con la asombrosa energía transformadora que está casi siempre enterrada en el fango del incons-ciente. Los ángeles nos exhortan a ser los primeros en apreciar nuestras propias maravillosas cualidades, a ser nosotros mismos los primeros a quienes lanzamos las perlas. Solamente podremos entonces compartirlas sabia-mente con los demás.

Haga una lista de todas las habilidades y cualidades únicas y preciosas que usted posee. Ahora, por cada una que haya anotado en su lista, ponga una perla (real o verdadera) en un frasco o caja especial. Empiece ahora a apreciar sus cualidades que valen la pena y a reservarlas para aquellos que respetan su valor.

Reflexión Angelical: Soy consciente de las innumerables cualidades que poseo y me siento agradecido por ellas, y sé que soy precioso a los ojos del universo.

GUÍAS ESPIRITUALES

Nota Angelical: **Escuche atentamente los golpes a la puerta de su alma.**

Todos tenemos guías espirituales, ángeles que nos llevan a un nivel más alto de conciencia y conocimiento. Sentiremos la influencia y la presencia de estos guías a medida que nos hacemos más conscientes de nuestros anhelos interiores. Cuando de repente sentimos un fuerte llamado a aprender sobre una religión o sentimos una atracción casi inexplicable en una dirección metafísica o espiritual, puede ser que nuestros guías estén haciendo contacto con nosotros. Nuestros guías pueden tomar presencia física en un sueño, durante la meditación, o en la forma de un consejero o maestro espiritual que quizás nos encontremos inesperadamente. O puede ser que se nos presente simplemente en forma de nuevos intereses e ideas que aparecen en nuestra mente. Sea cual sea la forma en que llegan a nosotros, nuestros guías espirituales siempre nos ponen en contacto más cercano con nuestras metas interiores y con el aspecto más elevado de nuestro ser.

¿Ha sentido alguna vez el anhelo o el deseo de explorar direcciones espirituales nuevas? ¿Qué o quién despertó ese interés? ¿Se le ocurre alguna ocasión en su vida en la cual sus guías espirituales hayan estado, o estén, tratando de alcanzarlo?

Reflexión Angelical: **Estoy abierto a mis guías espirituales, y los saludo con emoción, respeto, asombro y amor.**

PRODUCTORES

Nota Angelical: **Somos los productores del fiasco o el éxito arrollador de nuestra propia vida.**

¿Qué está produciendo en su vida? ¿Qué está creando y poniendo en primer plano mediante su esfuerzo físico o mental? Si su respuesta es, "poca cosa," quizás alguna basura esté interfiriendo con su productividad y deba ser limpiada de su vida. La indolencia y la envidia son dos de los frenos principales que debemos evitar. La indolencia es simple pereza—saber qué tiene que hacer y sin embargo dejar pasar el tiempo. La envidia es un deseo descontento que se alimenta de la falsa creencia de que otros tienen algo mucho más valioso que lo que usted tiene. La envidia es una gran trampa; es como un campo de papel pegante para atraer moscas que debemos hábil y conscientemente evitar pisar. Solamente existe una cura para el descuido y la envidia y es hacer el trabajo de su vida—no solamente pensar en hacerlo, sino hacerlo. Si todavía no sabe cuál es el trabajo de su vida, no hay problema. Siga participando en sus actividades productivas y significativas y eventualmente descubrirá aquello que hace que su vida sea divertida, productiva y fácil de disfrutar. Los ángeles saben qué es lo que usted vino a la tierra a producir, y lo orientarán con delicadeza hacia la plena producción tan pronto como usted esté listo y deseoso.

¿Si su vida fuera una producción cinematográfica, qué querría que dijera o reflejara? ¿Qué quisiera lograr y por qué quisiera ser recordado? Empiece a concebirse a sí mismo como productor de su propia vida, y a los ángeles como a sus coproductores.

Reflexión Angelical: **Convierto mi vida en una gran producción.**

DIVERTIRSE CON TONTERÍAS

Nota Angelical: **De vez en cuando, divertirse con tonterías puede ser asunto celestial.**

Divertirse con tonterías puede ser una afición valiosa. Cuando de verdad nos ponemos tontos, nos entregamos a la parte alegremente desinhibida de nuestra naturaleza. En los estertores de un ataque de pura tontería le encontramos a cualquier cosa una gracia que nos hace reír a carcajadas. Hemos trascendido el criterio de si deberíamos reírnos o no ante algo en particular o tomarlo con seriedad. Sencillamente nos reímos desde el lugar más profundo, impotente y ridículo de nuestro ser. Los ángeles no están por encima de querer de vez en cuando divertirse a base de tonterías, y nos invitan a unirnos a ellos cuando queramos. Porque a través de la tontería podemos desfogar una enorme cantidad de tensión, limpiando los sistemas y restaurándolos a la cordura.

¿Cómo se siente usted en relación con divertirse con tonterías? ¿Le avergüenza? ¿Piensa que es infantil o estúpido? ¿O más bien le gusta la idea? ¿Cómo podría algo de tontería mejorar su vida?

Reflexión Angelical: **No temo abandonarme a la alegría.**

POR FAVOR, ACEPTE UN NO COMO RESPUESTA

Nota Angelical: **No quiere decir no.**

Si las personas dicen que no, seguramente lo que quieren decir es no; de no ser así, ¿por qué lo dirían? Sin embargo, en nuestra cultura, si no resulta ser la respuesta que queremos oír, lo tomamos como una invitación a utilizar nuestra actuación más convincente para cambiar la respuesta a un sí. Un dicho que parece decir casi todo el mundo es, "No acepto un no como respuesta." Lo único que resulta de convencer a otro de hacer algo que no quiere hacer es que usted se sale con la suya y los deseos del otro fueron irrespetados. Lo que usted quería se verá afectado de alguna forma y la persona que fue convencida también sufrirá. Esta no es la forma de la conciencia de los ángeles.

La próxima vez que alguien le diga que no, acepte la respuesta y póngale fin al asunto. No empiece a convencer a la persona para que cambie de punto de vista. Respete los deseos del otro; si la mente de esa persona cambia por sí sola, entonces renegocie. Si puede aceptar un no como respuesta y confiar en que todo resultará para su máximo beneficio independientemente de cualquier cosa, sus metas y deseos encontrarán la forma más magnífica de llegar a su plenitud. Los ángeles tienen un secreto para nosotros: cuando aceptamos la respuesta de la otra persona, esa persona se sorprenderá tanto y se interesará tanto por conocernos que querrá saber más acerca de nosotros. Quizás incluso inspirará al otro para que reconsidere espontáneamente su respuesta.

Reflexión Angelical: **Respetaré las respuestas que recibo y aprenderé a aceptar un no por respuesta si eso es lo que recibo.**

FESTIVAL

Nota Angelical: "Al encontrar el ánimo festivo adecuado, una vez más conectaremos la existencia humana con la existencia divina."

Rudolf Steiner

Un día de fiesta es una práctica especial de regocijo, como una celebración religiosa; un festival es la celebración de una fiesta. Un festival reúne comunidades o familias en agradecimiento por algún aspecto de su vida. Las cuatro estaciones tienen una influencia especial en nuestro crecimiento espiritual, y por ende muchos festivales tradicionales se centran en el cambio de estaciones y en el punto culminante o la mitad de la estación. Los ángeles quieren que llevemos vidas más festivas, uniéndonos con otros para celebrar nuestra herencia divina. Cuando experimentamos una interacción más festiva con el mundo que nos rodea, nos acercamos a la energía regocijante de los ángeles. Para los ángeles, regocijarse no es simplemente una actividad reservada para días especiales sino una forma de vida.

Piense en formas de crear sus propios festivales o de apoyar los tradicionales de formas nuevas. Investigue su historia familiar y descubra fiestas y tradiciones que quizás quiera resucitar. O diseñe un festival alrededor de algo que sea especialmente significativo en su vida. Involucre en la planeación a sus amigos y a su familia, y empiece a experimentar un ilimitado goce en la creación.

Reflexión Angelical: **Mi alma y mi espíritu fueron creados para dominar el arte de la celebración.**

REJUVENECIMIENTO

Nota Angelical: **La energía nunca se ha perdido, tan solo está embolatada.**

Todas las cosas vivientes de la tierra avanzan en edad, maduran y eventualmente renacen. Los bebés que una vez fuimos han evolucionado muchas veces para tener la forma adulta que ahora tenemos. Pero aunque nuestro cuerpo avanza en edad, nuestro espíritu y alma permanecen jóvenes y llenos de pura energía. A veces a medida que experimentamos el proceso natural de aumentar de edad, nos cansamos y fatigamos, y nos olvidamos que tenemos en el centro mismo de nuestro ser una fuente eterna de juventud. Creemos que es natural vivir con mayor lentitud y debilitarnos, cuando en realidad la parte más natural de nosotros es nuestro ilimitado pozo de entusiasmo y esperanza. Los ángeles son expertos naturales en rejuvenecimiento. Si les pedimos su ayuda para restaurar nuestra vitalidad original, nos sentiremos y nos veremos más jóvenes. Y comprenderemos el principio único de la energía juvenil, que es que mientras más la utilicemos, más tendremos.

Chi *es la palabra china para energía. Los que practican el tai chi—el arte y la práctica de activar y unir las energías espirituales y físicas—no alcanzan su plenitud sino a los sesenta y cinco años, y muchos maestros de tai chi enseñan hasta bien entrados los noventa. Saben que la energía no disminuye con la edad, siempre y cuanto sea utilizada y se le permita fluir por el cuerpo. Piense en su edad en años y piense en qué edad realmente siente que tiene. ¿La energía fluye libremente por su cuerpo y su mente?*

Reflexión Angelical: **Sé que los ángeles disfrutan la energía de la esperanza, la alegría y el entusiasmo juvenil. A medida que permito que estas energías rejuvenezcan mi mente y mi cuerpo, experimento la plenitud de la vida a cualquier edad.**

DECISIONES

Nota Angelical: **La toma de decisiones y la verdad personal van de la mano.**

A veces es duro tomar decisiones. Tenemos miedo de hacer y miedo de no hacer; durante todo el tiempo posible, antes de que a fin nos persiga hasta el borde del abismo, nos quedamos con el diablo que conocemos por no enfrentar el diablo que no conocemos. Los ángeles pueden ser de gran ayuda cuando tenemos decisiones difíciles por tomar, pues pueden trabajar con nosotros para aclarar la situación y ponernos en contacto con nuestra integridad personal, que es la base desde la cual deben ser tomadas todas nuestras decisiones. Podemos pedirles a los ángeles que nos orienten en conciencia de nosotros mismos y en auto respeto de modo que podamos tomar decisiones no por temor, o por ignorancia, sino con base en evaluaciones realistas de lo que somos; lo que necesitamos y lo que no necesitamos; lo que avanzará nuestros propósitos en la vida, y lo que está de acuerdo con nuestro más elevado bien.

Si tiene una decisión importante que tomar, piense en lo que realmente quiere lograr. ¿Cómo aumentará esta decisión su felicidad y su productividad y cómo contribuirá al crecimiento o bienestar de otros? Si tiene que tomar una decisión que es dolorosa pero necesaria, pídales a los ángeles que le den la fortaleza necesaria y la confianza en su amoroso apoyo en esta intersección trascendental de su vida.

Reflexión Angelical: **Cuando mis decisiones son producto de mi integridad y sabiduría interior, estoy en paz con ellas y conmigo mismo.**

*I*SHI

Nota Angelical: "Era bondadoso; tenía valor y autocontrol, y aunque le habían quitado todo, no había amargura en su corazón."

Dr. Saxton Pope, refiriéndose a Ishi

Una de las más inspiradoras historias acerca del triunfo de la bondad en la naturaleza humana tiene que ver con Ishi, "el último indio salvaje de Norteamérica." El pueblo de Ishi, los Yahi, fue sistemáticamente exterminado por el hombre blanco hacia el final del siglo diecinueve y principios del veinte. El fue el único que escapó a la masacre final y lo encontraron desorientado, confundido y con el corazón partido en Oroville, California, en 1911. Eventualmente Ishi acabó residiendo en el museo de antropología de la Universidad de California, en Berkeley, donde se ganó los corazones de todos quienes lo conocieron. Era el alma misma de la delicadeza y la caballerosidad. Era alegre, industrioso, hospitalario y generoso. Uno de sus pasatiempos favoritos era visitar un hospital cercano donde hacía sus recorridos diseñados por él mismo, cantando canciones Yahi de curación para deleite y sorpresa de los pacientes, Ishi nunca hablaba de sí mismo o de los horrores que había soportado. Más bien, daba todo lo que podía de sí mismo a los demás. Cuando murió, todos los que lo habían conocido sintieron una profunda pérdida y una profunda gratitud porque Ishi les había mostrado qué era ser un ángel.

¿Ha conocido algunos Ishis en su vida? Si es así, ¿qué efecto tuvieron sobre usted? ¿Cuáles son algunas de las cualidades de Ishi que le gustaría cultivar en su vida?

Reflexión Angelical: Encuentro inspiración en quienes conservan su alegría y bondad en medio del sufrimiento.

Botones

Nota Angelical: **Los robots necesitan botones; lo seres humanos no.**

En la era nuclear la idea de presionar botones ha llegado a tener un significado de vida o muerte. Si la persona que tiene el dedo en el botón resuelve oprimir, la raza humana sería parte de la historia. Es por esto que los botones son tan perjudiciales para nuestra salud. Si dejamos que otros opriman el nuestro, entramos en modo reactivo, lo cual significa comportamiento irracional que es o bien defensivo u ofensivo. El resultado es una pérdida de control de nosotros mismos y de nuestro sentido del ser. Los ángeles quieren que entendamos la diferencia entre reaccionar y responder. La reacción es un comportamiento automático e irreflexivo; la respuesta es un comportamiento basado en la conciencia y las opciones. A medida que tomamos conciencia de nuestros botones y empezamos a desactivarlos, aumentamos enormemente la posibilidad de vivir en armonía y comprensión.

¿Cuáles son sus botones? ¿Quién tiene el dedo sobre ellos? Reflexione sobre por qué usted les ha otorgado a ciertas personas el poder de presionar sus botones, y empiece a notar el tipo de situaciones que lo hacen reaccionar en lugar de responder. El solo hecho de tomar conciencia hará que se inicie el proceso de desactivación.

Reflexión Angelical: **No vivo ni a la defensiva ni a la ofensiva, sino en un espíritu de paz.**

JUEGO

Nota Angelical: **El mundo es el parque de juegos de los ángeles.**

¿Alguna vez ha visto jugar a dos gatitos? Para ellos, el juego es asunto serio. El juego es movimiento y ejercicio, que tonifica y desarrolla habilidades. Produce un saludable apetito y un sueño profundo y reparador. Por encima de todo, es la puerta a la alegría, el asombro y el aprecio de todos los pequeños misterios y sorpresas que se suman, al final del día, para constituir la vida. Desafortunadamente, la mayoría de los adultos pasamos tanto tiempo trabajando y preocupándonos que somos incapaces de permitirnos darnos gusto con algo tan "improductivo" como el juego. Esto perturba a los ángeles, quienes son maestros del juego. El trabajo de un ángel es en realidad juego; el juego es el movimiento libre que no limita ni controla a nadie. Los ángeles prefieren orientarnos mediante la libertad de movimiento, permitiéndonos tomar nuestras propias decisiones mientras que nos enseñan acerca de lo inesperado, y nos animan a ser más espontáneos y nos recuerdan que nosotros también podemos volar—siempre y cuando nos tomemos con ligereza.

¿Cuándo fue la última vez que usted de verdad se soltó y la pasó en grande con la vida? Si usted está leyendo esta meditación, es muy posible que los ángeles le estén diciendo que se regale regularmente algún tiempo de juego. Organice un tiempo al menos una vez a la semana para darse gusto con sus actividades preferidas y disfrutar los placeres simples. Luego, observe los cambios en su trabajo y sus relaciones.

Reflexión Angelical: **El juego es un regalo que me permite tocar mi ilimitada capacidad de disfrutar la vida sintonizándome más con mi cuerpo, lo que me rodea, y el espíritu angelical que hay dentro.**

Opciones

Nota Angelical: **En el paquete humano, siempre están incluidas las opciones.**

Cuando tenemos decisiones que tomar o problemas por resolver, nunca deberíamos sentirnos acorralados contra la pared. Independientemente de si son inmediatamente evidentes o no, las opciones *siempre* están disponibles. Siempre se pueden encontrar formas alternativas de pensar y de hacer. Quizás solamente veamos una salida, pero los ángeles ven todas las combinaciones y permutaciones posibles de nuestras creencias y acciones. Si nos sentimos con rabia, con miedo o atrapados, debemos detenernos, repensar la situación, y enganchar a los ángeles para que nos ayuden a ver las cosas desde una perspectiva más amplia. Necesitamos preguntarnos qué es lo que realmente queremos y qué podemos entregar a cambio y qué no para lograrlo. Necesitamos ser sinceros con nosotros mismos en cuanto a nuestras verdaderas motivaciones, evaluando si nuestros deseos están alineados con nuestras necesidades genuinas. Entonces podemos o bien encontrar o crear las opciones necesarias que nos liberarán para tomar las acciones correctas, lo cual proviene no de la desesperación sino de la inspiración.

Si solamente encuentra una solución a una situación o dificultad, piense por qué. ¿A qué opiniones o creencias se aferra cuando en realidad podrían ser modificadas para tener más opciones? Piense en lo que usted realmente quiere lograr y por qué, y cree escenarios alternativos para lograr su meta.

Reflexión Angelical: **Ejerzo mi libertad de elegir aclarando mis situaciones y resolviendo mis problemas.**

SIN MIEDO

Nota Angelical: "En la tradición Shambhala, descubrir la ausencia de miedo proviene de trabajar con la suavidad del corazón humano."
Chogyam Trungpa, Shambhala: The Secret Path of the Warrior (Shambhala: El camino secreto del guerrero)

En la sociedad occidental, muchas veces confundimos la ausencia de miedo con el poder físico, creyendo en el dudoso principio sobre el cual parece estar basada nuestra civilización: el poder es la justificación. Pero en el plano de los ángeles, la auténtica ausencia de miedo no tiene nada que ver con la formación de fuertes músculos en el cuerpo. Más bien, tiene que ver con la formación de músculos fuertes en la mente y el corazón. Para los ángeles, la ausencia de miedo significa tener un poder que está tan integrado en su ser que el poder mismo está oculto. Cuando usted no tiene miedo, cuenta con el valor de ser tierno y con la fortaleza interior para soportar todas las circunstancias. Según Shambhala, los principios tibetanos de los guerreros iluminados, quienes viven genuinamente sin miedo, han ido más allá del miedo de ser rechazados y de la desilusión que está en el corazón de la búsqueda humana del poder físico. Por ende, los verdaderos guerreros ya no tienen miedo de ser delicados, porque están en paz con su naturaleza interior.

Dese cuenta de que su corazón es fuerte, invencible y completamente abierto. Sienta la fortaleza de su interés en la vida, su compasión y entusiasmo ante la vida. Visualice esta fortaleza como una poderosa luz que irradia desde el centro de su corazón hacia el mundo exterior, tocando a otros, y abriéndolos, derritiendo las barreras del miedo que nos separa a los unos de los otros y que nos impide vivir a plenitud.

 **Reflexión Angelical:** A medida que me libero para ser vulnerable, me libero del miedo.

INVIERNO

Nota Angelical: Sin el invierno, ¿cómo podríamos apreciar la primavera?

El invierno es la estación de la reflexión y los retos. En el ritmo de los ciclos naturales corresponde a aquella parte de nosotros que debe conservar los recursos, mirar hacia dentro, y permitir que las ideas y las situaciones hibernen y despierten en su momento. El invierto es un tiempo de fuerzas opuestas que nos enseñan la belleza a través de la dureza. El frío a la vez nos hiela y nos vigoriza. La nieve y el hielo pueden ser feroces en su furia o quitarnos el aliento en su pureza prístina. Las largas horas de oscuridad nos hacen anhelar el día mientras que apreciamos la quietud de la noche, la calidez del fuego de la tarde. A través del invierno aprendemos el arte de la paciencia y la dicha de descubrir nuevas fuerzas interiores, a medida que esperamos la emergencia de un nuevo crecimiento.

En ocasiones en que experimenta el helaje del invierno en su vida—la congelación de las actividades, la dureza de la experiencia dolorosa, la desesperación de la oscuridad que se prolonga—el universo quizás le esté diciendo que mire hacia dentro, que busque en su interior la comprensión y las soluciones, y que suelte lo viejo para poder preparar el terreno de lo nuevo.

Reflexión Angelical: Descanso en la noche para estar listo para el día.

CORAJE

Nota Angelical: "Así como el corazón, al bombear sangre a los brazos, piernas, y cerebro permite que funcionen todos los demás órganos físicos, así mismo el coraje hace posible todas las virtudes psicológicas."

Rollo May

Coraje es una palabra que trae imágenes de valor, fortaleza y seguridad de guerrero a la hora de enfrentarse al peligro. El coraje es mucho más que enfrentarse a situaciones de peligro con valor; es una cualidad que desarrollamos que nos permite controlar el miedo o utilizarlo de forma positiva. La palabra *coraje* proviene del latin *cor,* que quiere decir corazón. Para controlar el miedo, debemos aligerar el corazón y elevarnos por encima del sentimiento que produce el miedo de estarnos hundiendo. Los ángeles nos ayudan a hacer esto por su misma naturaleza. Los ángeles son ligeros y nos elevan, de modo que en aquellas ocasiones en las que se requiera valor, pídales a los ángeles el coraje de aligerar su corazón y enfrentarse a la vida con capacidad de permanecer a flote. Centrados en el corazón del alma se encuentran el coraje y el apoyo de los ángeles que usted necesita para ir más allá de una situación temible y elevarse por encima de ésta.

El coraje es la energía que nos da la oportunidad de ir más allá de los límites. No somos perfectos, y no siempre es fácil practicar el coraje. Requiere paciencia y confianza y la disposición de permitirles a los ángeles que le ayuden a ir más allá de la situación temible. Permita que esta verdad le de valor para cualquier cosa que quiera hacer en la vida.

Reflexión Angelical: Permitiré que mi corazón bombee valor por todo mi ser de modo que yo pueda ir más allá de las situaciones temibles y remontarme por encima de ellas.

PROGRESO

Nota Angelical: **El progreso no siempre es visible, pero siempre está en proceso.**

A veces el progreso es un proceso tan sutil que no sabemos si está ocurriendo. Las cosas pueden parecer iguales en la superficie; quizás empecemos a dudar o a sentirnos frustrados por una aparente falta de movimiento. Pero los ángeles nos recuerdan que el progreso es un proceso de moverse lenta y seguramente. No sucede en un instante; no se anuncia con una gran fanfarria y emoción. Más bien, cada acción que tomamos hacia nuestras metas es como poner cuidadosamente ladrillo sobre ladrillo, construyendo lentamente pero con constancia hasta que un día damos un paso atrás y nos damos cuenta de que la casa está completa.

Si ha estado trabajando con constancia hacia la meta pero quisiera progresar más rápido, piense en qué tan lejos ya ha llegado y confíe en el proceso.

Reflexión Angelical: **Aunque no siempre lo parezca, siempre estoy progresando.**

Agotamiento

Nota Angelical: **Al cortejar el agotamiento a nadie ayudamos, aun menos a nosotros mismos.**

Seguramente todos sabemos sobre el agotamiento, esa experiencia inolvidable en la cual nos encontramos exhaustos hasta el nivel más profundo. Cuando estamos agotados hemos llegado a un estado de crisis causado por descuidarnos a nosotros mismos. Hemos llegado a estar agobiados por la presión y las exigencias de otros y quedamos vacíos de toda energía. Ya no podemos funcionar, ni en el trabajo ni fuera de éste, porque no nos queda nada para darles ni a las personas ni a las situaciones. El agotamiento no es una condición necesaria o inevitable; si hacemos caso de las señales de advertencia que siempre relampaguean con suficiente tiempo de anticipación, podemos prevenirlo. Si empezamos a experimentar enfermedad con frecuencia, depresión, ansiedad, y la infelicidad en el trabajo y las relaciones como resultado de la presión en algún aspecto de la vida, es hora de escuchar lo que el cuerpo y el alma nos quieren decir: que necesitamos alejarnos de la situación ofensiva y darle nueva prioridad a nuestro bienestar. Los ángeles nos recuerdan que no es gastando al máximo nuestros recursos sino valorando nuestra salud emocional y física y sabiendo cómo y cuándo conservar nuestra energía que podemos ser de más ayuda para el mundo.

¿Ha estado, o está ahora, agotado? Si es así, piense en por qué se dejó llegar a ese estado de desgaste. ¿Qué cambios en su actitud o estilo de vida le gustaría hacer para restaurar su energía y vitalidad para prevenir el agotamiento en el futuro?

Reflexión Angelical: **Protejo, honro y defiendo mi derecho al bienestar físico y emocional.**

RECONOCIMIENTO

Nota Angelical: "Si juzga a las personas no tiene tiempo para amarlas."

Madre Teresa

Los humanos queremos ser reconocidos, notados y apreciados. Mediante el poder del reconocimiento nos hacemos fuertes en lo que somos. No todos recibimos el reconocimiento que creemos merecernos, y esto puede hacer que lo busquemos de maneras frustrantes. Muchas veces reconocemos en otros cosas negativas que ignoramos o rehusamos aceptar en nosotros mismos. Cualquier cosa que reconozcamos es algo que ya conocíamos; *reconocer* significa "conocer de nuevo." Al reconocer en los demás a Dios en lugar de las características negativas de esas personas, los bendecimos y los fortalecemos espiritualmente. A la vez, somos fortalecidos y otros reconocerán a Dios en nosotros.

Reserve este día para reconocer a Dios y el amor que está presente en cada persona con quien se encuentre. Después de este día, pregúntese si siente que puede continuar. Tenga presente qué es lo que reconoce en cada persona. Le enseñará muchas cosas.

Reflexión Angelical: Me tomaré el tiempo para reconocer a Dios en otros, y sabré de nuevo que el amor es la razón por la cual estamos acá.

ANIMALES

Nota Angelical: Los animales tienen una nobleza instructiva.

Aunque muchas veces llamamos con superioridad "animales" a aquellos que cometen actos bárbaros, esto sería un insulto para nuestros amigos cuadrúpedos. Un animal nunca cometería los crímenes astutos y espeluznantes que los seres humanos se han inventado. Los animales no son codiciosos y avariciosos; agradecen la comida, el agua, un refugio y amor. No saben nada de la vanidad, y sí saben mucho acerca de lealtad a sus pequeños, sus amos y muchas veces, hacia los de su especie. Viven alerta, no son engañosos y siempre hacen pleno uso de sus instintos y su intuición, sus recursos más valiosos y confiables. No irrespetan el medio ambiente; viven según los principios de la naturaleza, no se quejan cuando están enfermos, y salen silenciosamente hacia su muerte cuando les ha llegado la hora. Muchas otras culturas han reverenciado tradicionalmente a los animales como seres sobrenaturales que tienen una clase especial de sabiduría. Los ángeles sugieren que les prestemos mayor atención a los animales y a lo que tienen para enseñarnos. Puede hacernos más humanos, en el mejor sentido de la palabra.

Si usted vive con animales, tome conciencia de su personalidad única y de las cosas que puede aprender de ellos. Note las cualidades que le encantan y note que, según la sicología, la manera como percibimos a los animales, es la forma como nos percibimos a nosotros mismos.

Reflexión Angelical: Escucho atentamente la sabiduría silenciosa de mis amigos los animales.

PARAR LA CADENA DE LA NEGACIÓN

Nota Angelical: **No podemos corregir nuestros errores a menos que los reconozcamos.**

No siempre es fácil asumir la responsabilidad de algo que no nos sentimos orgullosos de haber dicho o hecho o causado. Pero a la larga requiere mucha menos energía descontinuar la negación que seguirla. Para la cadena de la negación frena la energía negativa que ya ha sido creada y permite que se inicie el trabajo de reparación y el proceso de curación. Nos pone de nuevo en contacto con la realidad y con nuestro propio sentido de integridad, lo cual es una base mucho más fuerte de poder que la negación y la deshonestidad. Al ser capaces de reconocer nuestros errores de criterio y nuestra vulnerabilidad, quizás incluso inspiremos respeto y admiración en otros pues a los ángeles no les queda fácil encontrar a alguien que nunca haya tenido temor de reconocer un error. En resumen, cuando dejamos de negar, dejamos de correr—y empezamos a vivir.

¿Ha evitado asumir correctamente la responsabilidad por algún error? ¿Ha tratado más bien de pasar la responsabilidad a otro? Si es así, ¿qué le costó? Si necesita dejar de pasar responsabilidad, pídales a los ángeles que le ayuden a encarar sus temores y su malestar, y sepa que definitivamente saldrá adelante.

Reflexión Angelical: **Asumo responsabilidad por mis acciones y vivo en la libertad de la integridad.**

DISCURSO CORRECTO

Nota Angelical: **Deberíamos concebir nuestras palabras como una herramienta de curación.**

Según el principio budista del discurso correcto, uno debería siempre saber cuándo decir la verdad y cuándo abstenerse de comunicarla para evitarle a alguien un sufrimiento innecesario. La intención del discurso correcto es asegurarnos de que nuestras palabras sean utilizadas tan sólo de manera constructiva, no dañina, lo cual implica hablar en todo momento con discreción y compasión. Desde luego, que nos resultará difícil poner en práctica el discurso correcto si, al igual que la mayoría de los seres humanos, gustamos de la fascinante actividad de contarnos chismes, juzgar, analizar, y aconsejar a otros. El discurso correcto también es un reto si estamos convencidos de que podemos limpiar el mundo con el trapeador de nuestros conocimientos y opiniones. En otras palabras, el discurso correcto requiere cierto grado de desinflarnos. Al tomar conciencia de cuándo utilizamos las palabras y cuándo no, y del efecto que la selección de palabras tiene sobre los demás, sentimos el llamado a dirigir nuestra atención hacia dentro más bien que hacia fuera—para interesarnos en nuestros propios comportamientos y motivaciones a medida que trabajamos para dominar el difícil y delicado arte de mirar antes de hablar.

Tome conciencia de cómo utiliza las palabras. Procure practicar el arte del discurso correcto durante sólo un día, absteniéndose de hablar de otros y de juzgarlos o de decir cosas que pudieran hacer daño innecesario a alguien. Dese cuenta de cómo su capacidad de pensar y de escuchar aumentan a medida que sus actividades verbales disminuyen.

Reflexión Angelical: **Elijo mis palabras con cuidado, a sabiendas de que echarán raíz en la mente y el corazón de los demás.**

INTEGRIDAD

Nota Angelical: **Somos, por encima de todo, buscadores de integridad.**

Todas nuestras búsquedas se remontan en última instancia a nuestra búsqueda de unidad con nosotros mismos y con lo Divino. Los ángeles nos animan a explorar nuestros deseos y a ir tras ellos cuando satisfacen las necesidades del aspecto más elevado de nuestro ser. Pero si estamos buscando que nos complete algo o alguien externo a nosotros, inevitablemente quedaremos decepcionados, ya que la integridad puede lograrse solamente dentro del ser. Para ser realmente íntegros, debemos conocer nuestra verdadera naturaleza y casarnos con ella. Debemos permitir que aflore sin temor lo que permanece oculto; debemos luchar por descubrir la esencia—el espíritu puro que muchas veces yace enterrado debajo de las densas capas de nuestra personalidad—y expresarlo al mundo. Es entonces cuando podemos empezar a experimentar la integridad de la unión entre el ser y el alma, el alma y lo divino.

Si algunos aspectos de su ser se sienten incompletos, envíeles amor y piense de dónde proviene la sensación de que algo no está completo. Reflexione en cuanto a las acciones que podría emprender y las actitudes que podría cambiar para sentirse íntegro por dentro.

Reflexión Angelical: **Permito que la luz de la integridad entre y sane todo mi ser.**

Ánimo

Nota Angelical: Los ángeles tan sólo nos animan, nunca nos desaniman.

Un joven que había pertenecido a una pandilla, había consumido drogas y pagaba condena por robo, no solamente sentía que su vida había terminado sino que nunca había realmente empezado. Estando en prisión inició una transformación espiritual, durante la cual entendió que solamente él podía cambiar su destino. Posterior a su liberación, decidió ingresar a clases remediales de bachillerato. El solo pensarlo lo llenaba de temor, pues en la escuela había conocido únicamente desprecio y desmotivación. Pero ingresó a clases, trabajó duro, y recibió su primera A. Este fue su segundo giro positivo en su vida. Animado por sus profesores, y por sus nuevas habilidades recién descubiertas, recibió su diploma de bachillerato y siguió adelante con sus estudios ingresando a una respetable universidad en donde recibió honores como estudiante. En su tiempo libre desarrolló e implementó un programa de voluntariado animando a estudiantes que habían perdido la esperanza a encontrar significado y propósito para su vida.

¿Que papel han desempeñado el ánimo o el desánimo en su vida? ¿Se anima a sí mismo y a los demás? Si no, trate de ser consciente de los temores que posiblemente lo bloquean y pídales a los ángeles que le ayuden a liberar esos temores para que se conviertan en una presencia que infunda ánimo.

Reflexión Angelical: Me lleno a mí mismo y a otros de ánimo para encontrar lo mejor dentro de nosotros.

SERIEDAD

Nota Angelical: "Los ángeles pueden volar porque se toman con ligereza."

G. K. Chesterton

La seriedad es una ilusión que los humanos se creen naturalmente. Con todos los problemas del mundo, si no los tomamos en serio, estaremos todos perdidos, ¿verdad? Error. Durante mucho tiempo, hemos venido tomando con demasiada seriedad los problemas del mundo. De hecho, tanto tiempo, que los políticos y los medios en general nos han convencido de que la seriedad es la única forma de ser. Quizás es hora de empezar a divertirnos con ligereza. No es fácil teniendo en cuenta todos los detalles relacionados con la supervivencia de los que tenemos que ocuparnos a diario; pero los ángeles nos enseñarán a confiar más y preocuparnos menos. Esto nos permitirá no tomar todo demasiado en serio, especialmente a nosotros mismos y a nuestros problemas aparentemente monumentales. En el marco general del universo, ¿es realmente tan importante y serio que a usted lo dejaron esperando cuando iba a encontrarse con alguien? ¿Realmente perder el trabajo le arruinará la vida entera? Solamente si *usted* lo permite.

Haga una lista de sus asuntos serios y califique cada uno de uno a diez en seriedad. Luego, pregúntese qué pensarían los ángeles de cada uno de sus serios asuntos. Piense en lo divertidos que somos los humanos para los ángeles cuando nos tomamos demasiado a pecho asuntos insignificantes.

Reflexión Angelical: Cuando me tomo a la ligera, mis pensamientos vuelan con los ángeles.

ÍNDICE TEMÁTICO

Abundancia FEBRERO 8
Aburrimiento FEBRERO 24
Actúe Como Si MARZO 7
Adaptabilidad AGOSTO 3
Adicción Al Estrés
   MARZO 31
Adivinación ENERO 22
Adulación MAYO 6
Agonía MARZO 16
Agotamiento DICIEMBRE 24
Aguante FEBRERO 4
Aislamiento AGOSTO 30
Alas MARZO 11
Alcance ABRIL 27
Aléjese AGOSTO 12
Algo Especial MARZO 30
Alta Estima MAYO 29
Amanecer JULIO 1
Amateur SEPTIEMBRE 30
Ambientalista Casero
   OCTUBRE 29
Ángeles Humanos
   MARZO 20
Angelical ABRIL 12
Anhelar Vida JUNIO 12
Animales DICIEMBRE 26
Ánimo DICIEMBRE 30
Apariciones De Angeles
   OCTUBRE 4
Apego MAYO 12
Aprendizaje AGOSTO 16
Aprobación AGOSTO 19
Arpa NOVIEMBRE 15
Arrullo Divino OCTUBRE 23

Asombro MAYO 31
Aspiraciones OCTUBRE 26
Atajos ENERO 13
Atención MAYO 16
Atracción Por El Color
   JULIO 20
Atracción MARZO 29
Atractivo MAYO 27
Auto Imagen AGOSTO 6
Auto Tratamiento JUNIO 7
Bendiciones Ocultas
   JULIO 23
Botones DICIEMBRE 17
Bromear MARZO 12
Bromistas Cósmicos
   ABRIL 1
Buen Día JUNIO 14
Burguesía MAYO 1
Buscar Culpables
   FEBRERO 20
Búsqueda De Visión
   JULIO 8
Cada Rostro ABRIL 13
Calidad FEBRERO 11
Calidez JULIO 11
Cambiángeles
   NOVIEMBRE 24
Cambio de Aceite Espiritual
   ABRIL 21
Cambio En La Imaginación
   MARZO 2
Caminar MARZO 23
Cantar AGOSTO 13
Capacidad Social MAYO 25

Carisma AGOSTO 11
Centro NOVIEMBRE 22
Chismes ENERO 12
Comienzo ENERO 3
Compañero FEBRERO 14
Compartir ENERO 6
Competencia ENERO 26
Complacencia FEBRERO 1
Completar ENERO 11
Compostura MAYO 3
Comunidad Angelical
MAYO 21
Conciencia Cósmica
OCTUBRE 8
Conciencia Positiva
SEPTIEMBRE 4
Conferencias Angelicales
ABRIL 24
Confianza OCTUBRE 24
Conocer JULIO 25
Consolación MARZO 22
Contacto MAYO 17
Contemplación
DICIEMBRE 4
Contenido Bajo Presión
FEBRERO 9
Control Remoto
FEBRERO 28
Cooperar MARZO 28
Coraje DICIEMBRE 22
Corazón MARZO 19
Cortesía SEPTIEMBRE 13
Crear Cambios JUNIO 9
Crear Una Actitud
JUNIO 29
Creencias JULIO 28
Crisis Espiritual
OCTUBRE 31

Cualidades DICIEMBRE 5
Cuidanderos NOVIEMBRE 16
Cuidar A Los Nuestros
FEBRERO 10
Culpa JULIO 17
Cumbre De Montaña
OCTUBRE 5
Curiosidad JULIO 15
Dar OCTUBRE 27
Darse Por Vencido
OCTUBRE 22
Debería MARZO 6
Decisiones DICIEMBRE 15
Defectos MAYO 15
Deje De Preocuparse
AGOSTO 17
Denigrar MARZO 17
Depresión NOVIEMBRE 12
Desaprender SEPTIEMBRE 11
Deseos: ENERO 25
Deseos NOVIEMBRE 18
Desprendimiento ENERO 19
Desterrar El Miedo JUNIO 8
Destreza ABRIL 25
Detrás De Usted AGOSTO 9
Deudas MAYO 30
Devoción ENERO 28
Dignidad OCTUBRE 9
Discernimiento
NOVIEMBRE 8
Disciplina OCTUBRE 18
Discurso Correcto
DICIEMBRE 28
Disponible MAYO 10
Divertirse Con Tonterías
DICIEMBRE 11
Dolores De Parto AGOSTO 21
Dragones FEBRERO 12

El Ángel De La Otra
  Persona ABRIL 8
El Arte JUNIO 11
El Cuerpo MAYO 4
El Dinero JUNIO 23
El Éxito ABRIL 15
El Jardín Sagrado JULIO 30
El Matrimonio ABRIL 10
El Mundo Siguiente
  ENERO 17
El Reflejo Del Alma
  AGOSTO 29
El Silencio Posterior
  ENERO 2
El Sol MARZO 26
El Tiempo ABRIL 14
El Verano JUNIO 21
Seres Elementales
  OCTUBRE 30
Eliminar Lo Negativo
  OCTUBRE 2
Empatía NOVIEMBRE 10
En Abundancia AGOSTO 5
En Su Nombre MARZO 1
Energía Creativa
  NOVIEMBRE 5
Energía Espiritual
  FEBRERO 7
Energía AGOSTO 18
Enfoque JUNIO 20
Enriquecimiento
  NOVIEMBRE 27
Enseñe Sin Palabras
  MARZO 5
Entusiasta de los Ángeles
  MARZO 4
Esclarecimiento
  NOVIEMBRE 26

Espacio Personal AGOSTO 7
Espacio ABRIL 4
Esperanza NOVIEMBRE 9
Esperar AGOSTO 2
Espíritu Libre MAYO 19
Espiritual DICIEMBRE 1
Espíritus Del Agua
  ABRIL 20
Estado Creativo JUNIO 6
Estados De Ánimo JUNIO 15
Estiramiento Facial
  DICIEMBRE 6
Etéreo NOVIEMBRE 28
Expectativas ENERO 29
Explicaciones ABRIL 18
Expresión SEPTIEMBRE 3
Fe ENERO 30
Felicidad JULIO 4
Festival DICIEMBRE 13
Filósofos ENERO 18
Flujo y Reflujo ENERO 10
Fragilidad NOVIEMBRE 14
Fricción NOVIEMBRE 2
Frustración SEPTIEMBRE 1
Fuera Del Camino Trillado
  OCTUBRE 6
Fuerza De Voluntad
  NOVIEMBRE 13
Fundamentos
  OCTUBRE 15
Futuro FEBRERO 13
Generosas Ofrendas
  MAYO 13
Glamour OCTUBRE 17
Gracia ENERO 5
Grano Para El Molino
  NOVIEMBRE 21
Gratitud SEPTIEMBRE 26

Guerrero Espiritual
MARZO 25
Guías Espirituales
DICIEMBRE 9
Ha Llegado Su Príncipe
JUNIO 19
Hacer Lo Que Le Gusta
JULIO 14
Hacer Trampa FEBRERO 26
Hogar JULIO 6
Hora De Partir
NOVIEMBRE 1
Hospitalidad
SEPTIEMBRE 17
Humildad SEPTIEMBRE 29
Humor SEPTIEMBRE 12
Idealismo NOVIEMBRE 3
Imaginación SEPTIEMBRE 21
Importancia MARZO 18
Impresionar JULIO 7
Imprevisibilidad ENERO 15
Individualista Espiritual
ABRIL 9
Inocencia ABRIL 28
Inquietudes MAYO 26
Inspiración/Respiración
JULIO 22
Instrumento De Paz
SEPTIEMBRE 27
Integridad DICIEMBRE 29
Integridad SEPTIEMBRE 2
Interpretaciones
OCTUBRE 13
Intuición SEPTIEMBRE 6
Invierno DICIEMBRE 21
Ir Tras El Sueño
OCTUBRE 16
Ira Y Odio ABRIL 19

Irse A Los Extremos
AGOSTO 22
Ishi DICIEMBRE 16
Juego DICIEMBRE 18
Juguetes MARZO 24
La Ansiedad MAYO 2
La Avenida AGOSTO 31
La Belleza JUNIO 2
La Comunicación JUNIO 25
La Crítica JUNIO 24
La Dulzura JUNIO 5
La Familia Humana
NOVIEMBRE 6
La Fascinación
SEPTIEMBRE 7
La Ley Del Pensamiento
OCTUBRE 14
La Lluvia ABRIL 2
La Luna FEBRERO 18
La Luz FEBRERO 21
La Madre Tierra
AGOSTO 10
La Mente Del No Saber
NOVIEMBRE 7
La Naturaleza MAYO 14
La Práctica MAYO 11
La Primavera MARZO 21
La Puerta OCTUBRE 1
La Risa MARZO 27
La Semilla ABRIL 11
La Teoría MAYO 23
Las Flores JUNIO 1
Las Palabras JUNIO 27
Legado ENERO 9
Lenguaje OCTUBRE 7
Leyes Naturales
NOVIEMBRE 19
Límites NOVIEMBRE 4

Limpiar la Casa ABRIL 23
Llamada Despertadora
　MAYO 18
Lo Indicado JULIO 29
Los Árboles ABRIL 30
Los Cometas JUNIO 30
Los Jueces MAYO 8
Los Pecados AGOSTO 4
Los Que Aprecian
　SEPTIEMBRE 19
Los Sensibles JUNIO 16
Los Sueños JULIO 2
Los Vínculos JUNIO 26
Lugar De Libertad
　AGOSTO 1
Luz De Amor
　NOVIEMBRE 25
Madurez MAYO 7
Maestros ABRIL 29
Magnanimidad JUNIO 10
Magnetismo MAYO 22
Mandala JUNIO 18
Mantra JUNIO 28
Maravillosamente
　Equivocado MARZO 15
Marcalibros ENERO 7
Más De Lo Que Parece
　SEPTIEMBRE 20
Medicina Angelical
　ABRIL 22
Memoria JUNIO 13
Mensajeros AGOSTO 26
Mentalidad De Crisis
　NOVIEMBRE 30
Mérito ENERO 1
Milagros SEPTIEMBRE 14
Moderación AGOSTO 24
Modus Operandi MAYO 28

Momentos Edificantes
　OCTUBRE 28
Momentos MARZO 3
Moralidad SEPTIEMBRE 8
Motivación SEPTIEMBRE 25
Mundo Patas Arriba
　JUNIO 22
Mundo Sin Final JUNIO 4
Natural JULIO 24
Nerviosismo DICIEMBRE 2
Niños FEBRERO 5
No Trague Entero
　OCTUBRE 3
Nobleza Obliga
　SEPTIEMBRE 15
Nubes NOVIEMBRE 11
Nuevo Día NOVIEMBRE 29
Observaciones
　OCTUBRE 25
Obstrucciones FEBRERO 15
Obvio ABRIL 5
Omnipresencia AGOSTO 27
Opciones DICIEMBRE 19
Oportunidad Gloriosa
　FEBRERO 19
Oposición DICIEMBRE 7
Optimista JUNIO 3
Oración FEBRERO 6
Originalidad FEBRERO 22
Ósmosis ABRIL 17
Otoño SEPTIEMBRE 22
Pájaros OCTUBRE 11
Palabras Mágicas JULIO 21
Parar La Cadena De la
　Negación DICIEMBRE 27
Pareja NOVIEMBRE 23
Pensadores Positivos
　ENERO 21

Pensamiento Divergente
  MAYO 5
Perdón FEBRERO 16
Peregrinaje JULIO 10
Perlas DICIEMBRE 8
Permiso AGOSTO 14
Perseguir MAYO 9
Placer ENERO 31
Poesía AGOSTO 20
Por Favor Acepte Un No
  Como Respuesta
  DICIEMBRE 12
¿Por Qué No? JULIO 9
Porte ABRIL 26
Posibilidades SEPTIEMBRE 5
Precupaciones
  NOVIEMBRE 20
Preparación JULIO 3
Productores DICIEMBRE 10
Progreso DICIEMBRE 23
Promesas AGOSTO 23
Prosperidad JULIO 18
Que Así Sea MAYO 24
Qué Bello Es Vivir
  ENERO 20
Quédese En Su Cuerpo
  FEBRERO 25
¿Quién Soy? ENERO 8
Raison D'Être MARZO 10
Reconocimiento
  DICIEMBRE 25
Recuperación FEBRERO 23
Refinamiento MARZO 9
Reina De Los Ángeles
  AGOSTO 15
Rejuvenecimiento
  DICIEMBRE 14
Relaciones AGOSTO 25

Remontarse OCTUBRE 12
Renacimiento MARZO 14
Reparación ENERO 16
Resistencia JULIO 12
Reunión ENERO 23
Sabat JULIO 26
Sanadores OCTUBRE 20
Sanar DICIEMBRE 3
Salud Mental ABRIL 7
Santos MARZO 13
Santuario FEBRERO 17
Se Ve Bien En El Papel
  JUNIO 17
Sea Amistoso OCTUBRE 19
Sensacional OCTUBRE 10
Sentimientos
  SEPTIEMBRE 10
Separación ENERO 27
Ser Educado FEBRERO 2
Ser Querido FEBRERO 27
Serenidad JULIO 19
Seriedad DICIEMBRE 31
Si Tan Solo JULIO 27
Significado JULIO 16
Sin Comparación
  SEPTIEMBRE 16
Sin Miedo DICIEMBRE 20
Sintonizar ENERO 4
Soledad SEPTIEMBRE 28
Soltar El Pasado JULIO 13
Su Pregunta FEBRERO 3
Suerte MARZO 8
Talento ENERO 14
Temores ABRIL 16
Terapia Zen ENERO 24
Testimonio Místico ABRIL 3
Trabajo A Destajo AGOSTO 8
Trabajo AGOSTO 28

Tragedia ABRIL 6

Un Marco Para La Mente
  NOVIEMBRE 17

Vacaciones JULIO 31

Velocidad OCTUBRE 21

Víctima SEPTIEMBRE 18

Vida Perfecta SEPTIEMBRE 24

Vínculo De Amor
  SEPTIEMBRE 23

Visión MAYO 20

Vivo JULIO 5

Voces SEPTIEMBRE 9